Taller de escritores

Grammar and Composition for Advanced Spanish

Guillermo Bleichmar
St. John's College

Paula Cañón

VISTA®
HIGHER LEARNING
Boston, Massachusetts

Publisher: José A. Blanco

Managing Editors: Eugenia Corbo, Paola Ríos Schaaf (Technology)

Editors: Lauren Krolick, Darío González (Technology)

Director of Design and Production: Marta Kimball

Design Manager: Susan Prentiss

Design and Production Team: María Eugenia Castaño, Oscar Díez, Mauricio Henao, Andrés F. Vanegas García, Nick Ventullo

Copyright © 2012 by Vista Higher Learning, Inc.

Printed in The United States of America.

ISBN: 978-1-61767-100-5
Library of Congress Control Number: 2010942654

6 7 8 9 EBM 17 16 15 14

The Vista Higher Learning Story

Your Specialized Foreign Language Publisher

Independent, specialized, and privately owned, Vista Higher Learning was founded in 2000 with one mission: to raise the teaching and learning of world languages to a higher level. This mission is based on the following beliefs:

- It is essential to prepare students for a world in which learning another language is a necessity, not a luxury.

- Language learning should be fun and rewarding, and all students should have the tools necessary for achieving success.

- Students who experience success learning a language will be more likely to continue their language studies both inside and outside the classroom.

With this in mind, we decided to take a fresh look at all aspects of language instructional materials. Because we are specialized, we dedicate 100 percent of our resources to this goal and base every decision on how well it supports language learning.

That is where you come in. Since our founding in 2000, we have relied on the continuous and invaluable feedback from language instructors and students nationwide. This partnership has proved to be the cornerstone of our success by allowing us to constantly improve our programs to meet your instructional needs.

The result? Programs that make language learning exciting, relevant, and effective through:

- an unprecedented access to resources

- a wide variety of contemporary, authentic materials

- the integration of text, technology, and media, and

- a bold and engaging textbook design

By focusing on our singular passion, we let you focus on yours.

The Vista Higher Learning Team

VISTA®
HIGHER LEARNING

500 Boylston Street, Suite 620 Boston, MA 02116-3736 TOLLFREE: 800-618-7375
TELEPHONE: 617-426-4910 FAX: 617-426-5215 **www.vistahigherlearning.com**

Taller de escritura

Taller de escritura

TO THE STUDENT

Taller de escritores offers a unique approach to teaching Spanish composition. Each lesson begins with an engaging reading selection that serves as a springboard both for discussion and compositional analysis. After that, a series of language "workshops" covering vocabulary, grammar, spelling, and punctuation give you the tools to master written Spanish. Finally, three process-oriented writing workshops provide you with the necessary framework to be a successful writer, with clear, concise presentations, student models, and step-by-step support for your writing assignments, including tips on editing and peer review. **Taller de escritores** helps you become a better writer both in and out of class. In addition to the types of compositions you might be expected to write in an academic setting, you will use practical, real-life formats, including film reviews, op-eds, letters to the editor, and cover letters.

Here are some of the features you will encounter in **Taller de escritores:**

- Annotated readings, featuring fiction and nonfiction selections

- A lexical section to help you develop precision and variety

- Thorough grammar presentations that focus on usage

- Coverage of key punctuation and spelling topics

- A process approach to writing, covering description, narration, exposition, and argumentation

- A focus on argumentative writing, integrated in every lesson at an accessible and progressively higher level

- Sample writing assignments that reinforce good writing and provide additional opportunities for reading and discussion

- A variety of opportunities for writing, including both academic and nonacademic formats

- Cross-references to **A Handbook of Contemporary Spanish Grammar,** Vista Higher Learning's grammar reference

- Ⓢupersite Online resources, included with every new student edition (see p. xix)

We are confident that **Taller de escritores** will help you become a successful writer!

Lesson Opener

- **Photos** Compelling photos and thought-provoking questions are a springboard for class discussion.

- **Quotes** Quotes from renowned writers provide special insights into the art of writing.

- **Introduction** A brief introduction presents the type of composition that will be the focus of the lesson.

- **Lesson overview** A lesson outline prepares you for the reading, language topics, and writing workshops you will encounter in the lesson.

- *Expansión* A cross-reference feature points you to related content in **A Handbook of Contemporary Spanish Grammar**.

Lectura

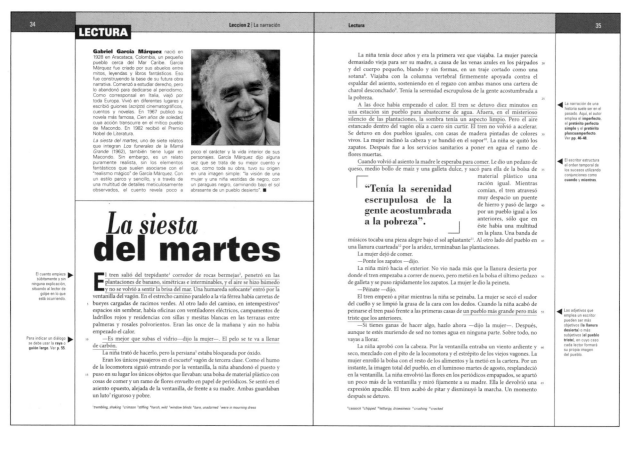

- **Author bio** A brief biography gives you background information about the writer and the reading.

- *Lectura* Comprehensible and compelling readings present new opportunities for exploring the genre featured in the lesson.

- **Sidebars** Sidebars draw your attention to strategies the author uses that you can incorporate in your own writing.

Lectura

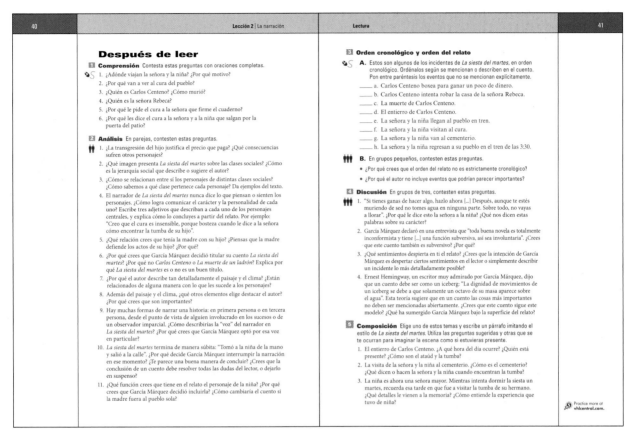

Después de leer

1 Comprensión Contesta estas preguntas con oraciones completas.

1. ¿Adónde viajan la señora y la niña? ¿Por qué motivo?
2. ¿Por qué van a ver al cura del pueblo?
3. ¿Quién es Carlos Centeno? ¿Cómo murió?
4. ¿Quién es la señora Rebeca?
5. ¿Por qué le pide el cura a la señora que firme el cuaderno?
6. ¿Por qué les dice el cura a la señora y a la niña que salgan por la puerta del patio?

2 Análisis En parejas, contesten estas preguntas.

1. ¿La transgresión del hijo justifica el precio que paga? ¿Qué consecuencias sufren otros personajes?
2. ¿Qué imagen presenta *La siesta del martes* sobre las clases sociales? ¿Cómo es la jerarquía social que describe o sugiere el autor?
3. ¿Cómo se relacionan entre sí los personajes de distintas clases sociales? ¿Cómo sabemos a qué clase pertenece cada personaje? Da ejemplos del texto.
4. El narrador de *La siesta del martes* nunca dice lo que piensan o sienten los personajes. ¿Cómo logra comunicar el carácter y la personalidad de cada uno? Escribe tres adjetivos que describan a cada uno de los personajes centrales, y explica cómo lo concluyes a partir del relato. Por ejemplo: "Creo que el cura es insensible, porque bosteza cuando le dice a la señora cómo encontrar la tumba de su hijo".
5. ¿Qué relación crees que tenía la madre con su hijo? ¿Piensas que la madre defiende los actos de su hijo? ¿Por qué?
6. ¿Por qué crees que García Márquez decidió titular su cuento *La siesta del martes*? ¿Por qué no *Carlos Centeno* o *La muerte de un ladrón*? Explica por qué *La siesta del martes* es o no es un buen título.
7. ¿Por qué el autor describe tan detalladamente el paisaje y el clima? ¿Están relacionados de alguna manera con lo que les sucede a los personajes?
8. Además del paisaje y el clima, ¿qué otros elementos elige destacar el autor? ¿Por qué crees que son importantes?
9. Hay muchas formas de narrar una historia: en primera persona o en tercera persona, desde el punto de vista de alguien involucrado en los sucesos o de un observador imparcial. ¿Cómo describirías la "voz" del narrador en *La siesta del martes*? ¿Por qué crees que García Márquez optó por esa voz en particular?
10. *La siesta del martes* termina de manera súbita: "Tomó a la niña de la mano y salió a la calle". ¿Por qué decide García Márquez interrumpir la narración en ese momento? ¿Te parece una buena manera de concluir? ¿Crees que la conclusión de un cuento debe resolver todas las dudas del lector, o dejarlo en suspenso?
11. ¿Qué función crees que tiene en el relato el personaje de la niña? ¿Por qué crees que García Márquez decidió incluirla? ¿Cómo cambiaría el cuento si la madre fuera al pueblo sola?

3 Orden cronológico y orden del relato

A. Estos son algunos de los incidentes de *La siesta del martes*, en orden cronológico. Ordénalos según se mencionan o describen en el cuento. Pon entre paréntesis los eventos que no se mencionan explícitamente.

____ a. Carlos Centeno boxea para ganar un poco de dinero.
____ b. Carlos Centeno intenta robar la casa de la señora Rebeca.
____ c. La muerte de Carlos Centeno.
____ d. El entierro de Carlos Centeno.
____ e. La señora y la niña llegan al pueblo en tren.
____ f. La señora y la niña visitan al cura.
____ g. La señora y la niña van al cementerio.
____ h. La señora y la niña regresan a su pueblo en el tren de las 3:30.

B. En grupos pequeños, contesten estas preguntas.

- ¿Por qué crees que el orden del relato no es estrictamente cronológico?
- ¿Por qué el autor no incluye eventos que podrían parecer importantes?

4 Discusión En grupos de tres, contesten estas preguntas.

1. "Si tienes ganas de hacer algo, hazlo ahora [...] Después, aunque te estés muriendo de sed no tomes agua en ninguna parte. Sobre todo, no vayas a llorar". ¿Por qué le dice esto la señora a la niña? ¿Qué nos dicen estas palabras sobre su carácter?
2. García Márquez declaró en una entrevista que "toda buena novela es totalmente inconformista y tiene [...] una función subversiva, así sea involuntaria". ¿Crees que este cuento también es subversivo? ¿Por qué?
3. ¿Qué sentimientos despierta en ti el relato? ¿Crees que la intención de García Márquez es despertar ciertos sentimientos en el lector o simplemente describir un incidente lo más detalladamente posible?
4. Ernest Hemingway, un escritor muy admirado por García Márquez, dijo que un cuento debe ser como un iceberg: "La dignidad de movimientos de un iceberg se debe a que solamente un octavo de su masa aparece sobre el agua". Esta teoría sugiere que en un cuento las cosas más importantes no deben ser mencionadas abiertamente. ¿Crees que este cuento sigue este modelo? ¿Qué ha sumergido García Márquez bajo la superficie del relato?

5 Composición Elige uno de estos temas y escribe un párrafo imitando el estilo de *La siesta del martes*. Utiliza las preguntas sugeridas y otras que se te ocurran para imaginar la escena como si estuvieras presente.

1. El entierro de Carlos Centeno. ¿A qué hora del día ocurre? ¿Quién está presente? ¿Cómo son el ataúd y la tumba?
2. La visita de la señora y la niña al cementerio. ¿Cómo es el cementerio? ¿Qué dicen o hacen la señora y la niña cuando encuentran la tumba?
3. La niña es ahora una señora mayor. Mientras intenta dormir la siesta un martes, recuerda esa tarde en que fue a visitar la tumba de su hermano. ¿Qué detalles le vienen a la memoria? ¿Cómo entiende la experiencia que tuvo de niña?

Practice more at **vhlcentral.com**.

- ***Después de leer*** Activities check your understanding and prompt you to discuss the topic of the reading and express your opinions. Activities that focus on the structure and characteristics of the genre prepare you for the **Taller de escritura** section later in the lesson.

- **Supersite** Icons let you know exactly what material is available online. See pp. xviii and xix for more information.

Taller de lengua

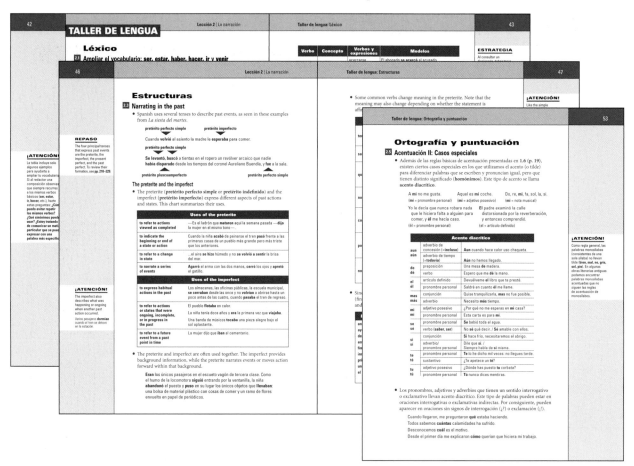

- **_Taller de lengua_** This strand provides the tools you need to increase your vocabulary, consolidate and expand your knowledge of grammar and usage, and master spelling and punctuation.

- **_Léxico_** The vocabulary section enables you to go beyond basic Spanish vocabulary and to increase your awareness of lexical difficulties, including false cognates and anglicisms.

- **_Estructuras_** Grammar presentations focus on usage and function, and are geared toward improving your writing skills.

- **_Ortografía y puntuación_** The spelling and punctuation section will help you master the rules for Spanish accents and capitalization, among other topics, and will help you use punctuation successfully, focusing on differences in usage between Spanish and English.

- **Sidebars** _Atención_, _Repaso_, and _Estrategia_ sidebars expand the presentations and help you make connections to what you already know and to other sections of the text.

Taller de lengua

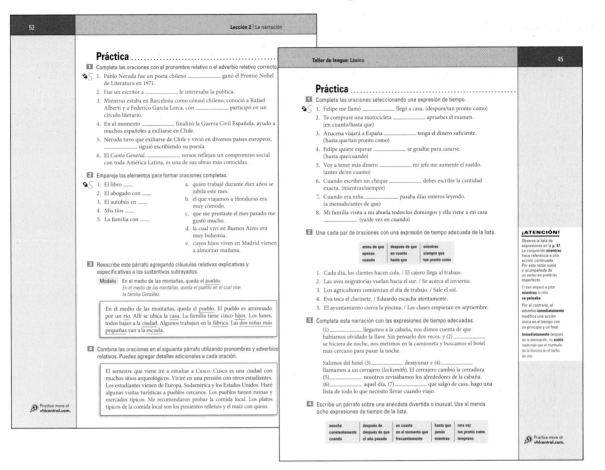

- ***Práctica*** Activities help reinforce the forms you need for successful written communication. Communicative activities help you internalize the content presented in a range of contexts involving pair and group work.

- **Supersite** Icons let you know exactly what material is available online. See pp. xviii and xix for more information.

Taller de escritura

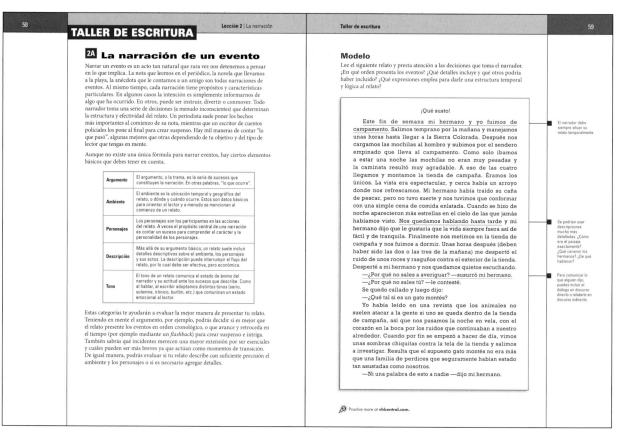

- **Taller de escritura** The three writing workshops in each lesson give you all the tools you need to write successfully in Spanish. The presentations include a description of the writing genre, with practical tips and visual organizers to help you plan your writing step by step.

- **Modelo** Annotated student samples give you an example of each type of writing presented in the book. The annotations draw your attention to the form and structure of the sample text and highlight areas for improvement. Comprehension activities about the student samples are available online.

- **Supersite** Icons let you know exactly what material is available online. See pp. xviii and xix for more information.

Taller de escritura

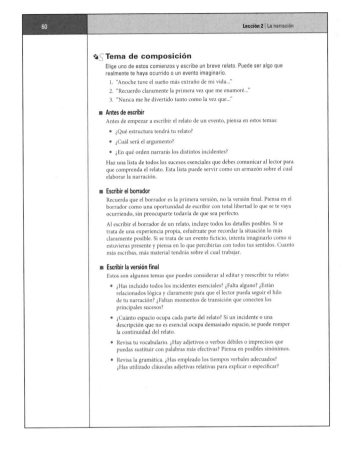

- ***Tema de composición*** A series of engaging, real-life writing topics is included in each workshop. Writing prompts, in the form of essays, job ads, and photographs, are included when appropriate.

- **Process approach** Tips and suggestions are provided to help you brainstorm and organize your ideas before you begin writing. Once you have recorded your initial ideas, we guide you through the process of writing a draft, editing (including peer-editing), and producing a final version.

- **Supersite** Icons let you know exactly what material is available online. See pp. xviii and xix for more information.

Readings and *Talleres de escritura*

Readings

Reading skills are key to developing writing skills. **Taller de escritores** offers a variety of engaging fiction and nonfiction reading selections that serve as springboards for discussion not only about the readings themselves but also about the primary genre of writing presented in each lesson. Comprehension and discussion activities take you beyond the story or plot and help you focus on the form, the genre, and the strategies used by the author. In addition to the readings at the beginning of each lesson, additional reading materials (an essay and four job ads) are provided as writing prompts. Finally, student models in the **Taller de escritura** section provide an additional 18 reading passages. Comprehension activities for the **Modelos** are available on the Supersite.

Talleres de escritura

Each lesson focuses on a writing genre such as description, narration, or expository writing. **Talleres A** and **B** in each lesson are always directly related to the genre that is the focus of the lesson. **Taller C**, while still connected to the **A** and **B** workshops, provides opportunities for argumentative writing in all six lessons.

The writing workshops cover a wide range of genres, from personal narrative and opinion letters to film/literary reviews and academic essays. The pre- and post-writing support will help you become a better writer both inside and outside the Spanish classroom.

Readings and Composition Types

Below is a list of the readings and the writing formats in each lesson:

	Reading	Taller A	Taller B	Taller C (focus on argumentative writing)
Lección 1 *La descripción*	*Platero y yo*, Juan Ramón Jiménez **genre:** fiction	Description of places and objects	Description of people	Comparison
Lección 2 *La narración*	*La siesta del martes*, Gabriel García Márquez **genre:** fiction	Narration of an event	News report	Opinion letter
Lección 3 *El ensayo narrativo*	"Hernán Cortés", Carlos Fuentes **genre:** nonfiction	Narration of a historical event	Narrative essay	Editorials and op-eds
Lección 4 *La exposición*	"La generación de los mil euros", Antonio Jiménez Barca **genre:** nonfiction	Statistical report	Descriptive essay	Opinion essay
Lección 5 *La argumentación*	*Mariposas de Koch*, Antonio Di Benedetto **genre:** fiction	Argumentative essay	Cover letter	Refutation essay
Lección 6 *El ensayo académico*	Literary review of *Santa Evita*, Mario Vargas Llosa **genre:** nonfiction	Film review	Literary review	Academic essay

Icons

Familiarize yourself with these icons that appear throughout **Taller de escritores**.

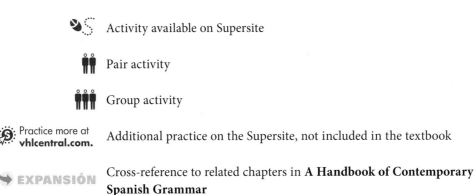

Activity available on Supersite

Pair activity

Group activity

Additional practice on the Supersite, not included in the textbook

Cross-reference to related chapters in **A Handbook of Contemporary Spanish Grammar**

Grammar Reference

A Handbook of Contemporary Spanish Grammar

For additional grammar support, **Taller de escritores** integrates seamlessly with Vista Higher Learning's grammar reference, **A Handbook of Contemporary Spanish Grammar**. The **Taller de escritores** lesson openers list precisely the chapters in the grammar reference handbook that relate to the **Taller de lengua** content in each lesson. This handbook provides a comprehensive grammar reference for advanced students and includes extensive auto-gradable practice.

The **Taller de escritores** Supersite provides a wealth of resources for both students and instructors.

For Students

Student resources, available through a Supersite code, are provided with each new student text. Here is an example of what you will find at **vhlcentral.com**:

- Selected activities from the student text 🌐
- Additional practice for each strand 💲 Practice more at **vhlcentral.com.**
- Spanish mini dictionary
- Wimba Voice Board

For Instructors

Instructors have access to the entire student site, as well as these key resources:

- A robust course management system
- Quizzes with autograding
- Voice Board capabilities for you to create additional oral activities
- Textbook answer key

Supersiteplus

Supersite Plus includes the full **Taller de escritores** Supersite as described above, plus **Wimba Pronto** for online communication and collaboration, featuring:

- Audio and video conferencing
- Instant messaging
- An online whiteboard to synchronously view and modify a shared canvas
- Application sharing—perfect for online tutoring
- Online office hours
- Instructor control of **Pronto** activation/deactivation

TO THE INSTRUCTOR

Uses of *Taller de escritores*

This textbook has been designed to fit several upper-level Spanish courses.

- **Composition** This book can be a stand-alone textbook for classes that focus exclusively on composition. Readings can be used as models of good writing and examples of the strategies and writing principles applied by the authors. The **Taller de lengua** strand can be assigned to students as needed for self-study. Class time can focus on the **Taller de escritura** section, when students can work on the presentations and study the sample texts, as well as devote class time to peer-editing.

- **Composition for heritage speakers** The spelling and punctuation component provides additional support to improve the writing skills of heritage speakers. The lexical section in the **Taller de lengua** strand presents topics that address the needs of students of Hispanic origin.

- **Composition and grammar** A full, comprehensive grammar scope and sequence allows you to use this book as the primary text in a composition course with a strong emphasis on advanced grammar. Courses in which the emphasis on grammar is more than 50% can use this book in conjunction with **A Handbook of Contemporary Spanish Grammar**. See p. xviii.

- **Composition and reading** The wide range of reading materials makes this book suitable for composition courses with a heavy emphasis on reading. Author bios offer insight about the reading selections. Comprehension and expansion activities provide opportunities to engage students in textual analysis and personalized discussion. Writing prompts and sample texts provide additional reading materials. See pp. xvi–xvii.

- **Composition and conversation** Pair and group activities in the **Lectura** and **Taller de lengua** strands provide ample opportunities for personalized communication for composition courses that also have a strong conversation element.

- **Advanced Spanish** This book can be used as the primary textbook in post-intermediate courses, as it provides a balanced mix of vocabulary and grammar as well as reading, writing, and speaking opportunities.

Suggestions for using *Taller de escritores*

Lesson Opener

- Focus students' attention on the photograph and the questions on the right. After discussing the questions, have pairs or small groups discuss how the photograph and the questions relate to the type of writing introduced in the lesson title.

- Have students read the quote and discuss it in pairs or small groups.

- Have students read the description of the type of writing that the lesson will focus on and brainstorm contexts and formats in which they have encountered that particular type of writing.

Lectura

- Have students read the author bio and conduct additional research outside of class about the author.

- Talk to students about how to become effective readers of Spanish. Point out the importance of using reading strategies and encourage them to read every selection more than once. Explain that they should begin by reading through the entire text without stopping to look up words, in order to gain a general understanding of the plot or main ideas and the theme(s). Then, they should read the text again for a more in-depth understanding of the material, the interrelationships between the different elements, and some details. At this point, they should try to complete the **Después de leer** activities. If they have difficulty completing an activity, suggest that they reread the text to find specific information that will help them complete it.

- Discourage students from translating the readings into English or relying on a bilingual dictionary. Tell them that reading directly in Spanish will help them grasp the meaning better and improve their ability to discuss the reading in Spanish.

- Have students pay close attention to the annotations, as they provide insight into strategies they can apply to their own writing.

Taller de lengua

- Have students read the presentations and do the auto-gradable activities with the mouse icon before coming to class.

- When appropriate, have students scan the **Lectura** and the **Modelos** to see examples of the vocabulary, grammar, spelling, and punctuation topics presented.

- The **Práctica** activities without pair or group icons can be done orally as a class or in pairs or groups. They can also be assigned as written homework.

Taller de escritura

- Have students read the presentation and the **Modelo** in each workshop before class. Have them do the auto-gradable comprehension practice for the **Modelo**, which is available on the Supersite.

- Explain that the sample texts are not presented for direct imitation. The purpose of these texts is to expose students to good examples of student writing.

- Remind students that writing assignments are not a means to practice the grammar in the lesson. Rather, grammar study is one of several tools at their disposal to generate successful written communication.

- Have students carefully review the annotations in the **Lectura** and **Modelos** to find additional suggestions and tips they can apply to their writing.

- Have students supplement the tips in the **Antes de escribir**, **Escribir el borrador**, and **Escribir la versión final** sections with the **Lista de revisión para ensayos** available on pp. 208–209.

Reviewers

On behalf of the authors and editors, Vista Higher Learning expresses its sincere appreciation to the many professors nationwide who participated in surveys and reviewed materials from **Taller de escritores**. Their insights, ideas, and detailed comments were invaluable to the final product.

Annie Abbott
University of Illinois
at Urbana-Champaign

Irma Alarcón
Wake Forest University

Thomas Allen
University of Wisconsin — Oshkosh

Blanca Anderson
Loyola University

Patricia Andueza
Ohio State University

Robert N. Baah
Seattle Pacific University

Lisa Barboun
Coastal Carolina University

Servio Becerra
Youngstown State University

Anne Becher
University of Colorado

Karen Berg
College of Charleston

Silvia Berger
Smith College

Catherine Bryan
University of Wisconsin — Oshkosh

Peggy Buckwalter
Black Hills State University

Omega Burckhardt
Marquette University

Fernando Burgos
University of Memphis

Bonnie Butler
Livingston College of Rutgers University

Jessie Carduner
Kent State University — Main Campus

Belén Castaneda
Marquette University

Jane Connolly
University of Miami

Debora Cordeiro Rosa
University of Central Florida

Norma Corrales
Temple University

Rocío Cortés
University of Wisconsin — Oshkosh

Gerardo Cruz-Tanahara
Cardinal Stritch University

William Cummins
Ashland University

Martha Daas
Old Dominion University

Richard Doerr
Metropolitan State College of Denver

Deb Dougherty
Alma College

Paula Ellister
University of Oregon

Dina Fabery
University of Central Florida

Oscar Fernández
Portland State University

Rebecca Foote
University of Illinois
at Urbana-Champaign

Elizabeth Fouts
Saint Anselm College

Próspero García
Amherst College

Jose Garcia Sanchez
Eastern Washington University

Nilza Gonzales-Pedemonte
Boston College

Luis Gonzalez
Connecticut College

Iria Gonzalez-Liano
University of Nevada — Las Vegas

Nuria Godon-Martinez
Creighton University

Mary T. Hartson
Oakland University

Kim Hernandez
Whitworth College

Mary Kempen
Ohio Northern University

Philip Klein
University of Iowa

Iana Konstantinova
Southern Virginia University

Kevin Krogh
Utah State University

Elisabeth Kuriscak
Ball State University

Sophie Lavoie
University of New Brunswick

Pedro Lopes
Henderson State University

Kelly Lowther-Pereira
University of North Carolina — Greensboro

Joanna Lyskowicz
Drexel University

Beatriz Macione
Emory & Henry College

Ipce Maldonado-Flores
Cleveland State University

Jeffrey Mancilla
San Jose City College

Francisco Manzo-Robledo
Washington State University

Francisco R. Martinez
David Lipscomb University

Sergio Martínez
San Antonio College

Lydia Masanet
Mercer University

Mark Mascia
Sacred Heart University

Collin McKinney
Bucknell University

Charmaine L. McMahon
Catholic University of America

David Migaj
Wilbur Wright Community College

Deborah Mistron
Middle Tennessee State University

Lee Mitchell
Henderson State University

Evelyn Nadeau
Clarke College

Lisa Nalbone
University of Central Florida

Andy Noverr
University of Michigan

Milagros Ojermark
Diablo Valley College

Bertín Ortega
Texas A&M University

Maryrica Ortiz Lottman
University of North Carolina —
Charlotte

James Pancrazio
Illinois State University

Gema Pérez-Sánchez
University of Miami

Pilar Pérez-Serrano
Gordon College

Wendy Pilkerton
Linn Benton Community College

Derrin Pinto
University of Saint Thomas

Aldona A. Pobutsky
Oakland University

Eve Pujol
University of Wisconsin — Madison

Lynn Purkey
University of Tennessee — Chattanooga

María Rey-López
Metropolitan State College of Denver

Judith Richards
Park University

St. John Robinson
Montana State University — Billings

Shelli Rottschafer
Aquinas College

Francisco A. Salgado-Robles
University of Florida

Kathleen Sheahan
Palomar College

J.P. Spicer-Escalante
Utah State University

Judith Stallings-Ward
Norwich University

Irena Stefanova
Santa Clara University

José Suarez
University of Northern Colorado

Ester Suarez-Felipe
University of Wisconsin — Milwaukee

Sixto E. Torres
Metropolitan State College of Denver

John Tkac
James Madison University

María Trillo
Western New Mexico University

Nicholas Uliano
Cabrini College

Alfonso Varona
University of North Carolina —
Greensboro

Clara Vega
Alamance Community College

Oswaldo Voysest
Beloit College

JiYoung Yoon
University of North Texas

Loretta Zehngut
Pennsylvania State University

Mariana Zinni
Queens College

Taller de escritores

Grammar and Composition for Advanced Spanish

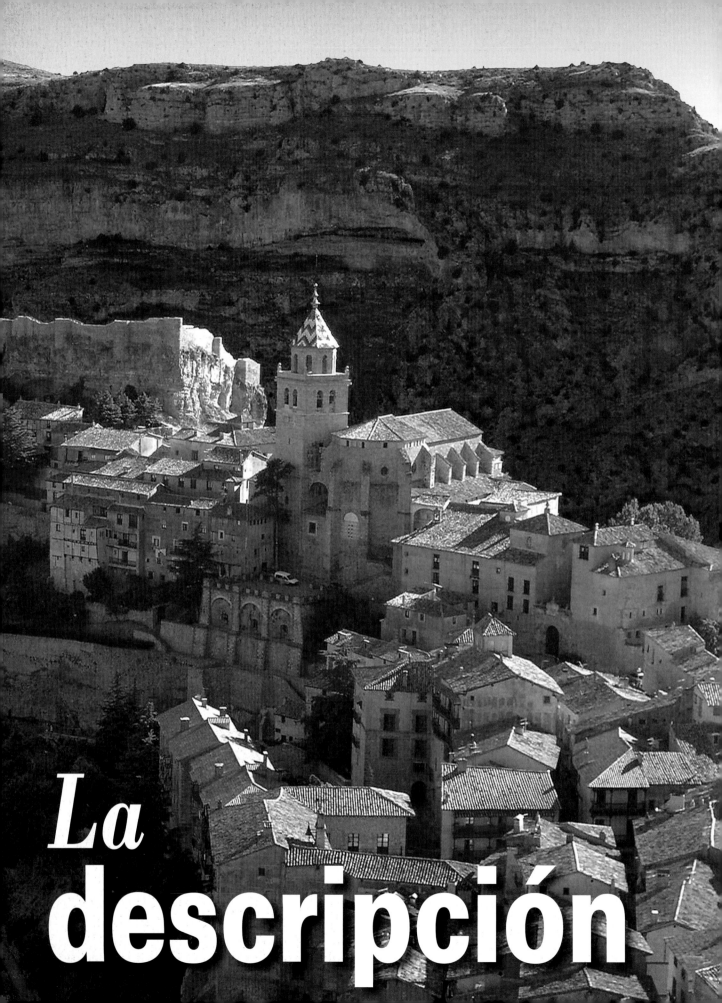

La descripción

Lección

"Las palabras son como monedas, que una vale por muchas como muchas no valen por una".

—Francisco de Quevedo

La descripción es una fotografía con palabras que busca retratar un lugar, objeto, ser o proceso, explicando sus partes, cualidades, circunstancias; básicamente es una respuesta a la pregunta *cómo es*. Lo esencial para una descripción es la observación de los detalles, que luego deben seleccionarse y ordenarse para cumplir los objetivos de claridad y precisión. A veces participa también la imaginación para expresar mejor la verdadera esencia de aquello que se quiere pintar con palabras. La perspectiva de quien describe tiñe la descripción de su subjetividad y el texto dice tanto de lo observado como del propio observador.

Esta lección te presenta las distintas formas de descripción y cómo escribirlas.

¿Qué describe la foto? ¿Dónde te parece que está este lugar? ¿Qué ves tú en la foto?

EXPANSIÓN
A Handbook of Contemporary Spanish Grammar
Chapters 1, 3, 12, 17, 29, 30

LECTURA

Juan Ramón Jiménez nació en Moguer, una pequeña ciudad andaluza, en 1881. Empezó estudios de abogacía, pero pronto los abandonó para dedicarse por entero a la escritura y especialmente a la poesía. Sus primeras composiciones reflejan la influencia del simbolismo francés. Con los años, Jiménez se convirtió en uno de los líderes de la vanguardia literaria española. En 1916 contrajo matrimonio con el amor de su vida, Zenobia Camprubí Aymar. En 1936, tras el comienzo de la Guerra Civil Española, el gobierno republicano lo envió a Washington como agregado cultural. Tras la victoria de Franco, Jiménez permaneció en el exilio y vivió en Nueva York, Florida, La Habana y Puerto Rico, donde se instaló finalmente en 1951 y falleció en 1958. Dos años antes de su muerte, Juan Ramón Jiménez recibió el Premio Nobel de Literatura.

Publicado por primera vez en 1914, *Platero y yo* es un clásico de la literatura española del siglo XX. Sus pequeños poemas en prosa relatan la vida apacible y pastoril del narrador y su burro en un pueblo andaluz, describiendo paisajes, personajes y emociones en un estilo simple y encantador.

Por la sencillez y el candor de los relatos, el libro es favorito de los niños y es uno de los más asignados en las escuelas de España y América Latina. Sin embargo, detrás del estilo sencillo e infantil del relato se esconden los temas más profundos de la literatura: el amor, la amistad, la bondad, el dolor, la injusticia y la muerte. ■

Platero y yo

I
Platero

Para describir a Platero, el autor emplea adjetivos, pero también metáforas y analogías.

Platero es pequeño, peludo, suave; tan blando por fuera, que se diría todo de algodón, que no lleva huesos. Sólo los espejos de azabache[1] de sus ojos son duros cual dos escarabajos[2] de cristal negro.

Lo dejo suelto y se va al prado, y acaricia tibiamente con su hocico, rozándolas apenas, las flores rosas, celestes y gualdas[3]... Lo llamo dulcemente: "¿Platero?", y viene a mí con un trotecillo alegre que parece que se ríe, en no sé qué cascabeleo[4] ideal...

Come cuanto le doy. Le gustan las naranjas, mandarinas, las uvas moscateles, todas de ámbar; los higos morados, con su cristalina gotita de miel...

Es tierno y mimoso[5] igual que un niño, que una niña...; pero fuerte y seco por dentro, como de piedra. Cuando paso sobre él, los domingos, por las últimas callejas del pueblo, los hombres del campo, vestidos de limpio y despaciosos[6], se quedan mirándolo:

—Tien'asero...

Tiene acero. Acero y plata de luna, al mismo tiempo.

[1]*jet, jet-black* [2]*beetles* [3]*yellow* [4]*jingling* [5]*affectionate* [6]*slow*

II
Mariposas blancas

L a noche cae, brumosa[7] ya y morada. Vagas claridades malvas[8] y verdes perduran tras la torre de la iglesia. El camino sube, lleno de sombras, de campanillas, de fragancia de hierba, de canciones, de cansancio y de anhelo[9]. De pronto, un hombre oscuro, con una gorra y un pincho[10], roja un instante la cara fea por la luz del cigarro, baja a nosotros de una casucha miserable, perdida entre   20
sacas[11] de carbón. Platero se amedrenta[12].

—¿Ba argo?

—Vea usted... Mariposas blancas...

El hombre quiere clavar su pincho de hierro en el seroncillo[13], y yo lo evito. Abro la alforja[14] y él no ve nada. Y el alimento ideal pasa, libre y cándido, sin pagar   25
su tributo a los Consumos[15]...

> El tiempo presente crea una sensación de inmediatez y también de momentos aislados en el tiempo.

III
Juegos del anochecer

C uando en el crepúsculo[16] del pueblo, Platero y yo entramos, ateridos[17], por la oscuridad morada de la calleja miserable que da al río seco, los niños pobres juegan a asustarse, fingiéndose[18] mendigos. Uno se echa un saco a la cabeza, otro dice que no ve, otro se hace el cojo.   30

Después, en ese brusco cambiar de la infancia, como llevan unos zapatos y un vestido, y como sus madres, ellas sabrán cómo, les han dado algo de comer, se creen unos príncipes:

—Mi pare tié un reló e plata.

—Y er mío un cabayo.   35

—Y er mío una ejcopeta.

Reloj que levantará a la madrugada, escopeta que no matará el hambre, caballo que llevará a la miseria...

El corro[19], luego. Entre tanta negrura, una niña forastera, que habla de otro modo, la sobrina del Pájaro Verde, con voz débil, hilo de cristal acuoso[20] en la   40
sombra, canta entonadamente, cual una princesa:

Yo soy laaa viudiiitaa
del Condeee de Oréé...

¡...Sí, sí, cantad, soñad, niños pobres! Pronto, al amanecer vuestra adolescencia, la primavera os asustará, como un mendigo, enmascarada de invierno.   45

—Vamos, Platero. ■

> Jiménez escribe el diálogo de los niños con pronunciación andaluza (mi padre tiene un reloj de plata).

> Aquí el autor abandona la narración de los eventos y exhorta a los personajes.

---

[7]*misty, foggy* [8]*mauve* [9]*yearning* [10]*pitchfork* [11]*sacks* [12]*becomes frightened, shies away* [13]*a little basket* [14]*saddlebag*
[15]*municipal taxes and duties* [16]*twilight* [17]*numb with cold* [18]*pretending to be* [19]*ring, circle that children form to play* [20]*watery*

Después de leer

1 **Comprensión** Contesta estas preguntas con oraciones completas.

1. ¿Cómo es Platero?

2. ¿Por qué dice el narrador que Platero se parece a un niño?

3. ¿Qué dicen sobre Platero los campesinos? ¿Qué crees que significa?

4. ¿Quién es el hombre que acosa a (*harasses*) Platero y al narrador en "Mariposas blancas"? ¿Qué quiere de ellos?

5. ¿A qué juegan los niños en "Juegos del anochecer"?

2 **Análisis** En parejas, contesten estas preguntas.

1. En "Mariposas blancas", el narrador abre la alforja y el hombre "no ve nada". ¿Crees que su incapacidad de ver lo que hay dentro de la alforja es simbólica? ¿Qué quiere decir que "el alimento ideal" pasa "sin pagar su tributo a los Consumos"?

2. "¡Cantad, soñad, niños pobres! Pronto, al amanecer vuestra adolescencia, la primavera os asustará, como un mendigo, enmascarada de invierno". ¿Qué significa esta advertencia? ¿Qué les ocurrirá a los niños pobres cuando se vuelvan adolescentes? ¿Por qué cree el narrador que mientras tanto deben cantar y soñar?

3. Las pequeñas historias de *Platero y yo* tienen un aire de parábola, como si cada una encerrara un mensaje. Al mismo tiempo, son enigmáticas y misteriosas. ¿Crees que se les puede atribuir un mensaje o que, como simples fragmentos de vida y experiencia, no pueden ser reducidas a una moraleja?

3 **Discusión** En grupos de tres, contesten estas preguntas.

1. Algunas descripciones en *Platero y yo* son sencillas y concretas: "Platero es pequeño, peludo, suave". Otras dependen de una analogía o comparación: "fuerte y seco por dentro, como de piedra". Otras aun son elaboradas y metafóricas: la voz de una niña es un "hilo de cristal acuoso en la sombra". Elige tres descripciones que te parezcan especialmente efectivas o hermosas y explica por qué te gustan.

2. Aunque el narrador no se describe a sí mismo directamente, podemos deducir mucho sobre él a partir de sus observaciones y reacciones. ¿Cómo describirías el carácter del narrador? Usa por lo menos tres adjetivos distintos y explica en qué partes del texto observas estos aspectos de su persona.

3. Describe cada uno de los siguientes objetos de tres formas distintas: primero con adjetivos, luego con una analogía o comparación, y finalmente con una metáfora. Por ejemplo: "El mar es azul, vasto y profundo. Es grande como el cielo. Es un campo de olas".

| la almohada | la ventana | el libro | la tristeza | el caracol |

4 **Composición** Escribe un nuevo capítulo de *Platero y yo*, utilizando un paisaje o una situación que recuerdes de tu infancia. ¿Dónde están Platero y tú? ¿Con quién se encuentran? Describe los personajes y los sucesos como lo haría Juan Ramón Jiménez.

TALLER DE LENGUA

Léxico

1.1 Vocabulario para describir

- Una descripción es la explicación ordenada y detallada de cómo son ciertas personas, lugares u objetos. Antes de escribir una descripción, siempre es útil organizar en categorías la información relevante sobre la persona, lugar u objeto que se quiere describir. Las siguientes categorías son solo ejemplos de cómo se puede organizar la información.

Descripción de lugares, paisajes, ambientes

- Al describir lugares, paisajes o ambientes resulta útil usar palabras y expresiones que nos ayudan a ubicar el sujeto de la descripción tanto en el tiempo como en el espacio.

Ubicación geográfica	Distancia	Ubicación temporal
(más) arriba/abajo	a 10 km de	ahora (mismo)
cerca/lejos	a lo lejos	antes/después
delante/detrás	a (más/menos de) 1 hora	más tarde
dentro/fuera	a un día de viaje	cuando, mientras
(a la) derecha/izquierda	cerca/lejos	de niño/joven/adulto
encima/debajo (de)	en las cercanías de	nunca/a veces/siempre
en medio de/en el centro	en los alrededores de	todos los días/años

> **Cuando** era pequeño, me gustaba mirar a mi padre **cuando** pescaba en el arroyo **a unos quince kilómetros** de casa. **Allí cerca** estaba la vieja cabaña de mi abuelo, donde jugaba **siempre** con mis hermanos. **Ahora, de grande**, el arroyo contaminado me da ganas de llorar.

Descripción de un objeto

- Al describir objetos, a menudo utilizamos palabras y expresiones que proporcionan información en cuanto a la forma, el tamaño, el material de que están compuestos y su utilidad. En la siguiente tabla puedes ver ejemplos de expresiones organizadas en estas cuatro categorías.

Forma	Tamaño	Material y características	Utilidad
alargado	alto/bajo	áspero/suave	(poco) práctico, (in)útil
cuadrado	enorme, gigante, inmenso	de cartón/papel	Se recomienda para viajar.
delgado		de colores	Se usa para cortar.
fino/grueso	grande/pequeño	de cuadros/rayas	Se utiliza para trabajar.
ovalado	ínfimo, minúsculo	de lana/seda	Sirve para comer.
rectangular		de madera/metal	Son para leer.
redondo		blando/duro	

> El almohadón **de plumas** es **fino** y **blando**. Es muy cómodo **para dormir**.

Descripción de una persona

- Al describir personas debemos ofrecer información acerca de sus rasgos físicos y de su carácter. Hay ciertos verbos y expresiones que se prestan especialmente para las descripciones de personas.

¡ATENCIÓN!

Muchos de los adjetivos que indican rasgos del carácter son subjetivos. Por eso, es conveniente incluir información adicional. Por ejemplo, al decir que alguien es perezoso, conviene aclarar las razones por las que pensamos que es perezoso: no trabaja, se levanta tarde, etc.

Rasgos físicos	Rasgos de carácter	Verbos
alto/bajo	agradable/desagradable	acostumbrar, soler
claro/oscuro	alegre/serio	adornarse, cubrirse
esbelto/corpulento/atlético	antipático/simpático	llevar, tener, usar, vestir
fuerte/débil	hablador/callado	mostrarse
guapo/feo	prudente/confiado	parecer
joven/adulto/viejo, anciano	sincero/mentiroso	permanecer
moreno/pelirrojo/rubio	trabajador/perezoso	sentirse

Juan **es alto** y **moreno**. **Parece antipático**, pero en realidad, para quienes lo conocen, es muy **alegre**, **hablador** y **simpático**.

Práctica

1 Completa el párrafo con las expresiones de la lista.

a 10 kilómetros	cerca	de piedra	detrás de	inmensa	rojo
agradable	confiados	delante de	enormes	oscuras	sobrecogedor

Nos encontrábamos (1)_____ de la vieja ermita. Hacía una tarde (2)_____ y todos estaban con unas ganas (3)_____ de comenzar la ascensión. (4)_____ nosotros se erigía una montaña (5)_____ con riscos (crags) (6) _____ y granito (7)_____. El sol creaba claros y sombras que hacían de la pared un espectáculo (8)_____. (9)_____ la montaña podíamos ver nubes (10)_____ que se desplazaban lentamente (11)_____ de la cumbre. Los cuatro alpinistas del equipo se mostraban (12)_____ y listos para atacar la cumbre por su cara más difícil: la cara norte.

2 Reemplaza las expresiones subrayadas con otras expresiones descriptivas.

Al final de la calle se elevaba el Ayuntamiento, un edificio clásico, con un elegante balcón y ventanales de madera en la planta baja. Junto a la puerta de madera, en letras doradas, se podía leer la inscripción CASA CONSISTORIAL. Cerraban la calle las fachadas pintadas de blanco de siete casas de dos pisos, con sus balcones repletos de geranios. En los balcones iluminados, había gente de todas las edades, con expresión vivaz y animada. Las miradas de todos los presentes se dirigían hacia un palco que habían montado en medio de la plaza, en frente del Ayuntamiento. Sobre el palco, la orquesta animaba con su música la cálida noche de fiesta.

3 En parejas, clasifiquen las expresiones de la siguiente lista en estas categorías: **ubicación geográfica/temporal, distancia, forma o tamaño, material y características,** y **rasgos personales.** Luego, escriban un párrafo usando diez de estas expresiones.

a años luz	de cristal	en las cercanías	frágil	risueño
a cinco días en barco	delicadas	en los alrededores de	lejos de	sereno
arqueado	descomunal	en medio de	minúsculo	simultáneamente
corpulento	en el interior	exhibir	ovalado	sólido

Léxico

1.2 Expresiones de percepción sensorial

- Las palabras y expresiones sensoriales nos ayudan a representar lo que sentimos a través de los cinco sentidos. En las siguientes tablas, encontrarás algunos ejemplos de palabras para expresar y enfatizar sentimientos y percepciones. Utiliza estas expresiones sensoriales, y otras que conozcas, para que tus descripciones sean más precisas y fáciles de comprender para el lector.

La vista

Sustantivos		Adjetivos		Verbos	
aspecto	luminosidad	alargado	inmenso	acechar	examinar
belleza	palidez	arrugado	luminoso	avistar	mirar
brillo	panorama	atractivo	nublado	contemplar	observar
colorido	perspectiva	brillante	opaco	descubrir	presenciar
horizonte	sombra	deslumbrante	pálido	divisar	ver

El oído

Sustantivos		Adjetivos		Verbos	
canto	risa	apacible	ruidoso	aullar	murmurar
carcajada	ronquido	arrullador	rumoroso	balbucear	oír
estruendo	ruido	ensordecedor	sibilante	cantar	sentir
explosión	silbido	estridente	sigiloso	explotar	sonar
grito	susurro	estruendoso	silencioso	hablar	susurrar
murmullo	voz	resonante	susurrante	ladrar	tartamudear

El tacto

Sustantivos		Adjetivos		Verbos	
aspereza	porrazo	aceitoso	mojado	acariciar	pulsar
caricia	roce	aterciopelado	pegajoso	golpear	rozar
codazo	rugosidad	esponjoso	peludo	manejar	sentir
fricción	suavidad	frío	seco	manipular	tantear
golpe	textura	húmedo	sedoso	palpar	teclear
masaje	toque	liso	suave	pegar	tocar

El olfato

Sustantivos		Adjetivos		Verbos	
aroma	humedad	aromático	oloroso	advertir	oler
esencia	moho	desagradable	penetrante	apestar	olfatear
especias	olor	dulce	perfumado	aromatizar	olisquear
flores	perfume	fragante	podrido	despedir	percibir
fragancia	pestilencia	fresco	quemado	exhalar	perfumar
hedor	pimienta	hediondo	rancio	exudar	sentir

¡ATENCIÓN!

Usa la preposición **a** para indicar olores y sabores.

Huele **a** pintura, **a** chocolate.

Sabe **a** menta, **a** pino.

También puede usarse con adjetivos.

Tiene olor **a** quemado.

Tiene sabor **a** podrido.

El gusto

Sustantivos	Adjetivos		Verbos	
amargor	ácido	insípido	aderezar	endulzar
degustación	agridulce	pasado	catar	escabechar
insipidez	amargo	picante	cenar	probar
paladar	avinagrado	quemado	condimentar	saber
sabor	azucarado	salado	consumir	saborear
sensación	dulce	sazonado	degustar	sazonar

● A continuación puedes ver un párrafo repleto de expresiones sensoriales:

En el reino animal, el desarrollo de los sentidos puede llegar a límites inimaginables. Por ejemplo, muchos animales "ven" a través de su olfato. El perro cuenta con doscientos millones de células olfativas. A menudo, no necesita ver algo o a alguien para identificarlo. Cuando huele algo que le llama la atención, retiene el aire momentáneamente, "saborea" lo que le interesa y lo almacena. Al nacer, el perro no puede oír ni ver, pero a través del tacto llega a la leche de su madre y siente el calor que le suministran sus hermanos. Las almohadillas de sus patas son tan sensibles que detectan hasta las más insignificantes vibraciones. En cuanto al gusto, las preferencias del perro por un sabor u otro dependen del olor del alimento u objeto. Si le gusta el olor, lo ingiere; si le desagrada, lo rechaza. La vista no es su sentido más desarrollado, ya que no es muy eficaz de cerca. Sin embargo, su visión a larga distancia es muy buena. El perro puede divisar movimientos a 350 metros.

¡ATENCIÓN!

En ocasiones, las expresiones sensoriales de diferentes sentidos se combinan para dar mayor riqueza o una imagen poética al discurso. Este tipo de figura retórica se llama sinestesia y se aprecia muy bien en estos versos de Juan Ramón Jiménez:

"Es de oro el silencio. La tarde es de cristales azules".

"... en el cénit azul, una caricia rosa [...]".

"... por el verdor teñido de melodiosos oros [...]".

Práctica ....

1 Subraya las expresiones sensoriales e indica a qué sentido pertenecen.

1. Platero es pequeño, peludo, suave; tan blando por fuera, que se diría todo de algodón, que no lleva huesos.

2. El camino sube, lleno de sombras, de campanillas, de fragancia de hierba, de canciones, de cansancio y de anhelo.

3. La sobrina del Pájaro Verde, con voz débil, hilo de cristal acuoso en la sombra, canta entonadamente, cual una princesa.

4. La música sonaba al compás de sus voces: aquella música era el rumor distante del trueno que, desvanecida la tempestad, se alejaba murmurando; era el zumbido del aire que gemía en la concavidad del monte.

5. Aspiré con voluptuosidad la fragancia de las madreselvas (*honeysuckle*) que corren por un hilo de balcón a balcón.

2 Escribe un párrafo sobre algún producto. Dale un tono exagerado y promocional, como si fuera a incluirse en un anuncio publicitario. Utiliza expresiones de percepción sensorial.

Modelo *La esencia del cremoso chocolate suizo se derrite en su paladar ofreciéndole un sabor apetitoso y penetrante...*

Estructuras

1.3 The present tense; ser and estar

- You have already learned the simple present (**el presente simple**) and the present continuous (**el presente continuo**). Both tenses narrate and describe events, but their uses differ. Notice how they are used in the sentences below about the reading.

> Los ojos de Platero **son** negros como el azabache. *(simple description)*

> **Parece** que Platero **se ríe** cuando **viene** del prado. *(narration of habitual actions and states)*

> Los niños pobres **están jugando** en la calleja. *(narration of an action in progress at that moment)*

The simple present

Main uses of the simple present	
to describe qualities and ongoing states	Platero **es** pequeño, peludo, suave...
	Platero **vive** en un pueblo en las montañas.
to narrate present events	Uno **se echa** un saco a la cabeza, otro **dice** que no **ve**...
to narrate events in the near future	Como mañana **es** domingo, Platero y su dueño **van** al pueblo.
historical present	Juan Ramón Jiménez **nace** en 1881 en Moguer.
to narrate past events in a more immediate way	Platero y su dueño pasaban por el pueblo cuando, de repente, ¡**se encuentran** con un hombre feo!

- The usage of the last example sometimes corresponds to the informal English use of present tense to relate a past event:

> So yesterday, **I'm walking** past the library and I **see** Tyler. He **says** to me . . .

The present continuous

- To form the present continuous, combine a present-tense form of **estar** with the present participle (the -**ando**, -**iendo** form) of another verb.

Main uses of the present continuous	
to narrate an action that is in progress	Platero y su dueño **están bajando** por el pueblo, **viendo** a los niños jugar.
to express an event that is viewed as unusual, temporary, or surprising	A Platero le encanta la fruta, pero hoy no **está comiendo** nada.
to express an event that is constantly repeating	Los niños **están jugando** mucho con Platero estos días.
	Ahora, como es primavera, **está haciendo** más calor.

- Some verbs have spelling changes in their present participles: -**ir** stem-changing verbs (**durmiendo, pidiendo, diciendo**) and verbs like **creer**, **traer**, **construir**, and **oír** (**creyendo, trayendo, construyendo, oyendo**).

¡ATENCIÓN!

The present continuous is used less frequently in Spanish than the simple present. Unlike in English, the present continuous is not used to describe states or conditions.

El niño **lleva** una chaqueta roja.
*The boy **is wearing** a red jacket.*

Ser and *estar*

- Both **ser** and **estar** express *to be*, but their meanings differ. In general, **ser** is used to describe the essential nature and identity of something. **Estar** is used to describe condition, state, or location; these traits are viewed by the speaker as being circumstantial or temporary, rather than inherent.

- **Ser** is used:

to identify someone or something	El autor de *Platero y yo* **es** Juan Ramón Jiménez.
to describe physical traits, personality, and other characteristics perceived as inherent or permanent	**Es** tierno y mimoso igual que un niño... La casucha **es** miserable. Los burros **son** muy fuertes.
to identify possession	El burro **es** del narrador.
to describe what something is made of	La iglesia **es** de piedra.
to identify the location of events	La feria **es** en la plaza, todos los domingos.

- **Estar** is used:

to describe states that are perceived as temporary or not inherent	¡Qué bonito **está** el campo en la primavera! Cuando Platero **está** de buen humor, parece un niño.
to describe a change in state	En invierno Platero **está** muy peludo.
to identify the location of someone or something	Los niños **están** en la calleja.
to narrate an action in progress, using the present continuous	¿De qué **están hablando** el narrador y el hombre?

- Using an adjective with **ser** or **estar** can change the connotation or meaning of the adjective.

Los niños del pueblo no **son** nada **callados**. *The village children aren't quiet at all.*	Todos **están callados**, escuchando a la niña cantar. *Everyone is (falls, remains) silent, listening to the girl sing.*
Para ti, ¿**es** interesante o **aburrido** este cuento? *In your opinion, is this story boring or interesting?*	Cuando Platero **está aburrido**, se duerme. *When Platero is (feels) bored, he falls asleep.*
El narrador **es** más **rico** que los hombres del campo. *The narrator is wealthier than the men from the countryside.*	¡Qué **ricos están** los higos y las uvas! *The figs and grapes are (taste) so delicious!*
El hombre con el cigarro no **es guapo**. *The man with the cigarette isn't handsome.*	¡Qué **guapas están** las niñas, todas vestidas de blanco! *How pretty the girls are (look), all dressed in white!*
Según el narrador, Platero **es** muy **listo**. *According to the narrator, Platero is very clever.*	Ya **están listos** Platero y su dueño para ir al pueblo. *Platero and his owner are ready to go to the village.*

¡ATENCIÓN!

Notice how **ser**, used for inherent characteristics, is generally translated as *to be* in English. **Estar**, used for characteristics that are viewed as less permanent, is often translated with a more specific verb that better reflects the context.

Práctica . . . .

 1 Completa las oraciones sobre la lectura con el verbo correspondiente en el tiempo presente simple.

Es evidente que el narrador (1)_____ (querer) mucho a Platero. Él habla con Platero, le (2)_____ (dar) de comer y lo (3)_____ (cuidar) muy bien. De hecho, Platero es como una persona; (4)_____ (saber) su nombre, y parece que (5)_____ (reírse). El narrador y Platero (6)_____ (ir) al pueblo todos los domingos. Los habitantes del pueblo (7)_____ (mirar) a Platero y (8)_____ (hacer) comentarios sobre él. Aunque Platero es fuerte y valiente, a veces (9)_____ (tener) miedo, como cuando él y el narrador (10)_____ (encontrarse) con el hombre de la casucha por la noche.

2 Imagina que estás en el pueblo donde viven Platero y el narrador. Explica si usarías **ser** o **estar** en las siguientes situaciones y por qué.

> Modelo   to say that the village church is beautiful
> ***ser****; la belleza de la iglesia es una característica inherente*

1. to describe the color of Platero's coat
2. to ask the narrator how he is feeling today
3. to ask where Platero is
4. to ask who the field belongs to
5. to say how pretty the meadow looks with all the flowers
6. to say that Platero seems tired today
7. to ask what game the village children are playing
8. to say that the water from the village well tastes delicious
9. to ask where the men in the village are from
10. to say that Platero's saddle is made from very fine leather

3 Para cada una de las ilustraciones, escriban tres oraciones. Una oración debe incluir un verbo en el tiempo presente simple; otra debe usar el presente continuo; y la tercera debe incluir **ser** o **estar**.

Estructuras

1.4 Prepositions

- Prepositions (**Las preposiciones**) combine parts of a sentence to express a relationship between those parts.

> Platero y el narrador suben **por** el camino. Van **hacia** el pueblo. Se puede ver la iglesia **desde** el camino. El río corre **entre** los prados.

a *to, at, into*	**en** *in, on, at, into*	**según** *according to, depending on*
ante *in front of, before, facing*	**entre** *between, among*	**sin** *without*
bajo *beneath, under*	**excepto/salvo** *except*	**sobre** *about, on, over, on top of*
con *with*	**hacia** *toward(s), about, around*	
contra *against, despite*	**hasta** *as far as, until, up to*	**tras** *behind, after*
de *of, about, from, as*	**mediante** *by means of*	**versus** *against, versus*
desde *from*	**para** *for, to, in order to, by*	**vía** *via, through*
durante *during*	**por** *because of, by, by means of, for, through, down, up, along*	

- Spanish does not always use prepositions as English uses them (**pp. 149–150**).

  tocar a la puerta = *to knock **on** the door*   **consistir en** = *to consist **of***

- Spanish prepositions often have several English equivalents. Note the different meanings of the prepositions **a** and **en** in the following examples.

Platero se va **al** prado.	*Platero goes off **to** the meadow.*
El hombre viene **a** nosotros.	*The man comes **toward** us.*
El museo abre **a** las diez.	*The museum opens **at** ten.*
Está **a** la vuelta.	*It's **around** the corner.*
Tardaron dos horas **en** llegar al pueblo.	*It took them two hours **to** get to the village.*
En el camino, se encontraron con un hombre.	***On** the way they met up with a man.*
En el verano hace mucho calor.	***In (During)** the summer it's very hot.*
Las fotos de Platero están **en** esa mesa.	*The photos of Platero are **on (on top of)** that table.*

- In Spanish, just as in English, prepositions can combine to form compound prepositions (**locuciones preposicionales**). Below are some examples.

acerca de *about*	**con respecto a** *with respect to; in reference to*	**encima de** *on top of*
además de *as well as*		**en contra de** *against*
al lado de *next to*	**de acuerdo con** *in accordance with*	**en medio de** *in the middle of*
alrededor de *around*	**debajo de** *below*	**frente a** *opposite; facing*
antes de *before* (time)	**delante de** *in front of*	**fuera de** *outside of*
a partir de *starting from*	**dentro de** *within; inside of*	**junto a** *next to; close to*
cerca de *near*	**después de** *after* (time)	**lejos de** *far from*
	detrás de *behind*	

> **Antes de** leer la obra, no sabía mucho **acerca de** los burros.
>
> Me imagino a Platero, **en medio del** prado; **junto a** él está el narrador y **detrás de** ellos se ven las colinas, el pueblo, el río...

- You already know that **por** and **para** can both mean *for*, but their uses differ. In general, **para** expresses destination and purpose, while **por** expresses motive or cause.

Usos de *para*	
to indicate purpose or destination	Los higos son **para** Platero.
	Van al pueblo **para** ir a misa.
to indicate direction	Iban **para** el pueblo cuando se encontraron con el hombre.
to indicate a specific time in the future	**Para** el mes que viene, ya tendré un burro.
to indicate need; to express *in order to*	**Para** montar en burro, hay que tener paciencia.
to express *by* or *for* with respect to time	Necesito leer el cuento **para** el martes.
to indicate opinion or reaction	**Para** Platero, lo más importante es comer.
to express *considering*	*Platero y yo* es complejo **para** ser un cuento infantil.

Usos de *por*	
to express cause or motive	Se nota el amor del narrador **por** el burro.
	Todos admiran a Platero **por** su belleza.
to describe an exchange	¿Cuánto pagaste **por** el burro?
to express *all over, through, in, along*	Subieron **por** el camino.
to express *during*	Llegaron a la iglesia **por** la mañana.
to express *by means of*	Llamaron a los niños **por** teléfono.
to express *by*, in passive constructions	El cuento fue escrito **por** Juan Ramón Jiménez.

¡ATENCIÓN!

Common expressions with **para**:

no es **para** tanto
it´s not such a big deal

para colmo
to top it all off

para decir (la) verdad
to tell you the truth

para mañana
for/by tomorrow

para siempre
forever

¡ATENCIÓN!

Common expressions with **por**:

por cierto *by the way*

¡**Por** Dios! *For God´s sake!*

por ejemplo *for example*

por fin *finally*

por lo tanto *therefore*

por lo visto *apparently*

por si acaso *just in case*

por supuesto *of course*

por último *finally, last*

Práctica

1 Completa el párrafo sobre Juan Ramón Jiménez con la opción correcta.

Juan Ramón Jiménez nace (1)_____ (en/a) Moguer. (2)_____ (A/En) los diecinueve años, va a Madrid, donde conoce a muchos escritores (3)_____ (del/al lado del) modernismo español. (4)_____ (Antes de/A partir de) entonces, sufre de enfermedades y depresión, pero sigue escribiendo. (5)_____ (Durante/Mediante) esta etapa, escribe *Platero y yo*, (6)_____ (lejos/entre) otras obras. En 1916, se casa (7)_____ (a/con) Zenobia Camprubí. (8)_____ (Antes de/Después de) la luna de miel, el matrimonio vuelve a Madrid, pero (9)_____ (en/a) 1936 estalla la Guerra Civil Española. Jiménez está (10)_____ (en/a favor del) lado republicano. (11)_____ (Tras/Bajo) la victoria de Franco, los Jiménez deciden quedarse en el exilio en Estados Unidos. Jiménez recibe el Premio Nobel de Literatura (12)_____ (en/desde) octubre de 1958; tres días (13)_____ (sobre/después), Zenobia muere. Los últimos años de su vida son tristes y solitarios.

Estructuras

1.5 Adjectives

Placement

- When placed after a noun, adjectives differentiate that particular noun from others within the same group.

un burro **gris** | un pueblo **andaluz** | un río **seco**

- Adjectives can be placed before a noun to emphasize or intensify a particular characteristic, to suggest that it is inherent, or to create a stylistic effect or tone.

el **talentoso** autor, Juan Ramón Jiménez | las **feas** casas de ese pueblo

- In some cases, placing the adjective before the noun indicates a value judgment on the part of the speaker. Compare:

  Paseamos por las **hermosas** calles.
  (for the speaker, all the streets are lovely, not just some)
  Paseamos por las calles **hermosas**.
  (some of the streets are lovely, but not all)

- When more than one adjective is used to describe a noun, the adjective that distinguishes the noun from others of its class goes right after the noun:

una interesante **novela inglesa** | un famoso **ingeniero químico** francés
una **novela inglesa** interesante | un **ingeniero químico** francés famoso

- Ordinal numbers are placed before the noun (**el primer capítulo**). Other adjectives that indicate order are also usually placed before (**las últimas calles, los próximos días**).

- Adjectives of quantity, ownership, or volume also go before the noun:

Platero se comió **cuatro** higos. | El narrador está orgulloso de **su** burro. | Ellos pasan **mucho** tiempo juntos.

- Some adjectives change meaning depending on whether they are placed before or after the noun.

Adjective	Placed after	Placed before
cierto/a	una respuesta **cierta** *a right answer*	una **cierta** actitud *a certain attitude*
grande	una ciudad **grande** *a big city*	un **gran** país *a great country*
medio/a	el sueldo **medio** *the average salary*	un trabajo a **medio** tiempo *a part-time job*
mismo/a	el artículo **mismo** *the article itself*	el **mismo** problema *the same problem*
nuevo/a	una chaqueta **nueva** *a (brand) new jacket*	un **nuevo** amigo *a new/different friend*
pobre	el hombre **pobre** *the man who is poor*	el **pobre** hombre *the unfortunate man*

Adjective	Placed after	Placed before
puro/a	el agua **pura** *the pure (uncontaminated) water*	la **pura** verdad *the whole (entire) truth*
único/a	un amor **único** *a unique love*	mi **único** amor *my only love*
viejo/a	una amiga **vieja** *an old friend (age)*	una **vieja** amiga *an old friend (friend for a long time)*

Comparatives and superlatives

- In Spanish, as in English, adjectives can be used to form comparatives (**comparativos**) and superlatives (**superlativos**).

Adjective	Comparative	Superlative
elegante *elegant*	**más/menos** elegante(s) **que** *more/less elegant than*	**el/la/los/las más/menos** elegante(s) **de** *the most/least elegant of/in*

- To form comparisons of equality, use the formula **tan** + *adjective* + **como**.

  Platero es **tan bueno como** tú.

- Some common adjectives have irregular comparatives and superlatives.

  bueno/a → mejor → el/la mejor

  malo/a → peor → el/la peor

  grande *and* **viejo/a → mayor → el/la mayor**

  pequeño/a *and* **joven → menor → el/la menor**

- When **grande** and **pequeño** refer to size and not age or quality, the regular comparative and superlative forms are used.

  El libro es **más grande** de lo que pensaba, pero **más pequeño** que mi diccionario.

- When **bueno/a** and **malo/a** refer to the moral quality of a person, the regular comparative and superlative forms are used.

  Tengo a la mujer **más buena** del mundo.   Ese hombre es **más malo** que el demonio.

- The absolute superlative (**superlativo absoluto**) expresses *very* or *extremely*. To form the absolute superlative of adjectives, drop the ending and add -**ísimo/a/os/as**.

  interesante → interesantísimo   **guapo → guapísimo**

  muchas → muchísimas   **fea → feísima**

- Absolute superlatives of words ending with -**z** (or -**c**, -**g** before the final -**o**) have spelling changes.

  rico → riquísimo   **loca → loquísima**

  largo → larguísimo   **andaluz → andalucísimo**

- To form the absolute superlative of words ending in -**n** or -**r**, add -**císimo/a/os/as**.

  joven → jovencísimo   **mayor → mayorcísimo**

¡ATENCIÓN!

The superlative ending -**ísima** can also be used with adverbs ending in -**mente**.

Habla **clarísimamente**.

In the case of short adverbs that are identical to adjectives, -**ísimo** is used.

Corre **rapidísimo**.

Práctica ....

1 Cerca de Moguer hay un espacio natural que se llama La Laguna de Palos y Las Madres. Completa la descripción del lugar con la frase correcta. Presta atención a la posición de los adjetivos.

1. La Laguna de Palos y Las Madres es una laguna de _____ (agua dulce/dulce agua), no salada.

2. El lugar está formado por _____ (lagunas cuatro/cuatro lagunas).

3. Allí viven _____ (tipos varios/varios tipos) de aves, como las garzas y las águilas.

4. La laguna es también un lugar de paso para muchas _____ (aves migratorias/migratorias aves).

5. Algunas de _____ (aves esas/esas aves) migran desde el _____ (continente africano/africano continente).

6. Se encuentran allí unas _____ (especies amenazadas/amenazadas especies).

7. Puedes hacer un recorrido por un _____ (sendero corto/ corto sendero).

8. Es un lugar de _____ (importancia mucha/mucha importancia) para las plantas y animales de la zona.

9. En los alrededores existen _____ (plantaciones forestales/forestales plantaciones) de pino.

10. Es un _____ (lugar gran/gran lugar).

2 Expresa tus ideas sobre lo siguiente. Para cada grupo, escribe dos oraciones: una con comparativos y otra con superlativos. Incluye algunos ejemplos del superlativo absoluto en tus oraciones.

> Modelo burros/perros/gatos (inteligente)
> *Los gatos son **más inteligentes que** los burros, creo. Pero, para mí, los perros son **los más inteligentes de** todos. De hecho, son **inteligentísimos**.*

1. poemas/novelas/cuentos (difícil)
2. Jiménez/Lorca/Machado (famoso)
3. Platero/el narrador/los niños pobres (viejo)
4. playa/lago/río (divertido)
5. comida española/comida italiana/comida mexicana (bueno)
6. uvas/higos/naranjas (rico)
7. establo/mansión/casucha (elegante)
8. Nueva York/Madrid/Londres (estresante)

3 Describe en un párrafo a una persona que admiras y compárala con otras. Usa algunos de los adjetivos de la lista u otros que has aprendido.

alto/bajo	célebre/desconocido
delgado/corpulento	callado/extrovertido
intelectual/deportista	estadounidense/europeo

Ortografía y puntuación

1.6 Acentuación I

- Al hablar, no pronunciamos todas las sílabas con la misma intensidad, sino que una sílaba recibe mayor realce que las demás (acento prosódico o tónico). Por ejemplo, en "pluma", el acento prosódico recae sobre la primera sílaba: [pluma]. Esta sílaba se llama sílaba tónica, y la que no tiene acento, sílaba átona. Debemos identificar la sílaba tónica de una palabra para dominar el uso de la tilde (*written accent*) en palabras de dos o más sílabas.

> Come cuanto le doy. Le gustan las naranjas, mandarinas, las uvas [...], todas de ámbar; los higos morados, con su cristalina gotita de miel...

Palabras agudas

- Las palabras agudas son aquellas cuya última sílaba es tónica.

  algodón, cristal, ideal

- Las palabras agudas llevan tilde cuando terminan en **-n**, en **-s** o en **vocal**.

  camión, compás, sofá, colibrí

- Cuando terminan en **-s** precedida de otra consonante, se escriben sin tilde.

  robots, tictacs, carnets

Palabras llanas

- Las palabras llanas o graves son aquellas cuya penúltima sílaba es tónica.

  pequeño, peludo, suave

- Las palabras llanas llevan tilde cuando no terminan en **-n**, en **-s** o en **vocal**.

  lápiz, frágil, fácil

Palabras esdrújulas y sobresdrújulas

- Las palabras esdrújulas son aquellas cuya antepenúltima sílaba es tónica, y las palabras sobresdrújulas son aquellas en las que es tónica alguna de las sílabas anteriores a la antepenúltima.

  rozándolas, crepúsculo, cómetelo, cómpraselo

- Las palabras esdrújulas y sobresdrújulas siempre llevan tilde.

  fantástico, lágrima, ídolo, ábaco, arréglaselo

Práctica

1 Escribe la tilde en las palabras que lo necesiten.

Cuando en el crepusculo del pueblo, Platero y yo entramos, ateridos, por la oscuridad morada de la calleja miserable que da al rio seco, los niños pobres juegan a asustarse, fingiendose mendigos. Uno se echa un saco a la cabeza, otro dice que no ve, otro se hace el cojo. Despues, en ese brusco cambiar de la infancia, como llevan unos zapatos y un vestido, y como sus madres, ellas sabran como, les han dado algo de comer, se creen unos principes. Es tierno y mimoso igual que un niño, que una niña...; pero fuerte y seco por dentro, como de piedra. Cuando paso sobre el, los domingos, por las ultimas callejas del pueblo, los hombres del campo, vestidos de limpio y despaciosos, se quedan mirandolo.

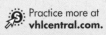

Ortografía y puntuación

1.7 Puntuación I

- Las reglas básicas de puntuación en español son similares a las reglas de puntuación en inglés.

El punto

- El punto se usa para señalar gráficamente la pausa que marca el final de una oración (que no sea interrogativa o exclamativa). También se usa detrás de las abreviaturas.

  > Se ve que Ud. no ha leído *Platero y yo*.

- A diferencia del inglés, en español el punto se escribe siempre detrás de las comillas, los paréntesis y las rayas de cierre.

  > "Después de decir esto se fue, dando un portazo". (Creo que estaba muy enfadada).

- Si después del punto comienza otra oración en la misma línea, se denomina **punto (y) seguido**. Cuando el punto separa dos párrafos distintos, se denomina **punto (y) aparte**. Si se escribe al final del texto, se denomina **punto final**.

La coma

- Al igual que en inglés, la coma se utiliza normalmente para indicar la existencia de una pausa breve dentro de una oración.

¡ATENCIÓN!

A diferencia del inglés, cuando la enumeración es completa, el último elemento va introducido por una conjunción sin coma delante de ella.

Usos principales	Ejemplos
Para separar los elementos de una enumeración.	Es una chica muy educada, amable y estudiosa.
Para aislar explicaciones (se utiliza una coma delante del comienzo del inciso y otra al final).	Cuando llegó Daniel, el hermano de mi vecina, todos lo saludaron. Los hombres del campo, vestidos de limpio y despaciosos, se quedan mirándolo.
Para separar sustantivos con función de vocativo.	Ha de saber, amigo mío, que lo principal es la felicidad.
Para aislar las interjecciones.	No sé, ¡Dios mío!, qué va a ser de nosotros.
Para separar el sujeto de los complementos verbales cuando se omite el verbo por haber sido mencionado anteriormente.	Durante el invierno vive en la costa; durante el verano, en la montaña.
Delante de **excepto**, **salvo** y **menos**, y delante de conjunciones como **pero**, **aunque**, **sino**, **así que**, etc.	Todo le molesta, excepto el silencio. Haz lo que quieras, pero no olvides que te advertí.
Cuando se invierte el orden regular de las partes de una oración.	Fruta, no suelo comer.
Detrás de determinados enlaces como **esto es**, **es decir**, **ahora bien**, **en primer lugar**, etc.	Hoy podrán visitarnos. No obstante, los esperaremos mañana.
Para separar el lugar y la fecha en la datación de cartas.	En Madrid, a 12 de marzo de 2010

Los dos puntos

Usos principales	Ejemplos
Para introducir una enumeración explicativa.	Ayer visité a tres amigos: Javier, Miguel y Lucía.
Para introducir citas y palabras textuales escritas entre comillas.	Como dijo el gran filósofo Aristóteles: "La verdad es la única realidad".
Tras las fórmulas de saludo en cartas y documentos.	Muy señor mío:
Para conectar oraciones relacionadas entre sí sin necesidad de emplear otro nexo.	Se le ha hecho tarde: no podrá quedarse a cenar.

El punto y coma

Usos principales	Ejemplos
Para separar los elementos de una enumeración con expresiones complejas que incluyen comas.	Quiero que hagan lo siguiente: primero, tomen asiento; después, saquen sus libros; y finalmente, comiencen la lectura.
Para separar oraciones sintácticamente independientes, pero relacionadas semánticamente.	Sigan circulando; aquí no hay nada que ver.
Delante de nexos adversativos como **pero**, **mas**, **aunque**, **sin embargo**, etc., cuando la oración precedente es larga.	La dirección de la empresa intentó recortar gastos durante todo el año; sin embargo, siguieron teniendo pérdidas.

¡ATENCIÓN!

Es incorrecto escribir dos puntos entre una preposición y el sustantivo o sustantivos que esta introduce:

En el colegio, había estudiantes de Bélgica, Holanda y otros países europeos.

Práctica

1 Escribe los signos de puntuación necesarios en las siguientes oraciones.

1. Cuando llegó Emilia la cuñada de mi amiga todo se aclaró
2. Toda mi familia incluido mi hermano estaba de acuerdo
3. Ayer me compré tres libros un ordenador una impresora y dos pares de zapatos
4. Llegué vi vencí
5. No te vayas sin sacar a pasear al perro recoger el correo y limpiar la casa
6. Volved a casa inmediatamente niños
7. Su hija mayor es alta la pequeña baja
8. Hazlo si quieres pero luego no digas que no te avisé
9. Juana me regaló dos libros uno de Carlos Fuentes y otro de Cortázar
10. Ya lo dijo Ortega y Gasset "España sin los toros no se entendería"
11. Siempre me ha gustado ser servicial Dicho de otro modo me gusta ayudar a los demás
12. Cada equipo viajará por una ruta diferente el primero por la izquierda el segundo por la derecha el tercero de frente
13. Teníamos que mantener el negocio abierto toda la noche hubo que pedir un crédito
14. No sé si decírselo o no decírselo No sé qué hacer
15. Dijo que quería venir pero no pudo

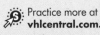 Practice more at **vhlcentral.com.**

TALLER DE ESCRITURA

1A La descripción de lugares y objetos

La descripción de objetos y lugares —es decir, la representación verbal de sus características— es uno de los actos más comunes y al mismo tiempo más complejos del lenguaje. ¿Cómo expresar con meras palabras la infinita variedad de cualidades que nuestros sentidos registran? A veces, lo difícil es lograr la mayor precisión posible. Un anuncio de venta en el periódico, por ejemplo, busca comunicar de forma clara, concisa y objetiva las características del objeto para que el lector lo perciba como si lo tuviera presente. Otras veces la precisión no basta y, para expresar la verdadera esencia de un sitio o un objeto, es necesario recurrir a la imaginación, a las comparaciones y a metáforas que sacuden nuestras asociaciones familiares y nos obligan a considerar las cosas como por primera vez.

Al comenzar una descripción, ten en mente las siguientes categorías:

Características objetivas

Son las características que percibimos a través de nuestros sentidos y que dos observadores distintos compartirán independientemente de sus gustos personales. Define exactamente qué impresión provoca el objeto en tus sentidos. Usa lenguaje preciso para describir sus propiedades. Piensa en preguntas de este tipo:

Para un objeto	¿Qué es? ¿Qué dimensiones tiene? ¿Qué partes lo integran? ¿Cómo está compuesto? ¿Cuál es su función? ¿Cómo o para qué se usa?
Para un lugar	¿Dónde está? ¿Cómo es? ¿Qué vería, oiría y olería una persona que estuviera allí? ¿Qué tiene de interesante para alguien que nunca ha estado allí?

Impresiones subjetivas

Un objeto puede causar reacciones distintas dependiendo de las asociaciones y preferencias personales del que lo observa. Decir que el color de un auto es "feo" es una evaluación subjetiva. Decir que es "chillón" es más objetivo, aunque también dependerá un poco de cómo entiende cada persona esa palabra. Las impresiones subjetivas no deben menospreciarse ni necesariamente excluirse de una descripción, pero es útil intentar definir de dónde provienen y cómo comunicárselas a un lector que podría no compartir nuestros gustos. Analiza tus propias reacciones para ver qué aspectos particulares del objeto o el lugar las provocan y por qué.

Analogías y metáforas

Al describir un objeto, ten siempre en mente las siguientes preguntas: ¿A qué se parece? ¿Con qué puedo compararlo? Una de las mejores formas de describir algo que el lector no conoce es a través de analogías con elementos que le sean familiares. Por ejemplo: "El tronco del ombú es grueso como un barril". La metáfora, comparación tácita y a menudo más poética e imaginativa, puede emplearse para llevar a cabo descripciones menos literales, pero más interesantes. Pablo Neruda, en su *Oda a la cebolla*, describe esta sencilla planta como una "redonda rosa de agua", "clara como un planeta".

Modelo

Lee la siguiente descripción y observa cómo busca comunicar tanto características objetivas como impresiones subjetivas sobre el lugar. Presta atención al uso de adjetivos, comparaciones y metáforas. ¿Hay palabras o frases que cambiarías por otras más precisas? ¿Agregarías algo más?

La Plaza de Santa Catarina

En la Ciudad de México, en uno de los viejos barrios coloniales de la ciudad, se encuentra la Plaza de Santa Catarina. Rodeada en tres de sus costados por caserones blancos con arcadas, y en el cuarto por una antigua iglesia de fachada barroca, la pequeña plaza empedrada es un sitio tranquilo, elegante y encantador, un pedacito del pasado que se escapó del tiempo. En el centro hay una fuente baja y redonda, con una sencilla columna y una cara tallada en piedra de cuya boca brota un fresco chorrito de agua.

Los niños vienen a tirar sus monedas y a pedir sus deseos. Alrededor de la fuente hay frondosos y ancianos árboles que como amables gigantes brindan sombra a los paseantes, así como bancos de piedra donde sentarse a descansar. En una de las esquinas hay un antiguo café con mesas al aire libre, y por las mañanas el delicioso aroma de los granos tostándose en el molinillo se mezcla con la brisa fresca y llena la plaza.

Todo cambia el fin de semana, cuando se hace un mercado de frutas y verduras, y la gente del barrio viene a comprar y a pasear. Entonces todo es bullicio, movimiento y color. Apenas se puede circular por los pequeños caminos entre los puestos de los vendedores, y los gritos con que anuncian su mercancía y el murmullo incesante del regateo y la conversación crean dentro del reducido espacio de la plaza una especie de tempestuoso oleaje de ruidos y voces.

"¡A cinco las papas!", grita un vendedor. El afilador de cuchillos toca su silbato y los niños corren a ver las chispas que saltan de la piedra. Incluso hay un vendedor de pájaros que lleva colgadas de un palo una multitud de pequeñas jaulas. El lunes vuelve la calma. Las palomas picotean entre las piedras. El café abre sus puertas. La campana de la iglesia toca humildemente la hora y cede al silencio.

Las primeras frases describen el carácter general del lugar. "Pequeña" y "empedrada" son características objetivas. "Encantadora" es una afirmación subjetiva que debe ser respaldada con detalles.

La descripción es en parte literal (la fuente es "baja y redonda") y en parte metafórica (la plaza es "un pedacito del pasado", y los árboles son "amables gigantes").

La descripción intenta abarcar todos los sentidos.

Algunas observaciones podrían ser más específicas. ¿En qué parte de Ciudad de México está la plaza exactamente? ¿Qué tipo de árboles son? ¿Qué frutas y verduras se venden en el mercado? ¿Cómo es la gente del barrio?

❧ Tema de composición

Elige una de estas opciones y escribe una descripción.

1. Describe uno de estos objetos o lugares.

    a. el lugar que más miedo te ha dado en la vida

    b. el mejor regalo que te han hecho

    c. tu comida preferida

    d. esta fotografía

2. El poeta inglés Craig Raine tiene un poema titulado "Un marciano envía una postal a casa", en el cual describe objetos familiares desde el punto de vista de un marciano que los ve por primera vez. Por ejemplo, los libros le parecen "pájaros mecánicos de muchas alas" que a veces se posan en las manos. Un auto es "una habitación con el cerrojo por dentro, se da vuelta la llave para liberar al mundo y ponerlo en movimiento". Elige un objeto familiar y descríbelo sin mencionar su nombre desde un punto de vista "marciano". Después, dáselo a leer a un(a) compañero/a, quien deberá adivinar de qué objeto se trata.

3. Describe un animal imaginario, incluyendo su aspecto, sus hábitos, lo que come, el medio ambiente en el que vive y todo lo demás que se te ocurra.

■ Antes de escribir

Antes de empezar a escribir, conviene pensar en algunas preguntas fundamentales que determinarán el carácter de tu descripción.

● ¿Qué tipo de lector o de público tienes en mente?

● ¿Cuánto sabe de antemano sobre el lugar o el objeto que piensas describirle?

● ¿Qué cosas le interesan?

Si es un lector familiarizado con el tema, tu descripción puede dar ciertas cosas por sentadas que de otra forma tendrías que explicarle. La persona que compra una guía de viajes para leer sobre lugares que quiere visitar busca descripciones concisas, fáciles de leer y llenas de información útil para el viajero; en cambio, el lector de una novela aprecia las descripciones más detalladas y elaboradas.

■ Escribir el borrador

Al escribir un borrador, ten en cuenta estos puntos.

- Si puedes tener frente a ti el objeto o el lugar sobre el que quieres escribir, mucho mejor. Si no es posible, intenta al menos tener a mano fotografías e imágenes. Al escribir una descripción de memoria, incluso si solo han pasado unas horas, corres el riesgo de olvidar muchos detalles.

- Antes de componer párrafos enteros, escribe simples listas de palabras y frases que describan el objeto, ya sea desde el punto de vista de sus características objetivas, de la impresión subjetiva que provoca en ti o de analogías y metáforas que lo comparen con otro objeto. Luego puedes ir hilando estas frases para formar una descripción más extensa y articulada.

- A diferencia de una narración, que en general sigue el orden cronológico de los sucesos, una descripción no tiene una estructura predeterminada. Puede empezar por cualquier aspecto del objeto y saltar a otro. Sin embargo, las descripciones deben tener cierta continuidad lógica para que el lector las pueda seguir. Al describir un lugar, por ejemplo, puedes organizar tu descripción de acuerdo con lo que vería una persona caminando de un punto a otro. Al describir un objeto, conviene organizar la descripción de forma que las distintas observaciones sobre cada uno de sus aspectos (apariencia física, función, etc.) queden agrupadas.

■ Escribir la versión final

- Una vez terminado el borrador, comienza el trabajo de revisión y edición para producir una versión final. La fase de revisión y edición no consiste en "pulir" el borrador mediante pequeñas correcciones de ortografía y gramática, y mucho menos en apretar el botón de corrección de estilo en el procesador de texto. Consiste en *reescribir* el borrador, a veces cambiando la estructura y eliminando o añadiendo párrafos enteros. Al terminar un borrador y antes de editarlo, es bueno dejar pasar unas horas o un día entero para tomar distancia y juzgarlo objetivamente.

- En las descripciones, los adjetivos y adverbios suelen ser esenciales. Al revisar tu descripción, evalúa cada adjetivo y adverbio y piensa en posibles sinónimos o palabras afines que sean más precisas. Incluso palabras que podrían parecer equivalentes a primera vista suelen tener connotaciones distintas. Decir que una casa es "vieja" es distinto a decir que es "antigua". Decir que una calle es "lúgubre" es distinto a decir que es "siniestra", "triste" o "sombría". Un buen diccionario de sinónimos y antónimos puede ayudarte a encontrar la palabra exacta.

- Al editar, considera también los posibles excesos o repeticiones en tu descripción. Por ejemplo, la descripción de la Plaza de Santa Catarina habla de un "fresco" chorrito de agua, que en cierto sentido es repetitivo, ya que la mención de la fuente y del agua sugiere de por sí la sensación de frescura. Una buena descripción debe ser completa, pero también eficiente en su uso del lenguaje.

1B La descripción de personas

La descripción tiene mucho en común con una pintura o una fotografía, ya que lo que intenta es plasmar lo que se ve, la imagen de la realidad que se percibe. Como la mayoría de las historias tratan sobre personas, aunque no nos demos cuenta, leemos, escuchamos y hacemos descripciones de personas constantemente.

Cada libro o relato necesita describir a sus personajes: los sitios de Internet o revistas que promocionan citas amorosas presentan descripciones de los candidatos; los artículos periodísticos o entrevistas hacen una presentación acerca de los entrevistados; y hasta las conversaciones cotidianas incluyen descripciones de las personas involucradas.

La descripción de una persona siempre implica tres elementos fundamentales:

- **observación** de los detalles que se destacan de esa persona

- **selección** de las características que la representan

- **organización** de los detalles percibidos (desde lo general a lo particular, de lo exterior a lo interior, etc.)

Para decir cómo es una persona no basta con conocer su aspecto, cómo se viste o de qué color es su cabello. Una descripción estrictamente física no nos dará demasiados datos sobre alguien, pero señalar cómo habla y piensa, qué le gusta y qué no, y cómo la perciben los demás puede resultar mucho más informativo.

Existen distintos tipos de descripciones de personas según los rasgos que se describan:

Prosopografía	Descripción física, de características exteriores: los rasgos más importantes son el aspecto general (estatura, peso, edad, etc.), el rostro (color de piel, cabellos, ojos, forma de la nariz, etc.) y la vestimenta.
Etopeya	Descripción de rasgos internos, psicológicos o morales: manera de ser y actuar, carácter, personalidad, reacciones, costumbres y sentimientos.
Retrato (o autorretrato)	Descripción combinada de las dos anteriores.
Caricatura	Retrato exagerado donde se acentúan o distorsionan ciertos rasgos o defectos; tiene generalmente una intención humorística o satírica.

Una descripción puede ser estrictamente objetiva, cuando se busca reflejar la realidad con exactitud, o puede ser subjetiva, cuando la persona que describe presenta su visión; en este caso, los sentimientos, ideas y pareceres del observador quedarán reflejados en la descripción. También se pueden colar estereotipos, que son formas de representar (y de juzgar) a la gente en términos fijos e inflexibles a partir de un modelo mental muy simplificado que se puede tener de un grupo determinado.

Los medios de comunicación muchas veces se sienten atraídos por estos estereotipos, que proporcionan imágenes rápidas al espectador ("el vago", "el niño bien", "la mala", "el anciano avaro", etc.). Sin embargo, hay que tener en mente que los estereotipos siempre manifiestan una visión limitada y esquemática porque ignoran la complejidad psicológica de cada persona y reducen sus rasgos hasta llegar, a veces, a la caricatura.

Modelo

Lee la siguiente descripción y presta atención al tono y al uso del lenguaje. ¿Qué clase de persona te parece que es el observador? ¿Qué importancia tiene eso en su descripción? ¿Cómo se filtran en el texto los sentimientos que le despiertan los personajes que describe?

Clientes VIP

En cuanto entraron a la tienda, los reconocí perfectamente, como si ya supiera quiénes eran, aunque nunca los había visto hasta ese día. Él tenía el aspecto del típico niño adinerado, con su auto nuevo estacionado en la puerta, regalo de papá, seguramente. Ella estaba vestida a la moda y miraba por encima del hombro a todo el mundo. Después supe que él se llamaba Ramiro y que seguía los pasos de todos los hijos menores de su familia; es decir, era la oveja negra. A pesar de tener ya más de veinticinco años, no había trabajado nunca. Vivía de fiesta en fiesta y usaba sin remordimientos la multitud de tarjetas de crédito que guardaba en una gorda cartera de cuero. Era algo torpe, tenía el cabello cuidadosamente desprolijo y los ojos hinchados de sueño (aunque ya era pasado el mediodía). Llevaba un traje impecable y zapatillas de colores que le daban el toque imprescindible para alguien de su clase que quiere estar a la moda.

Ella, de nombre Valentina, Delfina, Justina o algo parecido, intentaba no fijar sus hermosos ojos dorados en nadie ni nada. No tendría más de veintidós años y se notaba que también acababa de levantarse, pero todavía no parecía del todo despierta. Estaba sospechosamente delgada y las grandes gafas de sol sostenían hacia atrás el cabello demasiado rubio que le caía sobre la espalda. A cada paso daba la impresión de que se iba a caer, trepada a sus altísimos Louboutin (los reconocí por la suela roja). Esta es otra que no trabajó nunca, pensé entonces, mientras me adelantaba a recibir a Ramiro y su novia Valentina, Delfina o Justina: la chica Louboutin, como la bauticé mentalmente.

No podrían importarme menos, pero yo sí trabajaba (no tenía otra opción), necesitaba ganar algunas comisiones de ventas y ellos eran clientes potenciales que evidentemente no se fijaban en el dinero: iban a ser presa fácil.

Al comienzo se establece el tono fijando estereotipos, como "niño adinerado", que desarrollará el resto del texto.

Se presentan los aspectos morales del personaje y luego el aspecto general, siempre buscando reafirmar el estereotipo que mantiene el observador.

Se recurre a un lenguaje teñido de doble sentido, con frases como: "sospechosamente delgada".

Se incluyen abiertamente los sentimientos que los personajes despiertan en el observador. La descripción podría ser muy distinta si la hiciera otro observador con diferentes puntos de vista, estereotipos, sentimientos, etc.

✎ Tema de composición

Elige una de las siguientes opciones y escribe una descripción:

1. autorretrato
2. etopeya de un personaje literario o cinematográfico
3. caricatura de un personaje público

■ Antes de escribir

Antes de comenzar a escribir, consulta las instrucciones del taller 1A (**p. 22**). Recuerda que es importante que decidas a qué clase de lector te diriges. Mediante tu descripción (y únicamente con ella), el lector debe poder identificar a la persona que "pintas" con la misma claridad que tendría si la estuviera viendo en ese momento. Piensa también cuál será el tono más conveniente para el tipo de descripción que has elegido realizar: serio, irónico, censurador, etc.

■ Escribir el borrador

Para escribir tu borrador, puede resultarte útil formar tres listas:

- Características del personaje que vas a describir: sus rasgos físicos; cómo actúa, se mueve y habla; qué siente, piensa o desea, etc. Si te parece que encaja en algún estereotipo, puedes incluirlo en tu descripción tanto para afirmarlo como para negarlo. Lo importante es que sumes datos para responder a estas preguntas: ¿Cómo es él/ella? ¿Qué clase de persona es?

- Sentimientos que te produce a ti este personaje: admiración, rencor, ira, ternura, etc.

- Metáforas o comparaciones que se te ocurran para describir mejor y con más viveza las características de esta persona.

Luego, de las listas que escribiste, elige los rasgos que te parezcan más característicos del personaje que vas a describir y elimina los que resulten innecesarios para tu tipo de descripción.

Presta atención a cierto orden lógico en la enumeración: del aspecto general a los detalles más concretos o viceversa. Elige un ambiente o situación en el que puedas presentar al personaje conversando, jugando o trabajando; es decir, realizando la actividad que mejor lo "pinta" para que cobre vida ante los ojos del lector.

Escribe un borrador de tu descripción a partir de todo lo que has reunido. Al final, puedes intercambiarlo con un(a) compañero/a y hacer la prueba de que identifique al personaje únicamente a partir de tu composición. Además, puedes pedir a tu compañero/a sugerencias para pulir tu descripción.

■ Escribir la versión final

Revisa tu borrador siguiendo las instrucciones del taller 1A (**p. 22**) e incorporando las correcciones y comentarios que te haya hecho tu compañero/a. Recuerda que tu descripción debe ser un dibujo lo más claro posible de una persona, de tal modo que el lector pueda identificarla o conocerla, y recrearla en el momento de la lectura. Para ello, usa los recursos expresivos que logren hacer más viva y novedosa tu descripción: adjetivos, comparaciones, analogías, imágenes sensoriales y metáforas.

1C La comparación

A veces, para describir una realidad desde nuestro punto de vista necesitamos expresarla en forma comparativa: para esto bastan dos términos (pueden ser objetos, situaciones, hechos o personas) entre los que se establece una relación, ya sea para destacar las similitudes o señalar las diferencias. Así, por comparación o contraste, comunicamos lo que queremos decir con mayor claridad.

Este recurso es común en publicidades de productos que cumplen una función similar, en la presentación de políticos que son candidatos para el mismo puesto de gobierno, en informes sobre situaciones laborales y salariales de hombres y mujeres, en análisis de estadísticas de diferentes épocas, etc. Incluso todos utilizamos la misma estructura de pensamiento en nuestra vida diaria cuando decidimos qué zapatos comprar, si ir de vacaciones a la montaña o al mar, o qué camino nos conviene tomar para llegar más rápido a una cita.

A la hora de escribir una comparación hay que tomar varias decisiones: se puede intentar una objetividad casi científica, pero también dar rienda suelta a la subjetividad y expresar fuertemente una opinión personal sobre el tema. La decisión dependerá del tipo de comparación que estamos haciendo. Por otro lado, podemos elogiar los dos términos de la comparación y señalar similitudes, o elogiar uno y criticar el otro.

Tenemos además opciones en cuanto al esquema de redacción: describir los términos en bloques separados, cada uno en un párrafo diferente, o comparar los términos punto por punto en el mismo párrafo o incluso en la misma oración. Lo importante es elegir el esquema que exprese con más claridad nuestro punto de vista y que sea más adecuado para el tipo de composición.

Siempre es recomendable tener en cuenta el siguiente orden:

Introducción	Es preciso informar claramente de qué se va a hablar, plantear el tema e indicar cuáles serán los términos que se van a relacionar mediante la comparación.
Descripción	La descripción puede enfocarse o bien en los rasgos comunes que comparten los dos términos, o bien en los que los diferencian, e ir avanzando por bloques o punto por punto. Es preciso elegir una estructura y mantenerla con claridad: esto ayuda a establecer analogías a partir de rasgos variables (tamaño, forma, procedencia, historia, costo, utilidad, etc.) y organizar todo esto siguiendo un orden lógico, ya sea cronológico, temático o el que mejor sirva el propósito de la descripción.
Conclusión	Por último, hay que expresar una conclusión, resumiendo los datos más importantes que se han destacado y retomando lo anunciado en la introducción para ratificarlo o modificarlo.

Para escribir la comparación, puedes utilizar adjetivos comparativos y superlativos; también comparar y contrastar cualidades, tamaños, cantidades, historias, situaciones, actitudes, etc. Los dos términos deben ser tratados en forma paralela para que el lector vea la relación entre ambos términos sin tener que esforzarse; de lo contrario, el objetivo no se consigue y todo el esquema fracasa.

La narración

Lección

2

"Un buen escritor expresa grandes cosas con pequeñas palabras: a la inversa del mal escritor, que dice cosas insignificantes con palabras grandiosas".

—Ernesto Sábato

La narración es uno de los tipos textuales más comunes. Existen narraciones formales, como los cuentos, las novelas, las obras autobiográficas, los textos de historia. Pero existen también infinidad de narraciones informales: postales, cartas, chistes, anécdotas. Todas las narraciones tienen elementos comunes: un narrador relata para una audiencia una serie de acciones o incidentes que involucran a uno o más protagonistas. En los relatos autobiográficos, el autor es a su vez narrador y protagonista. En otros relatos, el narrador es un observador externo diferente del autor.

En esta lección, te daremos las herramientas necesarias para ser un narrador eficaz en español.

Observa la foto. ¿Qué eventos provocaron la escena ilustrada? ¿Qué está sucediendo en el momento en que se toma la imagen? ¿Qué sucederá después?

EXPANSIÓN
A Handbook of Contemporary Spanish Grammar
Chapters 1, 15, 18

LECTURA

Gabriel García Márquez nació en 1928 en Aracataca, Colombia, un pequeño pueblo cerca del mar Caribe. García Márquez fue criado por sus abuelos entre mitos, leyendas y libros fantásticos. Eso fue construyendo la base de su futura obra narrativa. Comenzó a estudiar derecho, pero lo abandonó para dedicarse al periodismo. Como corresponsal en Italia, viajó por toda Europa. Vivió en diferentes lugares y escribió guiones (*scripts*) cinematográficos, cuentos y novelas. En 1967 publicó su novela más famosa, *Cien años de soledad*, cuya acción transcurre en el mítico pueblo de Macondo. En 1982 recibió el Premio Nobel de Literatura.

La siesta del martes, uno de siete relatos que integran *Los funerales de la Mamá Grande* (1962), también tiene lugar en Macondo. Sin embargo, es un relato puramente realista, sin los elementos fantásticos que suelen asociarse con el "realismo mágico" de García Márquez. Con un estilo parco y sencillo, y a través de una multitud de detalles meticulosamente observados, el cuento revela poco a

poco el carácter y la vida interior de sus personajes. García Márquez dijo alguna vez que se trata de su mejor cuento y que, como toda su obra, tuvo su origen en una imagen simple: "la visión de una mujer y una niña vestidas de negro, con un paraguas negro, caminando bajo el sol abrasante de un pueblo desierto". ■

La siesta
del martes

> El cuento empieza súbitamente y sin ninguna explicación, situando al lector de golpe en lo que está ocurriendo.

El tren salió del trepidante[1] corredor de rocas bermejas[2], penetró en las plantaciones de banano, simétricas e interminables, y el aire se hizo húmedo y no se volvió a sentir la brisa del mar. Una humareda sofocante[3] entró por la ventanilla del vagón. En el estrecho camino paralelo a la vía férrea había carretas de

5 bueyes cargadas de racimos verdes. Al otro lado del camino, en intempestivos[4] espacios sin sembrar, había oficinas con ventiladores eléctricos, campamentos de ladrillos rojos y residencias con sillas y mesitas blancas en las terrazas entre palmeras y rosales polvorientos. Eran las once de la mañana y aún no había empezado el calor.

> Para indicar un diálogo se debe usar la **raya** o **guión largo**. Ver **p. 55**.

10 —Es mejor que subas el vidrio —dijo la mujer—. El pelo se te va a llenar de carbón.

La niña trató de hacerlo, pero la persiana[5] estaba bloqueada por óxido.

Eran los únicos pasajeros en el escueto[6] vagón de tercera clase. Como el humo de la locomotora siguió entrando por la ventanilla, la niña abandonó el puesto y

15 puso en su lugar los únicos objetos que llevaban: una bolsa de material plástico con cosas de comer y un ramo de flores envuelto en papel de periódicos. Se sentó en el asiento opuesto, alejada de la ventanilla, de frente a su madre. Ambas guardaban un luto[7] riguroso y pobre.

---

[1]*trembling, shaking* [2]*crimson* [3]*stifling* [4]*harsh, wild* [5]*window blinds* [6]*bare, unadorned* [7]*were in mourning dress*

La niña tenía doce años y era la primera vez que viajaba. La mujer parecía demasiado vieja para ser su madre, a causa de las venas azules en los párpados y del cuerpo pequeño, blando y sin formas, en un traje cortado como una sotana[8]. Viajaba con la columna vertebral firmemente apoyada contra el espaldar del asiento, sosteniendo en el regazo con ambas manos una cartera de charol desconchado[9]. Tenía la serenidad escrupulosa de la gente acostumbrada a la pobreza.

A las doce había empezado el calor. El tren se detuvo diez minutos en una estación sin pueblo para abastecerse de agua. Afuera, en el misterioso silencio de las plantaciones, la sombra tenía un aspecto limpio. Pero el aire estancado dentro del vagón olía a cuero sin curtir. El tren no volvió a acelerar. Se detuvo en dos pueblos iguales, con casas de madera pintadas de colores vivos. La mujer inclinó la cabeza y se hundió en el sopor[10]. La niña se quitó los zapatos. Después fue a los servicios sanitarios a poner en agua el ramo de flores muertas.

Cuando volvió al asiento la madre le esperaba para comer. Le dio un pedazo de queso, medio bollo de maíz y una galleta dulce, y sacó para ella de la bolsa de material plástico una ración igual. Mientras comían, el tren atravesó muy despacio un puente de hierro y pasó de largo por un pueblo igual a los anteriores, sólo que en éste había una multitud en la plaza. Una banda de

> ## "Tenía la serenidad escrupulosa de la gente acostumbrada a la pobreza".

músicos tocaba una pieza alegre bajo el sol aplastante[11]. Al otro lado del pueblo en una llanura cuarteada[12] por la aridez, terminaban las plantaciones.

La mujer dejó de comer.

—Ponte los zapatos —dijo.

La niña miró hacia el exterior. No vio nada más que la llanura desierta por donde el tren empezaba a correr de nuevo, pero metió en la bolsa el último pedazo de galleta y se puso rápidamente los zapatos. La mujer le dio la peineta.

—Péinate —dijo.

El tren empezó a pitar mientras la niña se peinaba. La mujer se secó el sudor del cuello y se limpió la grasa de la cara con los dedos. Cuando la niña acabó de peinarse el tren pasó frente a las primeras casas de un pueblo más grande pero más triste que los anteriores.

—Si tienes ganas de hacer algo, hazlo ahora —dijo la mujer—. Después, aunque te estés muriendo de sed no tomes agua en ninguna parte. Sobre todo, no vayas a llorar.

La niña aprobó con la cabeza. Por la ventanilla entraba un viento ardiente y seco, mezclado con el pito de la locomotora y el estrépito de los viejos vagones. La mujer enrolló la bolsa con el resto de los alimentos y la metió en la cartera. Por un instante, la imagen total del pueblo, en el luminoso martes de agosto, resplandeció en la ventanilla. La niña envolvió las flores en los periódicos empapados, se apartó un poco más de la ventanilla y miró fijamente a su madre. Ella le devolvió una expresión apacible. El tren acabó de pitar y disminuyó la marcha. Un momento después se detuvo.

◀ La narración de una historia suele ser en el pasado. Aquí, el autor emplea el **imperfecto**, el **pretérito perfecto simple** y el **pretérito pluscuamperfecto**. Ver **pp. 46-48**.

◀ El escritor estructura el orden temporal de los sucesos utilizando conjunciones como **cuando** y **mientras**.

◀ Los adjetivos que emplea un escritor pueden ser más objetivos (**la llanura desierta**) o más subjetivos (**el pueblo triste**), en cuyo caso cada lector formará su propia imagen del pueblo.

[8]*cassock* [9]*chipped* [10]*lethargy, drowsiness* [11]*crushing* [12]*cracked*

No había nadie en la estación. Del otro lado de la calle, en la acera sombreada por los almendros, sólo estaba abierto el salón de billar[13]. El pueblo flotaba en calor. La mujer y la niña descendieron del tren, atravesaron la estación abandonada cuyas baldosas[14] empezaban a cuartearse por la presión de la hierba, y cruzaron la calle hasta la acera de sombra.

Eran casi las dos. A esa hora, agobiado por el sopor, el pueblo hacía la siesta. Los almacenes, las oficinas públicas, la escuela municipal, se cerraban desde las once y no volvían a abrirse hasta un poco antes de las cuatro, cuando pasaba el tren de regreso. Sólo permanecían abiertos el hotel frente a la estación, su cantina y su salón de billar, y la oficina del telégrafo a un lado de la plaza. Las casas, en su mayoría construidas sobre el modelo de la

> **"...la mujer y la niña penetraron en el pueblo sin perturbar la siesta".**

compañía bananera, tenían las puertas cerradas por dentro y las persianas bajas. En algunas hacía tanto calor que sus habitantes almorzaban en el patio. Otros recostaban un asiento a la sombra de los almendros y hacían la siesta sentados en plena calle.

Buscando siempre la protección de los almendros, la mujer y la niña penetraron en el pueblo sin perturbar[15] la siesta. Fueron directamente a la casa cural[16]. La mujer raspó con la uña la red metálica de la puerta, esperó un instante y volvió a llamar.

—Necesito al padre —dijo.

—Ahora está durmiendo.

—Es urgente —insistió la mujer.

Su voz tenía una tenacidad reposada.

---

[13]*billiard room* [14]*paving stones* [15]*disturb* [16]*parish house*

La puerta se entreabrió sin ruido y apareció una mujer madura y regordeta, de cutis[17] muy pálido y cabellos color hierro. Los ojos parecían demasiado pequeños detrás de los gruesos cristales de los lentes.

—Sigan —dijo, y acabó de abrir la puerta. 100

Entraron en una sala impregnada de un viejo olor de flores. La mujer de la casa las condujo hasta un escaño[18] de madera y les hizo señas de que se sentaran. La niña lo hizo, pero su madre permaneció de pie, absorta, con la cartera apretada en las dos manos. No se percibía ningún ruido detrás del ventilador eléctrico.

La mujer de la casa apareció en la puerta del fondo. 105

—Dice que vuelvan después de las tres —dijo en voz muy baja—. Se acostó hace cinco minutos.

—El tren se va a las tres y media —dijo la mujer.

Fue una réplica breve y segura, pero la voz seguía siendo apacible, con muchos matices[19]. La mujer de la casa sonrió por primera vez. 110

—Bueno —dijo.

Cuando la puerta del fondo volvió a cerrarse la mujer se sentó junto a su hija. La angosta sala de espera era pobre, ordenada y limpia. Al otro lado de una baranda de madera que dividía la habitación, había una 115 mesa de trabajo, sencilla, con un tapete de hule[20], y encima de la mesa una máquina de escribir primitiva junto a un vaso 120 con flores. Detrás estaban los archivos parroquiales.

> "Es el ladrón que mataron aquí la semana pasada. Yo soy su madre".

Se notaba que era un despacho arreglado por una mujer soltera.

La puerta del fondo se abrió y esta vez apareció el sacerdote limpiando los lentes con un pañuelo. Sólo cuando se los puso pareció evidente que era hermano 125 de la mujer que había abierto la puerta.

—¿Qué se les ofrece? —preguntó.

—Las llaves del cementerio —dijo la mujer.

La niña estaba sentada con las flores en el regazo y los pies cruzados bajo el escaño. El sacerdote la miró, después miró a la mujer y después, a través de la red 130 metálica de la ventana, el cielo brillante y sin nubes.

—Con este calor —dijo—. Han podido esperar a que bajara el sol.

La mujer movió la cabeza en silencio. El sacerdote pasó del otro lado de la baranda, extrajo del armario un cuaderno forrado de hule, un plumero[21] de palo y un tintero, y se sentó a la mesa. El pelo que le faltaba en la cabeza le sobraba en 135 las manos.

—¿Qué tumba van a visitar? —preguntó.

—La de Carlos Centeno —dijo la mujer.

—¿Quién?

—Carlos Centeno —repitió la mujer. 140

El padre siguió sin entender.

—Es el ladrón que mataron aquí la semana pasada —dijo la mujer en el mismo tono—. Yo soy su madre.

---

[17]*complexion, skin* [18]*bench, seat* [19]*shades, hues, nuances* [20]*rubber mat* [21]*duster*

El sacerdote la escrutó[22]. Ella lo miró fijamente, con un dominio reposado, y el
padre se ruborizó. Bajó la cabeza para escribir. A medida que llenaba la hoja pedía
a la mujer los datos de su identidad, y ella respondía sin vacilación, con detalles
precisos, como si estuviera leyendo. El padre empezó a sudar. La niña se
desabotonó la trabilla[23] del zapato izquierdo, se descalzó el talón y lo apoyó en el
contrafuerte. Hizo lo mismo con el derecho.

Todo había empezado el lunes de la semana anterior, a las tres de la madrugada
y a pocas cuadras de allí. La señora Rebeca, una viuda solitaria que vivía
en una casa llena de
cachivaches[24], sintió a
través del rumor de la
llovizna que alguien
trataba de forzar desde
afuera la puerta de la
calle. Se levantó, buscó
a tientas en el ropero
un revólver arcaico que
nadie había disparado

> **"Agarró el arma
> con las dos manos,
> cerró los ojos y
> apretó el gatillo".**

desde los tiempos del coronel Aureliano Buendía, y fue a la sala sin encender las
luces. Orientándose no tanto por el ruido de la cerradura como por un terror
desarrollado en ella por 28 años de soledad, localizó en la imaginación no sólo el
sitio donde estaba la puerta sino la altura exacta de la cerradura. Agarró el arma
con las dos manos, cerró los ojos y apretó el gatillo. Era la primera vez en su vida
qué disparaba un revólver. Inmediatamente después de la detonación no sintió
nada más que el murmullo de la llovizna en el techo de zinc. Después percibió
un golpecito metálico en el andén de cemento y una voz muy baja, apacible, pero
terriblemente fatigada: "Ay, mi madre". El hombre que amaneció muerto frente a la
casa, con la nariz despedazada, vestía una franela a rayas de colores, un pantalón
ordinario con una soga en lugar de cinturón, y estaba descalzo. Nadie lo conocía
en el pueblo.

—De manera que se llamaba Carlos Centeno —murmuró el padre cuando acabó
de escribir.

—Centeno Ayala —dijo la mujer—. Era el único varón.

El sacerdote volvió al armario. Colgadas de un clavo en el interior de la puerta
había dos llaves grandes y oxidadas, como la niña imaginaba y como imaginaba la
madre cuando era niña y como debió imaginar el propio sacerdote alguna vez que
eran las llaves de San Pedro. Las descolgó, las puso en el cuaderno abierto sobre la
baranda y mostró con el índice un lugar en la página escrita, mirando a la mujer.

—Firme aquí.

La mujer garabateó su nombre, sosteniendo la cartera bajo la axila. La
niña recogió las flores, se dirigió a la baranda arrastrando los zapatos y observó
atentamente a su madre.

El párroco suspiró.

—¿Nunca trató de hacerlo entrar por el buen camino?

La mujer contestó cuando acabó de firmar.

—Era un hombre muy bueno.

El sacerdote miró alternativamente a la mujer y a la niña y comprobó con una
especie de piadoso estupor[25] que no estaban a punto de llorar. La mujer continuó
inalterable:

El *flashback* es una
técnica narrativa que
interrumpe el orden
cronológico de los
eventos para narrar
sucesos anteriores.

[22]*inspected, scrutinized* [23]*clasp, buckle* [24]*knick-knacks* [25]*amazement*

—Yo le decía que nunca robara nada que le hiciera falta a alguien para comer, y él me hacía caso. En cambio, antes, cuando boxeaba, pasaba tres días en la cama postrado[26] por los golpes.

—Se tuvo que sacar todos los dientes —intervino la niña.

—Así es —confirmó la mujer—. Cada bocado que comía en ese tiempo me sabía a los porrazos[27] que le daban a mi hijo los sábados a la noche.

—La voluntad de Dios es inescrutable —dijo el padre.

Pero lo dijo sin mucha convicción, en parte porque la experiencia lo había vuelto un poco escéptico, y en parte por el calor. Les recomendó que se protegieran la cabeza para evitar la insolación. Les indicó bostezando y ya casi completamente dormido, cómo debían hacer para encontrar la tumba de Carlos Centeno. Al regreso no tenían que tocar. Debían meter la llave por debajo de la puerta, y poner allí mismo, si tenían, una limosna para la Iglesia. La mujer escuchó las explicaciones con mucha atención, pero dio las gracias sin sonreír.

Desde antes de abrir la puerta de la calle el padre se dio cuenta de que había alguien mirando hacia adentro, las narices aplastadas contra la red metálica. Era un grupo de niños. Cuando la puerta se abrió por completo los niños se dispersaron. A esa hora, de ordinario, no había nadie en la calle. Ahora no sólo estaban los niños. Había grupos bajo los almendros. El padre examinó la calle distorsionada por la reverberación, y entonces comprendió. Suavemente volvió a cerrar la puerta.

> **"Yo le decía que nunca robara nada [...] y él me hacía caso".**

—Esperen un minuto —dijo, sin mirar a la mujer.

Su hermana apareció en la puerta del fondo, con una chaqueta negra sobre la camisa de dormir y el cabello suelto en los hombros. Miró al padre en silencio.

—¿Qué fue? —preguntó él.

—La gente se ha dado cuenta —murmuró su hermana.

—Es mejor que salgan por la puerta del patio —dijo el padre.

—Es lo mismo —dijo su hermana—. Todo el mundo está en las ventanas.

La mujer parecía no haber comprendido hasta entonces. Trató de ver la calle a través de la red metálica. Luego le quitó el ramo de flores a la niña y empezó a moverse hacia la puerta. La niña siguió.

—Esperen a que baje el sol —dijo el padre.

—Se van a derretir —dijo su hermana, inmóvil en el fondo de la sala—. Espérense y les presto una sombrilla.

—Gracias —replicó la mujer—. Así vamos bien.

Tomó a la niña de la mano y salió a la calle. ∎

---

[26] *prostrate, beaten-down* [27] *blows, whacks*

Después de leer

1 Comprensión Contesta estas preguntas con oraciones completas.

1. ¿Adónde viajan la señora y la niña? ¿Por qué motivo?

2. ¿Por qué van a ver al cura del pueblo?

3. ¿Quién es Carlos Centeno? ¿Cómo murió?

4. ¿Quién es la señora Rebeca?

5. ¿Por qué le pide el cura a la señora que firme el cuaderno?

6. ¿Por qué les dice el cura a la señora y a la niña que salgan por la puerta del patio?

2 Análisis En parejas, contesten estas preguntas.

1. ¿La transgresión del hijo justifica el precio que paga? ¿Qué consecuencias sufren otros personajes?

2. ¿Qué imagen presenta *La siesta del martes* sobre las clases sociales? ¿Cómo es la jerarquía social que describe o sugiere el autor?

3. ¿Cómo se relacionan entre sí los personajes de distintas clases sociales? ¿Cómo sabemos a qué clase pertenece cada personaje? Da ejemplos del texto.

4. El narrador de *La siesta del martes* nunca dice lo que piensan o sienten los personajes. ¿Cómo logra comunicar el carácter y la personalidad de cada uno? Escribe tres adjetivos que describan a cada uno de los personajes centrales, y explica cómo lo concluyes a partir del relato. Por ejemplo: "Creo que el cura es insensible, porque bosteza cuando le dice a la señora cómo encontrar la tumba de su hijo".

5. ¿Qué relación crees que tenía la madre con su hijo? ¿Piensas que la madre defiende los actos de su hijo? ¿Por qué?

6. ¿Por qué crees que García Márquez decidió titular su cuento *La siesta del martes*? ¿Por qué no *Carlos Centeno* o *La muerte de un ladrón*? Explica por qué *La siesta del martes* es o no es un buen título.

7. ¿Por qué el autor describe tan detalladamente el paisaje y el clima? ¿Están relacionados de alguna manera con lo que les sucede a los personajes?

8. Además del paisaje y el clima, ¿qué otros elementos elige destacar el autor? ¿Por qué crees que son importantes?

9. Hay muchas formas de narrar una historia: en primera persona o en tercera persona, desde el punto de vista de alguien involucrado en los sucesos o de un observador imparcial. ¿Cómo describirías la "voz" del narrador en *La siesta del martes*? ¿Por qué crees que García Márquez optó por esa voz en particular?

10. *La siesta del martes* termina de manera súbita: "Tomó a la niña de la mano y salió a la calle". ¿Por qué decide García Márquez interrumpir la narración en ese momento? ¿Te parece una buena manera de concluir? ¿Crees que la conclusión de un cuento debe resolver todas las dudas del lector, o dejarlo en suspenso?

11. ¿Qué función crees que tiene en el relato el personaje de la niña? ¿Por qué crees que García Márquez decidió incluirla? ¿Cómo cambiaría el cuento si la madre fuera al pueblo sola?

3 Orden cronológico y orden del relato

A. Estos son algunos de los incidentes de *La siesta del martes*, en orden cronológico. Ordénalos según se mencionan o describen en el cuento. Pon entre paréntesis los eventos que no se mencionan explícitamente.

_____ a. Carlos Centeno boxea para ganar un poco de dinero.

_____ b. Carlos Centeno intenta robar la casa de la señora Rebeca.

_____ c. La muerte de Carlos Centeno.

_____ d. El entierro de Carlos Centeno.

_____ e. La señora y la niña llegan al pueblo en tren.

_____ f. La señora y la niña visitan al cura.

_____ g. La señora y la niña van al cementerio.

_____ h. La señora y la niña regresan a su pueblo en el tren de las 3:30.

B. En grupos pequeños, contesten estas preguntas.

- ¿Por qué crees que el orden del relato no es estrictamente cronológico?

- ¿Por qué el autor no incluye eventos que podrían parecer importantes?

4 Discusión En grupos de tres, contesten estas preguntas.

1. "Si tienes ganas de hacer algo, hazlo ahora [...] Después, aunque te estés muriendo de sed no tomes agua en ninguna parte. Sobre todo, no vayas a llorar". ¿Por qué le dice esto la señora a la niña? ¿Qué nos dicen estas palabras sobre su carácter?

2. García Márquez declaró en una entrevista que "toda buena novela es totalmente inconformista y tiene [...] una función subversiva, así sea involuntaria". ¿Crees que este cuento también es subversivo? ¿Por qué?

3. ¿Qué sentimientos despierta en ti el relato? ¿Crees que la intención de García Márquez es despertar ciertos sentimientos en el lector o simplemente describir un incidente lo más detalladamente posible?

4. Ernest Hemingway, un escritor muy admirado por García Márquez, dijo que un cuento debe ser como un iceberg: "La dignidad de movimientos de un iceberg se debe a que solamente un octavo de su masa aparece sobre el agua". Esta teoría sugiere que en un cuento las cosas más importantes no deben ser mencionadas abiertamente. ¿Crees que este cuento sigue este modelo? ¿Qué ha sumergido García Márquez bajo la superficie del relato?

5 Composición Elige uno de estos temas y escribe un párrafo imitando el estilo de *La siesta del martes*. Utiliza las preguntas sugeridas y otras que se te ocurran para imaginar la escena como si estuvieras presente.

1. El entierro de Carlos Centeno. ¿A qué hora del día ocurre? ¿Quién está presente? ¿Cómo son el ataúd y la tumba?

2. La visita de la señora y la niña al cementerio. ¿Cómo es el cementerio? ¿Qué dicen o hacen la señora y la niña cuando encuentran la tumba?

3. La niña es ahora una señora mayor. Mientras intenta dormir la siesta un martes, recuerda esa tarde en que fue a visitar la tumba de su hermano. ¿Qué detalles le vienen a la memoria? ¿Cómo entiende la experiencia que tuvo de niña?

TALLER DE LENGUA

Léxico

2.1 **Ampliar el vocabulario: ser, estar, haber, hacer, ir y venir**

- Es común que un estudiante de español recurra constantemente a los verbos más básicos. Por ejemplo, puede repetir el verbo **estar** en casos en los que en inglés usaría *to be, to stay, to feel, to find oneself,* etc.

  I feel tired. → **Estoy** cansado.   *I stayed home.* → **Estuve** en casa.

- En estos ejemplos extraídos de *La siesta del martes,* se podría haber usado el verbo **ir**. Sin embargo, García Márquez usa expresiones y verbos diferentes.

  Viajaba con la columna vertebral firmemente...

  La niña [...] **se dirigió** a la baranda arrastrando los zapatos...

  Luego le quitó el ramo de flores a la niña y **empezó a moverse** hacia la puerta.

- Observa la lista de verbos y expresiones que puedes usar en lugar de algunos de los verbos más comunes. En algunos casos, se trata de sinónimos. En otros casos, son palabras y expresiones que destacan matices diferentes.

¡ATENCIÓN!

La tabla incluye solo algunos ejemplos para ayudarte a ampliar tu vocabulario. Si al redactar una composición observas que siempre recurres a los mismos verbos básicos (**ser, estar, ir, hacer,** etc.), hazte estas preguntas: **¿Cómo puedo evitar repetir los mismos verbos? ¿Qué sinónimos puedo usar? ¿Estoy tratando de comunicar un matiz particular que se puede expresar con una palabra más específica?**

Verbo	Concepto	Verbos y expresiones	Modelos
ser	característica, cualidad	mantenerse	María **se mantiene** muy activa.
		parecer	El libro **parece** interesante.
		resultar	El trabajo **me resultó** difícil.
	material	estar hecho/a	La estatua **está hecha** de madera.
	expresar acontecimientos	hacerse, realizarse	La fiesta **se hizo/realizó** en mi casa.
		tener lugar	¿Dónde **tendrá lugar** la reunión?
	origen	provenir	El cacao **proviene** de América.
estar	ubicación	encontrarse	La casa **se encuentra** en las afueras de la ciudad.
		hallarse	En el sótano **se hallaban** varias cajas.
		permanecer	**Permaneció** allí durante cinco horas.
		quedar	La tienda **queda** en la otra esquina.
	estado, sentimiento	encontrarse	Marcela **se encontraba** muy enferma.
		lucir	El perrito también **lucía** triste.
		parecer	Juan **parecía** muy cansado.
		sentirse	**Me siento** un poco agobiado.
haber	existencia	producirse	**Se produjo** de repente un gran bullicio.
		surgir	Después del discurso, **surgieron** muchas dudas.
		suceder	**Sucedieron** cosas muy extrañas.
		tener lugar	Aquí **tuvo lugar** una violenta protesta.
hacer(se)	producción, realización, acontecimiento	llevar(se) a cabo	Los sindicalistas **llevaron a cabo** una protesta.
		realizar(se)	Los familiares **realizaron** una ceremonia en su honor.
	consecuencia	convertir(se)	La tarea **se convirtió** en algo imposible.
		causar	Los gritos **causaron** mucho revuelo.
		producir	La caída **produjo** un fuerte estruendo.
		provocar	La noticia **provocó** llanto entre las mujeres.

Verbo	Concepto	Verbos y expresiones	Modelos
ir(se)/ venir	movimiento, dirección	acercarse	El abogado **se acercó** al acusado.
		alejarse	Cuando le hablé, enseguida **se alejó**.
		avanzar	Los soldados **avanzaron** hacia el frente.
		dirigirse	Juan **se dirigió** a la puerta.
		emprender la marcha	Los soldados **emprendieron la marcha** a las seis.
		provenir	Los ruidos **provenían** del sótano.
		regresar	El presidente **regresó** a su despacho.
	participación	asistir	Los estudiantes no **asistieron** a clase.

Práctica

1 Completa el párrafo sustituyendo los verbos entre paréntesis con la forma correcta de los verbos y expresiones de la lista.

acercarse	dirigirse	parecer	sentirse
asistir	encontrarse	provenir	tener lugar

La fiesta (1)_____ (se hizo) en el rancho de mis abuelos. Mientras todos cenaban, (2)_____ (fui) a la cocina para llamar a mi prima Marcela. (3)_____ (Estaba) preocupado porque ella (4)_____ (estaba) muy triste la última vez que la vi. Marcela no había podido (5)_____ (venir) a la fiesta porque dijo que tenía que estudiar. Cuando (6)_____ (estaba) a punto de marcar su número, escuché unos ruidos que (7)_____ (venían) de la ventana. (8)_____ (Fui) a la ventana y de repente...

2 Reescribe dos veces cada una de estas oraciones.

La casa estaba en una colina y era muy vieja.
La casa se encontraba en una colina y parecía muy vieja.
La casa estaba ubicada en una colina y lucía muy vieja.

1. Hubo un ruido muy extraño y todos fueron al patio.
2. La estatua era de madera y estaba quemada.
3. Mario estaba muy cansado, pero igualmente fue a la fiesta.

3 En parejas, escriban la continuación de la historia de la **Actividad 1** usando al menos cinco de los verbos de la lista.

acercarse	hacerse	provocar	regresar	sentirse	surgir
causar	hallarse	quedar	resultar	suceder	tener lugar

4 Con la ayuda de un diccionario, indica a qué categoría pertenecen estos verbos. Luego, escribe un párrafo usando cuatro de los verbos.

categorías		verbos		
ser	hacer(se)	acontecer	elaborar	radicarse
estar	ir	alojarse	emprender el rumbo	volver
haber	venir	consistir en	encaminarse	yacer

ESTRATEGIA

Al consultar un diccionario, debes tener cuidado de verificar los distintos matices y sutilezas asociados con distintas palabras. Presta atención a la información adicional y a los ejemplos. Observa esta definición de un diccionario bilingüe. ¿Qué verbo elegirías en español para decir *They made a movie*?

make
1 (*un cambio, una llamada*) hacer
2 (*un café, una comida*) hacer, preparar
3 (*coches, productos*) fabricar [**from**, de]: **it's made from steel**, es de acero
[...]
9 (*un error*) cometer
10 (*un pago*) efectuar
11 (*una película*) rodar

Léxico

2.2 Expresiones de tiempo

- En español existen varias formas de expresar información acerca del tiempo o el momento en que se realiza una acción:

  1. *Usando adverbios*: **Mañana** saldremos de excursión.

  2. *Usando frases adverbiales*: Nuestro experto lo llamará **el viernes por la tarde**.

  3. *Usando conjunciones para introducir cláusulas adverbiales*: Por favor, llámame **tan pronto (como)** llegues a casa.

- Los adverbios de tiempo añaden información circunstancial a la oración, explicando cuándo se desarrolla la acción. Esta es una lista parcial de algunos adverbios de tiempo.

ahora *now*	**frecuentemente** *frequently*	**posteriormente** *later*
anoche *last night*	**hoy** *today*	**primeramente** *first*
antes *before*	**inicialmente** *initially*	**pronto** *soon*
asiduamente *often*	**inmediatamente** *immediately*	**recientemente** *recently*
aún *still*	**jamás** *never*	**repentinamente** *all of a sudden*
ayer *yesterday*	**luego** *after*	**siempre** *always*
constantemente *constantly*	**mañana** *tomorrow*	**tarde** *late*
después *after*	**mientras** *while*	**temprano** *early*
entretanto *meanwhile*	**nunca** *never*	**todavía** *still*
finalmente *finally*	**ocasionalmente** *occasionally*	**ya** *already*

- También existen multitud de frases y expresiones que se utilizan como adverbios de tiempo.

  Por aquel entonces, Eduardo vivía en Londres.

  Hace un año que estudio español.

  Visito a mis abuelos **todos los meses**.

  De vez en cuando, salimos a caminar por el parque.

- Las conjunciones de tiempo introducen cláusulas adverbiales que hacen referencia al tiempo en que se desarrolla la acción principal. Recuerda que las conjunciones deben estar seguidas de un verbo conjugado. En algunos casos, debes usar el subjuntivo. Ver **pp. 116–119**.

antes (de) que *before*	**en el momento que** *at the moment when*
apenas *as soon as*	**hasta que** *until*
cuando *when*	**mientras** *while*
después (de) que *after*	**siempre que** *every time*
en cuanto *as soon as*	**tan pronto (como)** *as soon as*

Después de que recibí la noticia, llamé a mi madre.
Visito la tumba de mi abuelo **siempre que** puedo.

¡ATENCIÓN!

Algunos adverbios y frases adverbiales de tiempo expresan la frecuencia con que se realiza la acción principal de la oración: **siempre, constantemente, casi siempre, (muy) frecuentemente, con frecuencia, a menudo, regularmente, normalmente, a veces, de vez en cuando, ocasionalmente, rara vez, casi nunca, nunca, jamás.**

¡ATENCIÓN!

Puedes usar preposiciones para formar frases preposicionales que funcionan como adverbios de tiempo. Recuerda que las preposiciones van seguidas de un sustantivo o un infinitivo.

antes de ir
desde mayo
después de comer
hasta hoy

Práctica

1 Completa las oraciones seleccionando una expresión de tiempo.

1. Felipe me llamó _____ llegó a casa. (después/tan pronto como)

2. Te compraré una motocicleta _____ apruebes el examen. (en cuanto/hasta que)

3. Azucena viajará a España _____ tenga el dinero suficiente. (hasta que/tan pronto como)

4. Felipe quiere esperar _____ se gradúe para casarse. (hasta que/cuando)

5. Voy a tener más dinero _____ mi jefe me aumente el sueldo. (antes de/en cuanto)

6. Cuando escribes un cheque _____ debes escribir la cantidad exacta. (mientras/siempre)

7. Cuando era niña, _____ pasaba días enteros leyendo. (a menudo/antes de que)

8. Mi familia visita a mi abuela todos los domingos y ella viene a mi casa _____. (ya/de vez en cuando)

2 Une cada par de oraciones con una expresión de tiempo adecuada de la lista.

antes de que	después de que	mientras
apenas	en cuanto	siempre que
cuando	hasta que	tan pronto como

1. Cada día, los clientes hacen cola. / El cajero llega al trabajo.
2. Las aves migratorias vuelan hacia el sur. / Se acerca el invierno.
3. Los agricultores comienzan el día de trabajo. / Sale el sol.
4. Eva toca el clarinete. / Eduardo escucha atentamente.
5. El ayuntamiento cierra la piscina. / Las clases empiezan en septiembre.

3 Completa esta narración con las expresiones de tiempo adecuadas.

(1)_____ llegamos a la cabaña, nos dimos cuenta de que habíamos olvidado la llave. Sin pensarlo dos veces, y (2)_____ se hiciera de noche, nos metimos en la camioneta y buscamos el hotel más cercano para pasar la noche.

Salimos del hotel (3)_____ desayunar e (4)_____ llamamos a un cerrajero (*locksmith*). El cerrajero cambió la cerradura (5)_____ nosotros revisábamos los alrededores de la cabaña. (6)_____ aquel día, (7)_____ que salgo de casa, hago una lista de todo lo que necesito llevar cuando viajo.

4 Escribe un párrafo sobre una anécdota divertida o inusual. Usa al menos ocho expresiones de tiempo de la lista.

anoche	después de	en cuanto	hasta que	rara vez
constantemente	después de que	en el momento que	jamás	tan pronto como
cuando	el año pasado	frecuentemente	mientras	temprano

Estructuras

2.3 Narrating in the past

- Spanish uses several tenses to describe past events, as seen in these examples from *La siesta del martes*.

pretérito perfecto simple   pretérito imperfecto

Cuando **volvió** al asiento la madre le **esperaba** para comer.

pretérito perfecto simple

Se levantó, buscó a tientas en el ropero un revólver arcaico que nadie **había disparado** desde los tiempos del coronel Aureliano Buendía, y **fue** a la sala.

pretérito pluscuamperfecto   pretérito perfecto simple

The preterite and the imperfect

- The preterite (**pretérito perfecto simple** or **pretérito indefinido**) and the imperfect (**pretérito imperfecto**) express different aspects of past actions and states. This chart summarizes their uses.

Uses of the preterite	
to refer to actions viewed as completed	—Es el ladrón que **mataron** aquí la semana pasada —**dijo** la mujer en el mismo tono.
to indicate the beginning or end of a state or action	Cuando la niña **acabó** de peinarse el tren **pasó** frente a las primeras casas de un pueblo más grande pero más triste que los anteriores.
to refer to a change in state	...el aire **se hizo** húmedo y no **se volvió a sentir** la brisa del mar.
to narrate a series of events	**Agarró** el arma con las dos manos, **cerró** los ojos y **apretó** el gatillo.
Uses of the imperfect	
to express habitual actions in the past	Los almacenes, las oficinas públicas, la escuela municipal, **se cerraban** desde las once y no **volvían** a abrirse hasta un poco antes de las cuatro, cuando **pasaba** el tren de regreso.
to refer to actions or states that were ongoing, incomplete, or in progress in the past	El pueblo **flotaba** en calor. La niña tenía doce años y **era** la primera vez que **viajaba**. Una banda de músicos **tocaba** una pieza alegre bajo el sol aplastante.
to refer to a future event from a past point in time	La mujer dijo que **iban** al cementerio.

- The preterite and imperfect are often used together. The imperfect provides background information, while the preterite narrates events or moves action forward within that background.

  Eran los únicos pasajeros en el escueto vagón de tercera clase. Como el humo de la locomotora **siguió** entrando por la ventanilla, la niña **abandonó** el puesto y **puso** en su lugar los únicos objetos que **llevaban**: una bolsa de material plástico con cosas de comer y un ramo de flores envuelto en papel de periódicos.

REPASO

The four principal tenses that express past events are the preterite, the imperfect, the present perfect, and the past perfect. To review their formation, see **pp. 210–229**.

¡ATENCIÓN!

The imperfect also describes what was happening or ongoing when another past action occurred.

Varios pasajeros **dormían** cuando el tren se detuvo en la estación.

- Some common verbs change meaning in the preterite. Note that the meaning may also change depending on whether the statement is affirmative or negative.

Verb	Preterite	Imperfect
tener	*to get; to receive* El padre **tuvo** una visita inesperada: la madre y su hija.	*to have* La hija **tenía** dificultades para abrir la persiana.
saber	*to find out; to discover* **Supieron** que Carlos se murió el lunes.	*to know* El padre no **sabía** quiénes eran.
querer	*to try (without necessarily succeeding)* La mujer **quiso** visitar el cementerio donde estaba enterrado su hijo.	*to want* La gente del pueblo se asomaba a la ventana porque **quería** ver qué sucedía.
no querer	*to refuse* La mujer **no quiso** irse de la casa del padre sin verlo.	*not to want* El ama de casa **no quería** despertar al padre.
conocer	*to meet* Cuando el padre **conoció** a la mujer, se quedó muy sorprendido.	*to know about, to be familiar with* Nadie **conocía** a Carlos en ese pueblo.
poder	*to manage to do; to succeed in doing* La mujer **pudo** convencer al ama de casa de que fuera a buscar al padre.	*to be able to; to have the ability* En la distancia, **se podía** escuchar la música que tocaba la banda.
no poder	*to be unable to (and not do)* La chica **no pudo** abrir la ventana del vagón.	*to be unable to (in a general sense)* **No se podía** respirar en el vagón a causa del calor.

- Since the preterite and imperfect focus on different aspects of the past (finished/complete vs. incomplete/ongoing), different sets of conjunctions and adverbial expressions are commonly used with each tense.

Expressions with the preterite	Expressions with the imperfect
anoche *last night* **ayer** *yesterday* **de repente** *suddenly* **entonces** *then* **finalmente** *finally* **inmediatamente** *immediately* **primero** *first* **una vez** *once, one time* **el verano/mes/año pasado** *last summer/month/year*	**a medida que** *as* **a veces** *sometimes* **con frecuencia** *frequently* **en aquel entonces** *back then* **mientras** *while* **muchas veces** *often* **(casi) nunca** *(almost) never* **(casi) siempre** *(almost) always* **todos los días/meses/años** *every day/month/year*

¡ATENCIÓN!

Like the simple imperfect, the continuous imperfect relates actions that were in progress at the time in question.

Todos **estaban durmiendo** cuando llegaron al pueblo.

The present perfect vs. the preterite

- The present perfect (**pretérito perfecto compuesto**) describes past events with respect to the present moment.

  > Todavía no **han llegado** al pueblo. (*but they will soon*)

  > Muchas personas **han ido** a la casa del padre para verlas. (*and they are still there*)

- The preterite, in contrast, describes events firmly rooted in the past.

  > Finalmente **llegaron** al pueblo. (*they arrived; it's over*)

  > Muchas personas **fueron** a la casa del padre ese día. (*that day is done*)

- The present perfect is often used with adverbs such as **esta semana, hoy, todavía, ya, alguna vez (dos veces, tres veces), nunca,** and **siempre.**

  > **Ya he leído** tres novelas de Gabriel García Márquez. (*up to now*)

  > ¿**Has ido** alguna vez a Colombia? (*ever in your life, until now*)

The preterite and the past perfect

- The past perfect (**pretérito pluscuamperfecto**) refers to actions that took place before another past event.

  > Cuando la madre y su hija llegaron al pueblo, ya **habían enterrado** a Carlos.

- With the preterite, the past perfect relates the sequence of past events, clarifying that one event (past perfect) took place prior to the other (preterite).

  > Cuando la niña **volvió** a su asiento, **vio** que su madre ya **había sacado** el almuerzo.

- The past perfect can also be used on its own. In such cases, however, the subsequent past actions are generally implied by the context or explained later.

  > Todo **había empezado** el lunes de la semana anterior, a las tres de la madrugada y a pocas cuadras de allí. (*This statement is followed by a series of events that took place after last Monday.*)

Práctica

1 Elige la opción correcta para completar cada oración.

1. García Márquez (publicó/ha publicado) este cuento en 1962.

2. García Márquez (ha estudiado/había estudiado) derecho antes de convertirse en escritor.

3. Mientras (vivía/había vivido) en Europa, escribió guiones.

4. García Márquez (recibió/había recibido) el Premio Nobel de Literatura en 1982.

5. Ayer (compraba/compré) *Cien años de soledad*, pero no (he comenzado/había comenzado) a leerlo.

6. Ya lo (compré/había comprado) el año pasado, pero lo (perdí/he perdido) cuando me mudé el mes pasado.

2 Primero completa cada pregunta sobre el cuento con la forma correcta del verbo entre paréntesis. Utiliza los tiempos del pasado. Después, en parejas, contesten las preguntas prestando atención a los tiempos verbales.

1. ¿Qué tiempo _____ (hacer)?

2. ¿Cómo _____ (ser) la mujer? ¿Y su hija?

3. ¿Qué _____ (llevar) la niña en el tren? ¿Para quién o para qué _____ (ser) las flores?

4. ¿Qué _____ (comer) ellas en el tren?

5. Antes de llegar al pueblo, ¿qué le _____ (decir) la madre a su hija?

6. ¿Qué _____ (hacer) la madre y su hija al bajarse del tren?

7. ¿Por qué no _____ (ver) a nadie al caminar por el pueblo?

8. ¿Adónde _____ (ir) ellas? ¿Por qué?

9. ¿Qué tumba _____ (ir) a visitar?

10. ¿Qué _____ (suceder) en el pueblo antes de la llegada de la mujer y la niña?

11. Según la madre, ¿quién y cómo _____ (ser) Carlos Centeno?

12. ¿Quiénes _____ (reunirse) cerca de la casa del padre? ¿Por qué?

3 Combina elementos de los dos grupos para formar oraciones basadas en el cuento. Incluye dos verbos con dos tiempos verbales distintos en cada oración y añade los detalles necesarios.

Modelo   *Como la señora Rebeca no sabía quién forzaba la puerta de su casa,*
tuvo mucho miedo y buscó el revólver.

la mujer	buscar	encontrar	pedir	ser
la niña	decidir	estar	(no) querer	(no) tener
el padre	decir	ir	robar	ver
la hermana del padre	dormir	morir	saber	viajar
la señora Rebeca				
Carlos Centeno Ayala				
la gente del pueblo				

4 *La siesta del martes* trata de un viaje extraordinario. Ahora te toca escribir sobre tu propio viaje extraordinario. Escribe un relato sobre un viaje que hayas hecho en el que sucedieron cosas inesperadas. Tu relato debe incluir una variedad de tiempos verbales en el pasado. Utiliza estos puntos como guía.

- adónde fuiste, cuándo, con quiénes y por qué

- de dónde vino la idea de hacer este viaje

- cómo eran el lugar y tus compañeros de viaje

- qué sucedió, cómo te sentiste y qué dijiste

- qué habías pensado antes del viaje y cómo te cambió la experiencia

- qué otros viajes has hecho desde aquel entonces

Estructuras

2.4 Adjectival relative clauses

- Adjectival relative clauses are subordinate clauses that function like adjectives in that they modify a noun or pronoun in the main clause. They are introduced by relative pronouns (**pronombres relativos**) or relative adverbs (**adverbios relativos**). The noun or pronoun they refer to in the main clause is called an *antecedent*.

  antecedent   relative pronoun

  Es el ladrón **que** mataron aquí la semana pasada.

- Adjectival relative clauses can be *non-defining* (**explicativas**) or *defining* (**especificativas**). Non-defining relative clauses provide additional information about the antecedent and are placed between commas. Defining relative clauses identify the antecedent within a group and are not separated by commas.

  Non-defining
  Desde la casa, **que queda en la cima de la colina**, se ve el cementerio.
  (*The clause adds information about the house.*)

  Defining
  Desde la casa **que queda en la cima de la colina** se ve el cementerio.
  (*The clause identifies one house in a group of houses.*)

- Use relative clauses to avoid repetitions and to create a smoother, more descriptive sentence.

  Es el ladrón. Mataron al ladrón aquí la semana pasada.

  main clause   relative clause

  Es el ladrón que mataron aquí la semana pasada.

Relative pronouns	English	Usage
(lo) que	*that, which, who, whom*	• it is the most common relative pronoun • refers to both people and objects • it is the only relative pronoun that can be used without a preposition in defining relative clauses
quien(es)	*who, whom*	• refers to a person or people • agrees in number with its antecedent • can be used in defining relative clauses only if a preposition is present
el/la/lo que, los/las que	*that, which, who, whom*	• use instead of **que** or **quien** • can be used in defining relative clauses only if a preposition is present
el/la cual, los/las cuales	*that, which, who, whom*	• follows the same rules as **el/la que, los/las que**, but it is used more in writing or formal speech
cuyo/a(s)	*whose*	• refers to people or things • it is always used together with a noun • agrees in gender and number with the person or thing it references

- After the prepositions **a, de, en,** and **con,** use **que** or **el/la que, los/las que, el/la cual,** or **los/las cuales** when the antecedent is not a person. Use **quien(es)** or *article* + **que/cual** when the antecedent is a person.

  La casa **en (la) que** vivo tiene tres pisos.

  La casa **en la cual** vivo tiene tres pisos.

  La mujer **con quien** hablé es de Cali.

  La mujer **con la que/cual** hablé es de Cali.

- After all other prepositions, **que** must be used with a definite article.

  Tengo un examen **para el que** tengo que estudiar mucho.

  La casa **sobre la que** te hablé sigue disponible.

- The preposition can be omitted when it matches the one used before the antecedent.

  En la casa **en la que** vivo hay fantasmas.

  En la casa **que** vivo hay fantasmas.

  Fui **hacia** el lugar **hacia el que** iban todos.

  Fui hacia el lugar **que** iban todos.

- All relative pronouns can be used in non-defining relative clauses. Defining relative clauses can not be introduced by **el/la que/cual** or **los/las que/cuales**, unless a preposition is used.

  Mis padres, **que/quienes** murieron en el ochenta y cinco, también están en ese cementerio.

  Tengo un hermano **que** vive en El Salvador.

  Compré una casa **cuya** dueña anterior ahora vive en París.

  Tengo un primo **con quien/el que** me llevo muy bien.

  Fui a la biblioteca, **la cual** se encuentra junto al banco.

- In English, relative pronouns can sometimes be omitted. In Spanish, relative pronouns are always required.

  ¿Me prestas el libro que compraste?
  Can I borrow the book (that) you bought?

  Estrenan mañana la película sobre la que te hablé.
  Tomorrow they release the movie (that) I talked to you about.

- The relative adverbs **donde, cuando,** and **como** can replace **en que** or **en** + *article* + **que/cual. Como** is not very frequently used in this case.

  El cementerio **donde** está enterrado queda lejos.

  El momento **cuando** te vi, supe quién eras.

  No me gusta la manera **como** te vistes.

  El cementerio **en el que/cual** está enterrado queda lejos.

  El momento **en el que** te vi, supe quién eras.

  No me gusta la manera **en que** te vistes.

Práctica

1 Completa las oraciones con el pronombre relativo o el adverbio relativo correcto.

1. Pablo Neruda fue un poeta chileno _____ ganó el Premio Nobel de Literatura en 1971.

2. Fue un escritor a _____ le interesaba la política.

3. Mientras estaba en Barcelona como cónsul chileno, conoció a Rafael Alberti y a Federico García Lorca, con _____ participó en un círculo literario.

4. En el momento _____ finalizó la Guerra Civil Española, ayudó a muchos españoles a exiliarse en Chile.

5. Neruda tuvo que exiliarse de Chile y vivió en diversos países europeos, _____ siguió escribiendo su poesía.

6. El *Canto General*, _____ versos reflejan un compromiso social con toda América Latina, es una de sus obras más conocida*s*.

2 Empareja los elementos para formar oraciones completas.

1. El libro _____
2. El abogado con _____
3. El autobús en _____
4. Mis tíos _____
5. La familia con _____

a. quien trabajé durante diez años se jubila este mes.

b. el que viajamos a Honduras era muy cómodo.

c. que me prestaste el mes pasado me gustó mucho.

d. la cual viví en Buenos Aires era muy bohemia.

e. cuyos hijos viven en Madrid vienen a almorzar mañana.

3 Reescribe este párrafo agregando cláusulas relativas explicativas y especificativas a los sustantivos subrayados.

Modelo   En el medio de las montañas, queda el pueblo.
          En el medio de las montañas, queda el pueblo en el cual vive
          la familia González.

> En el medio de las montañas, queda el pueblo. El pueblo es atravesado por un río. Allí se ubica la casa. La familia tiene cinco hijos. Los lunes, todos bajan a la ciudad. Algunos trabajan en la fábrica. Las dos niñas más pequeñas van a la escuela.

4 Combina las oraciones en el siguiente párrafo utilizando pronombres y adverbios relativos. Puedes agregar detalles adicionales a cada oración.

> El semestre que viene iré a estudiar a Cusco. Cusco es una ciudad con muchos sitios arqueológicos. Viviré en una pensión con otros estudiantes. Los estudiantes vienen de Europa, Sudamérica y los Estados Unidos. Haré algunas visitas turísticas a pueblos cercanos. Los pueblos tienen ruinas y mercados típicos. Me recomendaron probar la comida local. Los platos típicos de la comida local son los pimientos rellenos y el maíz con queso.

Ortografía y puntuación

2.5 Acentuación II: Casos especiales

- Además de las reglas básicas de acentuación presentadas en **1.6 (p. 19)**, existen ciertos casos especiales en los que utilizamos el acento (o tilde) para diferenciar palabras que se escriben y pronuncian igual, pero que tienen distinto significado (**homónimos**). Este tipo de acento se llama **acento diacrítico**.

A **mí** no me gusta.
(**mí** = pronombre personal)

Aquel es **mi** coche.
(**mi** = adjetivo posesivo)

Do, re, **mi**, fa, sol, la, si.
(**mi** = nota musical)

Yo le decía que nunca robara nada que le hiciera falta a alguien para comer, y **él** me hacía caso.
(él = pronombre personal)

El padre examinó la calle distorsionada por la reverberación, y entonces comprendió.
(el = artículo definido)

Acento diacrítico		
aun **aún**	adverbio de concesión (=**incluso**)	**Aun** cuando hace calor uso chaqueta.
	adverbio de tiempo (=**todavía**)	**Aún** no hemos llegado.
de **dé**	preposición	Una mesa **de** madera.
	verbo	Espero que me **dé** la mano.
el **él**	artículo definido	Devuélveme **el** libro que te presté.
	pronombre personal	Saldré en cuanto **él** me llame.
mas **más**	conjunción	Quise tranquilizarla, **mas** no fue posible.
	adverbio	Necesito **más** tiempo.
mi **mí**	adjetivo posesivo	¿Por qué no me esperas en **mi** casa?
	pronombre personal	Esta carta es para **mí**.
se **sé**	pronombre personal	**Se** bebió toda el agua.
	verbo (**saber, ser**)	No **sé** qué decir. / **Sé** amable con ellos.
si **sí**	conjunción	**Si** hace frío, necesitaremos el abrigo.
	adverbio/ pronombre personal	Dile que **sí**. / Siempre habla de **sí** misma.
te **té**	pronombre personal	**Te** lo he dicho mil veces: no llegues tarde.
	sustantivo	¿Te apetece un **té**?
tu **tú**	adjetivo posesivo	¿Dónde has puesto **tu** corbata?
	pronombre personal	**Tú** nunca dices mentiras.

¡ATENCIÓN!

Como regla general, las palabras monosílabas (consistentes de una sola sílaba) no llevan tilde (**bien, mal, no, gris, sol, pie**). En algunas obras literarias antiguas podemos encontrar palabras monosílabas acentuadas que no siguen las reglas de acentuación de monosílabos.

- Los pronombres, adjetivos y adverbios que tienen un sentido interrogativo o exclamativo llevan acento diacrítico. Este tipo de palabras pueden estar en oraciones interrogativas o exclamativas indirectas. Por consiguiente, pueden aparecer en oraciones sin signos de interrogación (¿?) o exclamación (¡!).

Cuando llegaron, me preguntaron **qué** estaba haciendo.

Todos sabemos **cuántas** calamidades ha sufrido.

Desconocemos **cuál** es el motivo.

Desde el primer día me explicaron **cómo** querían que hiciera mi trabajo.

- Los pronombres y adverbios relativos siguen las reglas de acentuación generales; es decir, no llevan tilde porque son monosílabos o palabras llanas terminadas en **s** o vocal.

> El libro **que** te presté es muy interesante.

> Son pocas las personas en **quienes** confío.

- Los adverbios terminados en **-mente** se acentúan igual que el adjetivo a partir del cual están formados. Si el adjetivo lleva tilde, entonces el adverbio también la lleva. Si el adjetivo no lleva tilde, el adverbio se considera una palabra llana terminada en vocal; por lo tanto, no lleva tilde.

> r**á**pida → r**á**pidamente
>
> lenta → lentamente

> enf**á**tica → enf**á**ticamente
>
> feliz → felizmente

- En algunas palabras, la sílaba acentuada cambia al formar el plural.

> car**á**cter → caracteres

- Los demostrativos **este, ese, aquel, esta, esa, aquella** y sus variantes en plural solían acentuarse cuando funcionaban como pronombres. Igualmente, a la palabra **solo** se le ponía tilde cuando equivalía a **solamente**. Según las reglas actuales, estas palabras nunca necesitan tilde, ni siquiera en caso de ambigüedad. En estos casos, se recomienda evitar usos que provoquen ambigüedad y usar otras estructuras.

> Me dijo que **ésta** mañana se irá.
>
> (ésta = la persona que se irá mañana; en este caso es mejor usar **ella**.)

> Me dijo que **esta** mañana se irá.
>
> (esta = determina al sustantivo *mañana*)

- Antes se escribía con tilde la conjunción **o** cuando aparecía entre dos números a fin de evitar confundirla con el número 0, pero esta regla también está en desuso.

> 3 **o** 4 personas

> en 1991 **o** al año siguiente

¡ATENCIÓN!

Algunas palabras pueden perder o ganar una tilde al pasar de su forma singular a su forma plural o al añadir pronombres o sufijos. Simplemente debemos aplicar las reglas de acentuación básicas para saber si llevan o no llevan tilde.

canción → canciones

camión → camiones

acción → acciones

tirolés → tiroleses

dame → dámelo

cabeza → cabezón

Práctica

1. Completa las oraciones con la palabra adecuada.

1. Antes de arreglar el jardín, consulta con _____ (el/él).
2. _____ (Esta/Ésta) novela es muy interesante.
3. Creo que _____ (tu/tú) madre quiere verte.
4. Confía en _____ (mi/mí).
5. Confía en _____ (mi/mí) experiencia.
6. ¿Quieres que tomemos un _____ (te/té)?
7. No _____ (te/té) lo tomes tan en serio.
8. No quiero estar _____ (solo/sólo).
9. Necesito nueve dólares _____ (mas/más).
10. _____ (Sí/Si) te cuento lo que pasó, debes guardar el secreto.
11. Cuando le dijo que _____ (sí/si), se echó a llorar.
12. En cuanto me _____ (de/dé) permiso, me tomaré unas vacaciones _____ (de/dé) dos semanas.

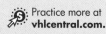

Ortografía y puntuación

2.6 Puntuación II

- El uso de los signos de puntuación presentados en **1.7 (p. 20)** es muy parecido en español y en inglés. Sin embargo, algunos signos de puntuación se comportan de forma diferente en cada idioma.

- En español, siempre debemos colocar la puntuación correspondiente a la misma oración detrás de las comillas y del paréntesis de cierre. Sin embargo en inglés, el punto siempre se coloca delante de las comillas y del paréntesis.

> Y a continuación Eva dijo: "no quiero que me llames nunca más".
> (Seguramente estaba muy enfadada).
>
> *And then Eva said: "I don't want you to call me ever again."*
> *(She was probably very upset.)*

La raya

Usos	Ejemplos
Para aislar aclaraciones que interrumpen en el discurso de una oración.	Emilio —gran amigo mío— viene a visitarme siempre que tiene ocasión.
Para indicar cada intervención en un diálogo, sin escribir el nombre de la persona que habla.	—¿Cuánta gente crees que lo sabrá? —No tengo ni idea.
Para introducir o aislar los comentarios del narrador sobre las intervenciones de los personajes de un diálogo. Si la oración continúa después del comentario del narrador, es necesario utilizar una raya de cierre al final del comentario.	—Espero que no sea grave —dijo Ramón con gesto preocupado— porque no me apetece tener que volver al hospital.
Para indicar la omisión de una palabra que se repite varias veces en una lista.	Adjetivos demostrativos — posesivos — calificativos — explicativos — interrogativos

- La raya de apertura va separada por un espacio de la palabra que la antecede, y pegada (sin espacios) a la primera palabra del texto que interrumpe la oración. La raya de cierre va pegada a la palabra que la precede y separada por un espacio de la palabra que sigue.

> Entró **—era el hombre más grande que había visto—** y se sentó en la barra del bar.

Las comillas

- En español hay tres tipos diferentes de comillas: las comillas angulares (« »), las comillas inglesas (" ") y las comillas simples (' '). Generalmente, puede utilizarse cada tipo de comillas de forma indistinta. Sin embargo, se alternan cuando se utilizan las comillas en un texto ya entrecomillado. El punto va siempre colocado detrás de las comillas.

> Al acabarse las bebidas, Ana comentó «menudo "problemita" tenemos ahora».
> Cuando llegó Raúl con su motocicleta, Ricardo me dijo «ni se te ocurra montarte en esa "tartana" oxidada».

● Las comillas se utilizan en los siguientes casos:

Usos	Ejemplos
Para reproducir citas textuales.	El aduanero dijo: "por favor, el pasaporte".
Para reproducir el pensamiento de los personajes en textos narrativos.	"Esto pasa hasta en las mejores familias", pensó el padre en silencio.
Para indicar que una palabra es inapropiada, vulgar, de otra lengua o utilizada con ironía.	Estaba muy ocupado con sus "asuntos importantes".
Para citar títulos de artículos, poemas y obras de arte.	En este museo podemos ver "Las Meninas" de Velázquez.
Para comentar una palabra en particular de un texto.	Antes, para referirse a una farmacia, se utilizaba el término "botica".
Para aclarar el significado de una palabra.	"Espirar" ('expulsar aire') no es lo mismo que "expirar".

Los paréntesis y los corchetes

● Los paréntesis se utilizan para encerrar aclaraciones o información complementaria dentro de una oración. El punto debe colocarse detrás del paréntesis de cierre.

> La tía de Julio (una excelente cocinera) nos preparó una cena inolvidable.
> El año en que nació (1988) es el mismo en que murió su abuela.
> Todos sus amigos viven en Tenerife (España).

● Los corchetes se utilizan de forma similar a los paréntesis, para añadir información complementaria o aclaratoria en una oración que ya va entre paréntesis.

> La última vez que vi a Mario (creo que fue en el verano que nos graduamos [1992]) le dije que me escribiera.

Los puntos suspensivos

¡ATENCIÓN!

Tras los puntos suspensivos pueden colocarse otros signos de puntuación, sin dejar entre ambos signos ningún espacio de separación:

Pensándolo bien...: mejor que no venga.

Usos	Ejemplos
Para indicar una pausa transitoria que expresa duda, temor o suspenso.	No sé qué hacer... estoy confundido.
Para interrumpir una oración cuyo final ya se conoce.	A caballo regalado...
Para insinuar expresiones malsonantes.	Eres un...
Con el mismo valor que la palabra **etc.**	Puedes ir a donde quieras: Europa, América, Asia...
Para enfatizar y alargar emotivamente una expresión.	Ay... la juventud... divino tesoro.
Entre corchetes, para indicar la supresión de un fragmento en una cita. Esta supresión también se llama "elipsis".	"En un lugar de la mancha [...] no ha mucho tiempo que vivía un hidalgo de los de lanza en astillero, adarga antigua, rocín flaco y galgo corredor".

Práctica ....

1 Reescribe el siguiente diálogo utilizando rayas para diferenciar las intervenciones de cada persona. Intenta reemplazar las palabras entre corchetes con los comentarios del narrador sobre las intervenciones de los personajes utilizando rayas.

> Modelo   Inés: ¡Qué sorpresa! [sorprendida]
>
> *—¡Qué sorpresa! —dijo Inés sorprendida.*

Pablo: Hola, Inés. ¡Cuánto tiempo hace que no nos vemos!

Inés: ¡Qué sorpresa! [sorprendida]
La última vez que nos vimos éramos solamente unos niños.

Pablo: Es cierto. No puedo creer que todavía te acuerdes de mí [emocionado].
¿Te apetecería que almorzáramos juntos un día de estos?

Inés: Me encantaría; y así podríamos contarnos todo lo que nos ha pasado durante estos años.

Pablo: Perfecto. ¿Te viene bien el domingo por la tarde?

Inés: No, lo siento. El domingo tengo una fiesta de cumpleaños [apenada].
¿Qué te parece el sábado por la tarde?

Pablo: El sábado por la tarde es ideal. ¿A qué hora quedamos?

Inés: A las doce y cuarto en el café Pascual [con tono seguro].

2 Reescribe las oraciones colocando comillas donde sea preciso.

1. El policía nos preguntó: ¿Tienen ustedes algo que declarar?
2. No comprendo muy bien qué es eso de la movida madrileña.
3. Los delincuentes se escondieron en un bosque.
4. El poema que mejor recuerdo es Canción del jinete.
5. La historia comienza así: Érase una vez un niño muy curioso.
6. Según dice el refrán: A buen entendedor, pocas palabras.
7. Mi profesor siempre me decía: ¿Otro día sin el libro?
8. ¿Todavía no sabe el abecedario?, le preguntó el profesor.

3 Reescribe las oraciones colocando los paréntesis que faltan.

1. El próximo campeonato mundial de fútbol 2014 será en Brasil.
2. La ONU Organización de Naciones Unidas se fundó en 1945.
3. Creo haberte dicho ya y si no lo digo ahora que quien mucho abarca poco aprieta.
4. Los seres humanos estamos compuestos en gran parte por agua.
5. La célebre batalla de Vitoria fue perdida por José Bonaparte Pepe Botella.
6. Juan Ramón Jiménez nació en Moguer Huelva.

4 Elige un párrafo de *La siesta del martes* y acórtalo realizando algunas elipsis. Recuerda que el párrafo acortado debe tener sentido y debe poder leerse correctamente.

TALLER DE ESCRITURA

2A La narración de un evento

Narrar un evento es un acto tan natural que rara vez nos detenemos a pensar en lo que implica. La nota que leemos en el periódico, la novela que llevamos a la playa, la anécdota que le contamos a un amigo son todas narraciones de eventos. Al mismo tiempo, cada narración tiene propósitos y características particulares. En algunos casos la intención es simplemente informarnos de algo que ha ocurrido. En otros, puede ser instruir, divertir o conmover. Todo narrador toma una serie de decisiones (a menudo inconscientes) que determinan la estructura y efectividad del relato. Un periodista suele poner los hechos más importantes al comienzo de su nota, mientras que un escritor de cuentos policiales los pone al final para crear suspenso. Hay mil maneras de contar "lo que pasó", algunas mejores que otras dependiendo de tu objetivo y del tipo de lector que tengas en mente.

Aunque no existe una única fórmula para narrar eventos, hay ciertos elementos básicos que debes tener en cuenta.

Argumento	El argumento, o la trama, es la serie de sucesos que constituyen la narración. En otras palabras, "lo que ocurre".
Ambiente	El ambiente es la ubicación temporal y geográfica del relato, o dónde y cuándo ocurre. Estos son datos básicos para orientar al lector y a menudo se mencionan al comienzo de un relato.
Personajes	Los personajes son los participantes en las acciones del relato. A veces el propósito central de una narración es contar un suceso para comprender el carácter y la personalidad de los personajes.
Descripción	Más allá de su argumento básico, un relato suele incluir detalles descriptivos sobre el ambiente, los personajes y sus actos. La descripción puede interrumpir el flujo del relato, por lo cual debe ser efectiva, pero económica.
Tono	El tono de un relato comunica el estado de ánimo del narrador y su actitud ante los sucesos que describe. Como al hablar, al escribir adoptamos distintos tonos (serio, solemne, irónico, burlón, etc.) que comunican un estado emocional al lector.

Estas categorías te ayudarán a evaluar la mejor manera de presentar tu relato. Teniendo en mente el argumento, por ejemplo, podrás decidir si es mejor que el relato presente los eventos en orden cronológico, o que avance y retroceda en el tiempo (por ejemplo mediante un *flashback*) para crear suspenso e intriga. También sabrás qué incidentes merecen una mayor extensión por ser esenciales y cuáles pueden ser más breves ya que actúan como momentos de transición. De igual manera, podrás evaluar si tu relato describe con suficiente precisión el ambiente y los personajes o si es necesario agregar detalles.

Modelo

Lee el siguiente relato y presta atención a las decisiones que toma el narrador. ¿En qué orden presenta los eventos? ¿Qué detalles incluye y qué otros podría haber incluido? ¿Qué expresiones emplea para darle una estructura temporal y lógica al relato?

¡Qué susto!

Este fin de semana mi hermano y yo fuimos de campamento. Salimos temprano por la mañana y manejamos unas horas hasta llegar a la sierra Colorada. Después nos cargamos las mochilas al hombro y subimos por el sendero empinado que lleva al campamento. Como solo íbamos a estar una noche, las mochilas no eran muy pesadas y la caminata resultó muy agradable. A eso de las cuatro llegamos y montamos la tienda de campaña. Éramos los únicos. La vista era espectacular, y cerca había un arroyo donde nos refrescamos. Mi hermano había traído su caña de pescar, pero no tuvo suerte y nos tuvimos que conformar con una simple cena de comida enlatada. Cuando se hizo de noche aparecieron más estrellas en el cielo de las que jamás habíamos visto. **Nos quedamos hablando hasta tarde** y mi hermano dijo que le gustaría que la vida siempre fuera así de fácil y de tranquila. Finalmente nos metimos en la tienda de campaña y nos fuimos a dormir. Unas horas después (deben haber sido las dos o las tres de la mañana) me despertó el ruido de unos roces y rasguños contra el exterior de la tienda. Desperté a mi hermano y nos quedamos quietos escuchando.

—¿Por qué no sales a averiguar? —susurró mi hermano.

—¿Por qué no sales tú? —le contesté.

Se quedó callado y luego dijo:

—¿Qué tal si es un gato montés?

Yo había leído en una revista que los animales no suelen atacar a la gente si uno se queda dentro de la tienda de campaña, así que nos pasamos la noche en vela, con el corazón en la boca por los ruidos que continuaban a nuestro alrededor. Cuando por fin se empezó a hacer de día, vimos unas sombras chiquitas contra la tela de la tienda y salimos a investigar. Resulta que el supuesto gato montés no era más que una familia de perdices que seguramente habían estado tan asustadas como nosotros.

—Ni una palabra de esto a nadie —dijo mi hermano.

■ El narrador debe siempre situar su relato temporalmente.

■ Se podrían usar descripciones mucho más detalladas. ¿Cómo era el paisaje exactamente? ¿Qué cenaron los hermanos? ¿De qué hablaron?

■ Para comunicar lo que alguien dijo, puedes incluir el diálogo en discurso directo o relatarlo en discurso indirecto.

Tema de composición

Elige uno de estos comienzos y escribe un breve relato. Puede ser algo que realmente te haya ocurrido o un evento imaginario.

1. "Anoche tuve el sueño más extraño de mi vida..."
2. "Recuerdo claramente la primera vez que me enamoré..."
3. "Nunca me he divertido tanto como la vez que..."

■ Antes de escribir

Antes de empezar a escribir el relato de un evento, piensa en estos temas:

- ¿Qué estructura tendrá tu relato?

- ¿Cuál será el argumento?

- ¿En qué orden narrarás los distintos incidentes?

Haz una lista de todos los sucesos esenciales que debes comunicar al lector para que comprenda el relato. Esta lista puede servir como un armazón sobre el cual elaborar la narración.

■ Escribir el borrador

Recuerda que el borrador es la primera versión, no la versión final. Piensa en el borrador como una oportunidad de escribir con total libertad lo que se te vaya ocurriendo, sin preocuparte todavía de que sea perfecto.

Al escribir el borrador de un relato, incluye todos los detalles posibles. Si se trata de una experiencia propia, esfuérzate por recordar la situación lo más claramente posible. Si se trata de un evento ficticio, intenta imaginarlo como si estuvieras presente y piensa en lo que percibirías con todos tus sentidos. Cuanto más escribas, más material tendrás sobre el cual trabajar.

■ Escribir la versión final

Estos son algunos temas que puedes considerar al editar y reescribir tu relato:

- ¿Has incluido todos los incidentes esenciales? ¿Falta alguno? ¿Están relacionados lógica y claramente para que el lector pueda seguir el hilo de tu narración? ¿Faltan momentos de transición que conecten los principales sucesos?

- ¿Cuánto espacio ocupa cada parte del relato? Si un incidente o una descripción que no es esencial ocupa demasiado espacio, se puede romper la continuidad del relato.

- Revisa tu vocabulario. ¿Hay adjetivos o verbos débiles o imprecisos que puedas sustituir con palabras más efectivas? Piensa en posibles sinónimos.

- Revisa la gramática. ¿Has empleado los tiempos verbales adecuados? ¿Has utilizado cláusulas adjetivas relativas para explicar o especificar?

2B El relato periodístico

Todos los días leemos en el periódico o en Internet sobre lo que ocurre en el mundo. Algunas noticias se nos olvidan a los cinco minutos. Otras —las que están bien narradas— permanecen en nuestra memoria y nos afectan profundamente. Una buena crónica o relato periodístico debe cumplir con dos metas principales: la primera es informarnos de una serie de hechos; la segunda es comunicarnos su importancia y lograr que se conviertan en una realidad y no en un suceso abstracto. Estos son algunos factores que hay que tener en cuenta en un relato periodístico.

Contenido	Toda noticia debe relatar los hechos de manera clara, breve y completa. Debe responder a estas preguntas. • ¿QUÉ ocurrió? • ¿POR QUÉ ocurrió? • ¿CUÁNDO ocurrió? • ¿A QUIÉN le ocurrió • ¿DÓNDE ocurrió? y a quién afecta? Más allá de estas preguntas básicas, una noticia bien narrada debe involucrar al lector en los sucesos y hacer que sienta su importancia. Para ello debe describirlos en forma vívida y detallada, transportándolo al lugar de los hechos, o narrándolos desde el punto de vista de alguien directamente afectado.
Punto de vista	La misma noticia puede narrarse desde muchos ángulos distintos. Por ejemplo, el comienzo de una guerra puede narrarse desde el punto de vista de los políticos que toman la decisión de enfrentarse, desde el punto de vista de un soldado a punto de entrar en batalla, o desde el punto de vista de un civil atrapado entre los ejércitos. El punto de vista que elijas determinará cómo entiende tu lector los hechos.
Estilo	El estilo periodístico suele ser más serio y elevado que el del habla cotidiana, sin ser nunca rebuscado, ya que la claridad y facilidad de lectura son esenciales.
Veracidad y objetividad	Tanto en su labor puramente informativa como en sus aspectos más expresivos y literarios, la narración de una noticia está guiada por dos valores esenciales: la veracidad y la objetividad. Ante todo, la noticia debe ser un relato fiel, detallado e imparcial de la realidad.

Modelo

A continuación verás dos formas de relatar la misma noticia. Una es puramente informativa, la otra profundiza más en los detalles y las implicaciones del suceso. Una no es mejor que otra, todo depende de cuánto espacio haya para la nota, de la intención del narrador y del público al que esté dirigida.

Reliquias prehispánicas halladas al excavar en el metro

Siete esculturas prehispánicas en piedra fueron halladas accidentalmente esta semana durante la excavación de la Línea 6 del metro en la Ciudad de México. Las piezas, que representan dioses del panteón azteca, se han preservado en excelente estado y serán transportadas al Museo Nacional de Arqueología para ser estudiadas.

Aquí se resumen los hechos esenciales casi desde el título.

Esta nota relata la misma noticia, pero suministra más detalles y recurre al testimonio directo de un protagonista.

El título y el primer párrafo son misteriosos y sugerentes. Buscan atraer al lector relatando la experiencia del hombre que halló las esculturas.

Las citas son una buena forma de darle immediatez al relato.

El descubrimiento se sitúa dentro de un contexto más amplio, sugiriendo temas de reflexión como la relación entre la modernidad y la historia.

Próxima estación: el pasado

En los quince años que ha trabajado como excavador en las obras del metro, Ezequiel García se ha topado con toda clase de cosas, desde restos humanos hasta una colonia de murciélagos. Pero lo que descubrió la semana pasada mientras trabajaba en la Línea 6 del metro no tiene precedentes.

"Sentí que la punta del taladro tocaba algo más firme", dice, "y paré y empecé a quitar la tierra con las manos". Lo que surgió de la oscuridad del túnel fue la espeluznante y sonriente cara de piedra de un dios azteca. Y eso fue solo el comienzo. Tras unos días de excavación, se descubrieron siete esculturas monumentales de más de dos metros de alto, preservadas casi intactas en el subsuelo por más de cinco siglos. Una vez que sean transportadas al Museo Nacional de Antropología, los expertos intentarán determinar qué figuras representan y por qué quedaron enterradas en ese sitio.

Aunque este nuevo hallazgo es particularmente especial, no es del todo insólito. Desde que en el Distrito Federal se empezaron a excavar túneles para el metro en 1967, han sido muchas las piezas y construcciones prehispánicas y coloniales halladas por accidente. Paradójicamente, un proceso de modernización urbana que podría parecer ir en contra del pasado histórico de la ciudad se convirtió en una exploración arqueológica. Los túneles del metro resultaron ser túneles del tiempo. "Dada la densidad de la ciudad, no hubiera sido posible cavar debajo de los edificios y llegar a estos lugares", dice Jorge Solórzano, uno de los arqueólogos que supervisa las obras del metro y que estará a cargo del estudio de este nuevo descubrimiento. Aunque es demasiado pronto para aventurarse a identificar el origen y el tema de las esculturas, Solórzano cree que la cara sonriente que espantó a Ezequiel García en el túnel es la de Mictlantecuhtli, el dios azteca de la muerte. "Estaba tan cómodo en su reino y le vinieron a construir una línea de metro", dice con ironía. Y cuando nosotros viajamos en metro, ¿qué otros dioses yacen tras los muros del túnel, viéndonos pasar?

✎⟟ Tema de composición

Elige uno de estos titulares y escribe un relato periodístico. No te limites a relatar los hechos: involucra al lector en los sucesos y explora sus causas y consecuencias. Si lo deseas, también puedes reescribir el titular.

1. "Extraño visitante sorprende a una clase de primer grado"
2. "La NASA anuncia nueva misión a Marte"
3. "Fin a un conflicto bélico de dos décadas"

■ Antes de escribir

Al escribir una noticia, hay ciertas preguntas básicas que debes plantearte antes de comenzar. ¿Para quién escribes? ¿Con qué intención? ¿Qué tan informado estará tu lector sobre el tema y cuánto tendrás que explicar? ¿Qué tipo de lenguaje y de vocabulario son apropidados para tu lector? Además, debes tener en cuenta otras cuestiones que son específicas de la narrativa periodística:

- ¿Cuáles son los datos esenciales que tu noticia debe relatar? Escribe una lista para que no se te olvide ninguno.

- ¿Cuáles son los distintos puntos de vista desde los que podrías narrar la noticia? ¿Desde qué ángulo conviene enfocarla? Por ejemplo, si quieres que la nota tenga un impacto emocional puedes elegir el punto de vista de una persona afectada por los hechos.

- ¿Llevarás a cabo entrevistas? De ser así, haz una lista de distintas personas a las que convendría entrevistar. Pueden ser expertos en el tema o gente directamente afectada.

■ Escribir el borrador

Al redactar la noticia, empieza por escribir todo lo que hayas averiguado sobre el evento sin preocuparte de que la estructura sea perfecta. Puede que no sepas hasta el final cómo empezará tu noticia. El primer párrafo puede ser el más difícil de escribir, ya que es el que debe atraer al lector (a menos que tu nota sea puramente informativa, en cuyo caso el primer párrafo debe contener simplemente todos los datos esenciales).

■ Escribir la versión final

Además de la revisión, edición y corrección de estilo que requiere todo tipo de redacción, el relato periodístico conlleva un particular trabajo de verificación que es de suma importancia.

- Lee tu artículo cuidadosamente. Cada vez que se presente un dato, una descripción o una afirmación, asegúrate de poder respaldarla. La noticia no debe contener nada inventado. Esta labor es tan importante que las revistas y periódicos tienen personal especializado (los *fact-checkers*) dedicado a revisar que todo el contenido sea fidedigno.

- La noticia no solo debe ser veraz, sino también objetiva. Asegúrate de no haber introducido opiniones personales o juicios de valor. A veces un simple adjetivo puede comunicar tu opinión personal sobre una persona o un suceso.

2C Carta de opinión

Todos podemos escribir cartas de opinión: no es necesario ser escritor profesional ni pretender un estilo exquisito para animarse a hacerlo. Se trata, sobre todo, de dar voz a algo que pensamos, sentimos o experimentamos y que fundamentalmente queremos comunicar. La sección llamada "Cartas de lectores" es una sección estable de los periódicos que da la oportunidad de opinar, expresar su punto de vista sobre algún tema de dominio público, agradecer una buena acción, denunciar algo o poner en conocimiento de todos algo que de otra forma podría pasar desapercibido.

Hay varios puntos que es preciso respetar a la hora de escribir una carta de opinión. En este caso, como en muchos otros, la impresión es lo que cuenta.

Objetivo	Desde el comienzo es importante decir por qué se escribe la carta: hay que establecer el propósito específico en el primer párrafo. En el resto de la carta se deben concentrar y resumir los argumentos en un texto con introducción, desarrollo y conclusión.
Tema	Toda la carta tiene que estar enfocada en el tema en cuestión desde el comienzo. De lo contrario, podría peligrar la atención del lector que, no encontrando un punto de interés en algo que a primera vista no le concierne, tal vez abandone la lectura de la carta por la mitad. El vocabulario de la carta debe ser sencillo y claro, y es preciso evitar las repeticiones y las generalizaciones.
Argumentos	El tema debe presentarse con argumentos que tengan un peso de objetividad en base a hechos o estadísticas comprobables. Si se apoya en los dichos de otras personas, sus palabras deben ser citadas con exactitud. Cuanto más preciso parezca lo expuesto, más fuerte y convincente resultará el argumento.
Tono	Más allá del argumento que expongas, el tono de la carta debe ser amable y gentil, con un lenguaje moderado y respetuoso, sin recurrir a sarcasmos, burlas o palabras de jerga que pueden ser malinterpretadas o que resulten difíciles de comprender.

Estas indicaciones te ayudarán a lograr el primer y esencial objetivo de la carta de opinión: atraer la atención, en primer lugar, del editor del periódico y, en segundo lugar, de los lectores.

También hay aspectos prácticos importantes:

- El periódico puede tener un límite de palabras o caracteres para esa sección; conocer esa información aumenta la posibilidad de que tu carta sea elegida.

- Es necesario incluir los datos personales con precisión, requisito exigido por los diarios para publicar las cartas de lectores y que sirve para avalar la opinión expresada.

- Si el tema de tu carta está vigente, tu carta tendrá más posibilidades de publicación y de conexión con los lectores.

Artículo de opinión

A continuación vas a leer un artículo periodístico, y luego leerás una carta de opinión sobre el artículo escrita por un estudiante.

Lo que sé sobre toros y toreros

Arturo Pérez-Reverte

Hace cosa de un mes, por una de esas emboscadas[1] que a veces te montan los amigos, anduve metido en pregones[2] y otros fastos[3] taurinos[4] sevillanos. Fue agradable, como lo es todo en esa ciudad extraordinaria; y quedé agradecido a la gente de la Maestranza, amable y acogedora. Pero todo tiene sus daños colaterales. Ayer recibí una carta desde una ciudad donde cada año, en fiestas, matan a un toro a cuchilladas por las calles, preguntándome con mucha retranca[5] cómo alguien que se manifiesta contrario a la muerte de los animales en general, y a la de los toros en particular, habla a favor del asunto. También me preguntan, de paso, cuánto trinqué[6] por envainármela[7]. Y como resulta que hoy no tengo nada mejor que contarles, voy a explicárselo al remitente. Con su permiso.

En primer lugar, yo nunca cobro por conferencias ni cosas así; considérenlo una chulería[8] como otra cualquiera. Las pocas veces que largo en público suelo hacerlo gratis, por la cara. Y lo de Sevilla no fue una excepción. En cuanto a lo de los toros, diré aquí lo que dije allí: de la materia sé muy poco, o lo justo. En España, afirmar que uno sabe de toros es fácil. Basta la barra de un bar y un par de cañas. Sostenerlo resulta más complejo. Sostenerlo ante la gente de la Maestranza habría sido una arrogancia idiota. Yo de lo único que sé es de lo que sabe cualquiera que se fije: animales bravos y hombres valientes. El arte se lo dejo a los expertos. De las palabras bravura y valor, sin embargo, puede hablar todo el mundo, o casi. De eso fue de lo que hablé en Sevilla. Sobre todo, del niño que iba a los toros de la mano de su abuelo, en un tiempo en que los psicoterapeutas, psicopedagogos y psicodemagogos todavía no se habían hecho amos[9] de la educación infantil. Cuando los Reyes Magos, que entonces eran reyes sin complejos, aún no se la cogían con papel de fumar y dejaban pistolas de vaquero, soldaditos de plástico, caballos de cartón y espadas. Hasta trajes de torero, ponían a veces.

Aquel niño, como digo, se llenó los ojos y la memoria con el espectáculo del albero[10],

---

[1]*traps, ambushes* [2]*proclamations* [3]*luxuries* [4]*bullfighting (adj.)* [5]**con mucha...** *subtly* [6]*stole; earned* [7]*for causing so much trouble* [8]*presumption* [9]*masters* [10]*type of bullfighting ring*

ampliando el territorio de los libros que por aquel tiempo devoraba con pasión desaforada: la soledad del héroe, el torero y su enemigo en el centro del ruedo. De la mano del abuelo, el niño aprendió allí algunas cosas útiles sobre el coraje y la cobardía, sobre la dignidad del hombre que se atreve y la del animal que lucha hasta el fin. Toreros impasibles con la muerte a tres centímetros de la femoral. Toreros descompuestos que se libraban con infames bajonazos[11]. Hombres heridos o maltrechos[12] que se ajustaban el corbatín mirando hacia la nada antes de entrar a matar, o a morir, con la naturalidad de quien entra en un bar y pide un vaso de vino. Toros indultados[13] por su bravura, aún con la cabeza erguida, firmes sobre sus patas, como gladiadores preguntándose si aún tenían que seguir luchando.

Así, el niño aprendió a mirar. A ver cosas que de otro modo no habría visto. A valorar pronto ciertas palabras —valor, maneras, temple, dignidad, vergüenza torera, vida y muerte— como algo natural, consustancial a la existencia de hombres y animales. Hombres enfrentados al miedo, animales peligrosos que traían cortijos[14] en los lomos[15] o mutilación, fracaso, miseria y olvido en los pitones[16]. El ser humano peleando, como desde hace siglos lo hace, por afán de gloria, por hambre, por dinero, por vergüenza. Por reputación.

Pero ojo. No todo fue admirable. También recuerdo las charlotadas, por ejemplo. Ignoro si todavía se celebran esos ruines espectáculos: payasos en el ruedo, enanos con traje de luces[17], torillos atormentados entre carcajadas infames de un público estúpido, irrespetuoso y cobarde. Nada recuerdo allí de mágico, ni de educativo. Quizá por eso, igual que hoy aprecio y respeto las corridas de toros, detesto con toda mi alma las sueltas de vaquillas[18], los toros embolados[19], de fuego, de la Vega o de donde sean, las fiestas populares donde un animal indefenso es torturado por la chusma[20] que se ceba[21] en él. Los toros no nacen para morir así. Nacen para morir matando, si pueden; no para verse atormentados, acuchillados por una turba de borrachos impunes. Un toro nace para pelear con la fuerza de su casta y su bravura, dando a todos, incluso a quien lo mata, una lección de vida y de coraje. Por eso es necesario que mueran toreros, de vez en cuando. Es la prueba, el contraste de ley. Si la muerte no jugase la partida de modo equitativo, el espectáculo taurino sería sólo un espectáculo; no el rito trágico y fascinante que permite al observador atento asomarse a los misterios extremos de la vida. Sólo eso justifica la muerte de un animal tan noble y hermoso. Ahí está, a mi juicio, la diferencia. Lo demás es folklore bestial, y es carnicería[22].

El Semanal - 04/05/2008

---

[11]*low thrusts* [12]*battered, mangled* [13]*pardoned* [14]*country estates* [15]*backs* [16]*tips of a bull's horns* [17]*bullfighter's outfit*
[18]**sueltas de…** *running of calves* [19]*with wooden balls on their horns* [20]*mob* [21]*takes a sadistic delight in* [22]*slaughter*

Modelo

Al leer la carta, presta atención a la exposición de los argumentos.

- ¿Sobre qué tema trata?
- ¿Cuál es el objetivo?
- ¿Cumple el requisito de brevedad y concentración?
- ¿Qué expresiones indican el tono de esta carta?
- ¿Qué cambiarías tú?

Señor director:

En *El Semanal* del 4 de mayo se publicó un artículo de Arturo Pérez-Reverte, gran escritor y periodista, con el que, sin embargo, no podría estar menos de acuerdo en esta ocasión. Para mi gran sorpresa, él alaba allí las corridas de toros y destaca que en la arena vemos el espectáculo de un hombre valiente enfrentándose a un toro que "nace para pelear con la fuerza de su casta y su bravura, dando a todos, incluso a quien lo mata, una lección de vida y de coraje".

Donde no se equivoca el ilustre escritor es al señalar que los toros son como gladiadores, porque, al igual que aquellos guerreros esclavos, están privados del derecho a vivir. Los toros no nacen para pelear, sino que son criados para morir dando el mejor espectáculo posible. Y la tortura sigue siendo tortura, aunque la rodeemos de palabras bellas como tradición, cultura, temple y dignidad.

En cuanto al arte, le diría humildemente al señor Reverte que, aunque no soy escritor como él, para mí, arte es creación y vida. Y eso es precisamente lo que brilla por su ausencia en la sangre que corre sobre la arena del ruedo, sea la del toro o la del torero.

Sarah Calera Cañón
Bilbao

Se deben señalar al comienzo la fecha y la fuente del artículo al cual se refiere la carta.

Al citar el artículo, usa comillas y las palabras exactas.

El uso del sarcasmo es un arma de doble filo (algunos pueden tener dificultad en comprender su verdadero sentido).

Es preferible no comenzar oraciones con conjunciones como **y**, **pero** y **porque**.

La conclusión de la carta con una reflexión le da fuerza al mensaje.

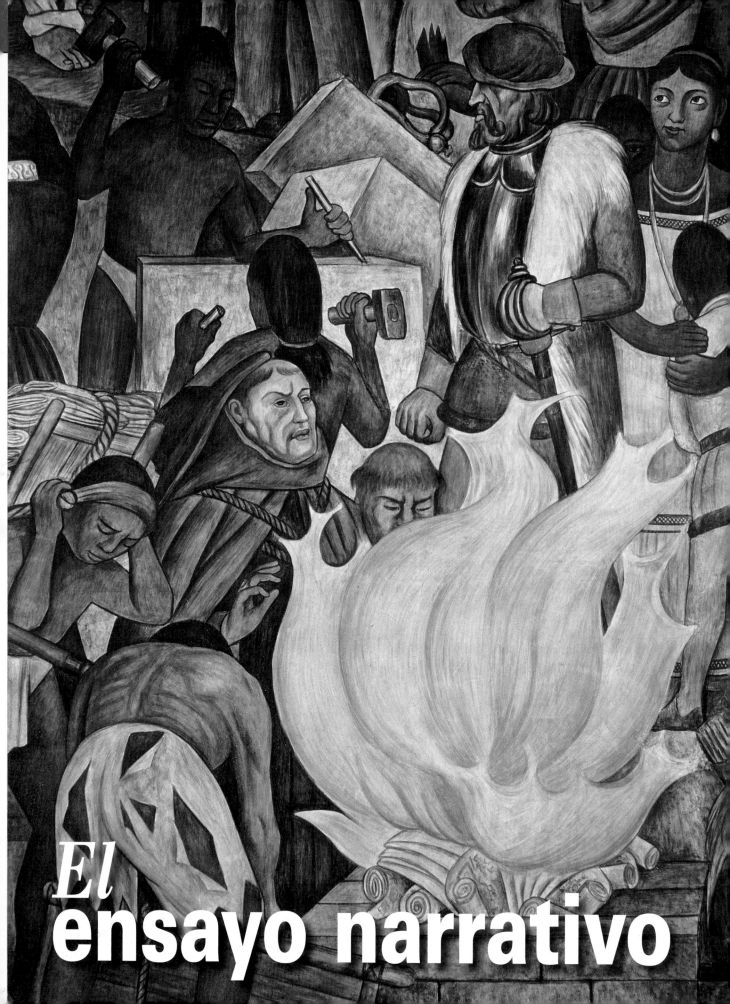

El ensayo narrativo

Lección

3

"El ensayo es la ciencia
sin la prueba explícita".
—José Ortega y Gasset

En el ensayo narrativo, el autor busca interpretar una serie de hechos y encontrarles un sentido desde un punto de vista determinado. Ya sea que se trate de un evento histórico, de sucesos de la actualidad o de un relato personal, el escritor debe recurrir a la investigación y a fuentes fiables, y debe desarrollar su relato de forma clara y coherente con el objetivo de persuadir al lector.

En esta lección, tendrás la oportunidad de narrar hechos históricos y utilizarlos como trasfondo para compartir o transmitir tu opinión.

Observa esta obra de Diego Rivera. ¿Quiénes son esas personas? ¿Qué están quemando? ¿Por qué?

EXPANSIÓN
*A Handbook of
Contemporary Spanish Grammar*
Chapters 1, 16, 20, 21, 28

LECTURA

Carlos Fuentes, escritor e intelectual mexicano nacido en 1928, es una de las voces más influyentes de la literatura latinoamericana. Es parte de la llamada generación del "boom", junto con otros escritores como Gabriel García Márquez, Julio Cortázar y Mario Vargas Llosa. Fuentes ha escrito cuentos, novelas, ensayos y obras de teatro. Su novela *La muerte de Artemio Cruz* (1963) explora la complejidad de la sociedad mexicana y las traiciones del poder. Su cuento largo *Aura* (1962) ha tenido una gran difusión y representa una contribución al realismo mágico. Además de escritor, Fuentes ha sido diplomático y profesor universitario y ha recibido numerosos premios literarios.

Su ensayo "Hernán Cortés", publicado en el año 2000, analiza la fascinante, cruenta y, a menudo, repudiada figura del conquistador español que fundó lo que se convertiría en una nueva nación mexicana. Fuentes siempre estuvo interesado en el análisis del poder político. Ya en la década de los sesenta había planeado junto con Julio Cortázar, Alejo Carpentier y otros escritores un libro (finalmente jamás escrito) titulado *Los padres de la patria*, en el que presentarían una galería literaria de distintos caudillos latinoamericanos. Como lo demuestra el ensayo sobre Cortés, Fuentes quiere capturar la complejidad y la realidad histórica de las figuras del poder sin exaltarlas, pero sin tampoco condenarlas de forma simplista. Solo así puede revelar las oscuras y tortuosas raíces en las que se funda la identidad mexicana y latinoamericana. ■

Hernán CORTÉS

El uso de la primera persona del plural crea una sensación de intereses y experiencias compartidas entre el escritor y su audiencia.

Cada párrafo contiene una idea u observación central. Esto le da claridad y fluidez al ensayo.

Presentar dos puntos de vista extremos para luego hallar el "justo medio" es una buena estrategia retórica.

Los mexicanos no hemos escatimado[1] homenajes a nuestra cultura colonial. Los misioneros Gantes, Motolinia y Bartolomé de las Casas, los escritores Bernardo de Balbuena y Sor Juana Inés de la Cruz, incluso los virreyes de la Nueva España, que cuentan con barrio propio y toda la cosa[2] en las Lomas de
5   Chapultepec, certifican que México es consciente del proceso histórico y cultural que, entre 1519 y 1810, forjó eso que podemos llamar «la nacionalidad» mexicana.

El gran ausente de estas nomenclaturas[3] es el conquistador Hernán Cortés. Un palacio en Cuernavaca, un busto y una calle secretos, marcan un paso que se diría invisible si no estuviese estigmatizado por las huellas[4] de la sangre, el crimen y
10   la destrucción. Hernán Cortés, en México, ha sido tradicionalmente olvidado o execrado[5] aunque a veces, también, elogiado[6]. La tradición liberal abjura de él, la conservadora lo exalta, pero el justo medio historiográfico es obra de un eminente escritor contemporáneo, José Luis Martínez, quien en 1990 publicó la más equilibrada biografía del conquistador.

---

[1] *skimped or stinted on* [2] *(colloquial Mexican expression) with all the trimmings* [3] *a list of names or words, nomenclature*
[4] *traces, footprints* [5] *execrated, condemned* [6] *praised*

A pesar de todo ello, Hernán Cortés sigue siendo un personaje vivo; la [15]
censura no logra matarlo y, acaso, el odio lo vivifica[7]. Cortés es parte de nuestro
trauma nacional. Lo execramos porque venció a los indios, destruyó una cultura
y demostró, sobradamente[8], la violenta crueldad de su carácter. Pero, en el fondo,
nos identificamos —criollos[9] y mestizos[10]— con la sociedad indohispana fundada
por el extremeño[11]. Voy más allá; los mexicanos modernos veneramos a los indios [20]
en los museos, donde no nos pueden hacer daño. Pero al indio de carne y hueso
lo despreciamos con crueldad más severa, por engañosa[12], que la batalla abierta
librada[13] por Cortés contra el imperio de Moctezuma Xocoyotzin[14].

Sin embargo, nos cuesta mucho, así sea a regañadientes[15], no admirar la épica
encarnada[16] por un hombre que, al frente de once navíos[17], quinientos soldados, [25]
dieciséis caballos y varias piezas de artillería, logró someter un imperio indígena
que se extendía del centro de México a la América Central. La quema de las naves,
la decisión de marchar hasta Tenochtitlan, la inteligencia política para advertir las
fisuras del imperio azteca y sumar descontentos en contra del autócrata
Moctezuma, todo ello identifica a Hernán Cortés con su tiempo, el renacimiento [30]
europeo, y su psicología, la del Príncipe maquiavélico. Realmente, la gesta[18]
mexicana de Cortés puede leerse como si el extremeño hubiese leído al florentino.

> El autor entremezcla opiniones y juicios de valor con pasajes puramente narrativos, lo que le da objetividad a sus argumentos.

"La conquista de México fue una catástrofe. Pero una catástrofe sólo es catastrófica [...] si de ella no nace nada que la redima".

Claro que *El Príncipe* no es
publicado hasta 1531,
después de consumada[19] la [35]
conquista de México. Pero
que la figura del político
maquiavélico ya estaba
presente en el aire del
tiempo, lo prueba, como [40]
nadie, Hernán Cortés.

Virtud, Fortuna y
Necesidad; los tres
términos capitales de la
política maquiavélica [45]
encarnan soberanamente[20] en Cortés. La fortuna[21] de Cortés es que su desembarco
en Veracruz coincide con la profecía del regreso del dios blanco, barbado y
bienhechor[22], Quetzalcóatl. El asombro[23] y el temor paralizan, por principio de
cuentas[24], al adversario indígena. La necesidad, dice Maquiavelo, puede limitar la
capacidad política, pero también acicatearla[25]. En el caso de Cortés, la necesidad de [50]
vencer a Moctezuma lo estimula como a un jugador de ajedrez. El extremeño
supera constantemente los azares[26] de la fortuna haciendo —literalmente— de
tripas corazón[27]. Si no persuade, traiciona. Si no traiciona, combate. Si no combate,
asesina. Las matanzas de Cholula son la más negra página de la biografía de Cortés.
La virtud, en fin, lo mueve a asumir la paradoja de amar lo que ha combatido, de [55]
destruir una civilización pero de fundar una nueva. La necesaria alianza con la
traductora indígena, doña Marina, *la Malinche*, se traduce, a su vez, en el símbolo
del mestizaje, base de la comunidad mexicana y augurio[28], hoy mismo, de lo que
será el siglo XXI.

La conquista de México fue una catástrofe. Pero una catástrofe sólo es [60]
catastrófica, advierte María Zambrano, si de ella no nace nada que la redima[29]. De

> El autor escribe sobre el pasado, pero resalta la importancia de su argumento para el presente y el futuro.

> En un ensayo es bueno demostrar que uno conoce lo que otros han dicho sobre el tema. Por eso Fuentes alude a otros pensadores como Martínez, Zambrano y Bernal Díaz del Castillo.

---

[7]*revitalizes him* [8]*full well* [9]*people of European descent born in colonial Latin America* [10]*people of mixed Spanish and Indian parentage* [11]*a person from the Spanish region of Extremadura, like Cortés* [12]*deceitful* [13]*waged* [14]*last of the Aztec emperors* [15]*reluctantly, unwillingly* [16]*embodied* [17]*vessels, ships* [18]*exploit or great deed* [19]*finished, accomplished* [20]*preeminently, fully* [21]*luck, chance, fortune* [22]*beneficent* [23]*amazement* [24]*to begin with* [25]*to spur it on* [26]*vicissitudes, chance events* [27]*(proverbial expression) plucking up courage* [28]*omen* [29]*to redeem it*

la conquista de México nacimos todos nosotros, ya no aztecas, ya no españoles, sino indo-hispano-americanos, mestizos. Hablamos castellano. Adaptamos, sincréticamente, la religión católica a nuestro universo sagrado. Nos apropiamos[30],
65 a través de España, de las costumbres helénicas, latinas, musulmanas y hebreas de la cuenca[31] del Mediterráneo. Somos los que somos porque Hernán Cortés, para bien y para mal, hizo lo que hizo.

Hay un tema final que quisiera tocar. Hernán Cortés era un «hombre nuevo», un producto de la naciente civilización urbana post-feudal de España. Ignoro si era
70 portador[32] de ese impulso democratizador que fue brutalmente arrestado[33] en Villalar en 1521[34]. No deja de ser llamativo[35]
75 que ese mismo año 1521, Cortés conquista la capital del imperio azteca y Carlos V derrota a las comunidades de Castilla.

> ## "Somos los que somos porque Hernán Cortés, para bien y para mal, hizo lo que hizo".

A veces es mejor sugerir una idea que afirmarla categóricamente, ya sea porque es difícil de demostrar o porque invita al lector a formar su propia opinión o a pensar en ello. ▶

80 ¿Perdieron las burguesías postmedievales españolas en Villalar y ganaron en México? Si así fue, si el hijo del molinero de Medellín y pasajero[36] alumno de Salamanca venció con su genio político y militar al imperio del Gran Tlatoani Moctezuma, no cabe duda de que, también, Cortés fue derrotado por la corona española. Cualquier veleidad[37] democrática o independentista en estos hombres de
85 Andalucía y Extremadura que le dieron al Habsburgo el dominio del mundo sin necesidad de que se desplazara de Flandes y de Castilla fue rápidamente aplastada[38] por el poder real. Cortés mismo no puede consolidar poder alguno en México. Los emisarios del rey lo acusan, lo humillan, lo desplazan y lo condenan a un melancólico ocaso[39].

El uso del presente ▶
histórico le da inmediatez a los hechos del pasado.

90 Pero los dos hijos de Cortés, los dos Martines, el Martín criollo hijo de Juana de Zúñiga y el Martín mestizo hijo de la Malinche, serán los protagonistas, en 1566, de la primera intentona[40] independentista de México. Es como si los hijos hubiesen querido cumplir el imposible destino del padre, Hernán Cortés, el Príncipe que no fue, el buen burgués condenado a esperar su hora histórica. Pero si ésta tardó en
95 llegarle a Hernán Cortés y los «hombres nuevos» de España, momento épico sí les perteneció; la virtud, la necesidad y la fortuna sí les sonrieron y si al cabo las tres les dieron la espalda, ¿quién, como escribió Bernal Díaz del Castillo, podría quitarles la memoria de aquellas jornadas de gloria? ■

El ensayo termina ▶
con una pregunta, lo cual es una conclusión menos categórica que invita al lector a seguir pensando.

---

[30]*We made... our own*   [31]*basin*   [32]*carrier, bearer*   [33]*stopped*   [34]*at the battle of Villalar, King Charles V crushed a popular revolt by citizens of Castile*   [35]*striking*   [36]*fleeting, temporary*   [37]*folly, caprice*   [38]*crushed*   [39]*decline*   [40]*attempt*

Después de leer

1 Comprensión Contesta estas preguntas con oraciones completas.

1. ¿Cuál es el "trauma nacional" al que se refiere Fuentes?

2. ¿Conocía Cortés las ideas de Maquiavelo sobre el poder y la política?

3. ¿Por qué dice Fuentes que Cortés fue "derrotado por la corona española"?

4. ¿Quién es la Malinche?

5. ¿Quién es Quetzalcóatl? ¿Qué relación tiene con Cortés?

2 Análisis En parejas, contesten estas preguntas.

1. ¿Cuál es la intención general de Fuentes en el ensayo? ¿Cómo quiere que pensemos en Cortés después de haberlo leído? ¿Qué actitud cree que deben tener los mexicanos ante esta figura histórica?

Desembarco de los españoles en Veracruz
Diego Rivera

2. Fuentes dice que Cortés es execrable por su crueldad, pero admirable por su habilidad política. ¿Crees que se puede juzgar la inteligencia y la habilidad de un personaje histórico independientemente del carácter moral de sus actos?

3. ¿Qué quiere decir Fuentes cuando afirma que "la virtud, en fin [...] mueve [a Cortés] a asumir la paradoja de amar lo que ha combatido, de destruir una civilización pero de fundar una nueva"? ¿En qué sentido piensa que Cortés "amó" lo que destruyó? ¿Por qué afirma que esto es una muestra de virtud?

4. Fuentes dice que el hombre nuevo representado por el conquistador español tuvo su momento épico, pero no su hora histórica. ¿A qué se refiere con "momento épico" y "hora histórica"? ¿Qué diferencia hay entre uno y otro? Si tuvieras la opción de vivir un momento épico o una hora histórica, ¿cuál preferirías?

3 Discusión En grupos de tres, contesten estas preguntas.

1. Fuentes alega que los mexicanos acusan a Cortés de haber conquistado a los indios, pero en realidad sienten por ellos un desprecio peor y más engañoso que el de los antiguos conquistadores. ¿Qué otros ejemplos se les ocurren, en su país o en otro, de este tipo de hipocresía histórica?

2. Para Fuentes, los orígenes de México son un violento "trauma nacional" que, sin embargo, se redime de alguna forma por la nueva civilización a la que da lugar. ¿Cuál dirías que es el "trauma nacional" de tu país? ¿Crees que este trauma también puede redimirse o que es un suceso sin ninguna virtud que habría sido mejor no tener que sufrir?

4 **Citas** En parejas, lean las citas y contesten las preguntas. Después, comparen sus respuestas con las de otra pareja.

> "La gente piensa demasiado históricamente. Viven con un pie siempre en el cementerio".
>
> —Aristide Briand, político francés

> "El Pasado yace sobre el Presente como el cadáver de un gigante".
>
> —Nathaniel Hawthorne, novelista estadounidense

> "El presente es la suma viviente de todo el pasado".
>
> —Thomas Carlyle, historiador y escritor escocés

> "Escribir la historia, como observó Goethe, es una forma de liberarse del peso del pasado... Escribir la historia nos libera de la historia".
>
> —Benedetto Croce, filósofo italiano

1. ¿Con cuál(es) de las citas están de acuerdo? ¿Por qué?
2. ¿Cuál es la actitud correcta hacia nuestro pasado histórico?
3. ¿Podemos decidir qué actitud adoptar hacia el pasado o es algo que nos determina y está fuera de nuestro control?

5 **Narración y argumento** El ensayo de Fuentes tiene partes puramente narrativas que resumen los hechos históricos y partes más especulativas en las cuales desarrolla y defiende un argumento sobre el significado de estos hechos.

- Busca en el ensayo tres afirmaciones que sean parte del argumento de Fuentes, ya sea que se trate de opiniones personales o de interpretaciones discutibles.

- Explica por qué te convence o no cada una de ellas en base a la evidencia que presenta el autor y a la lógica del argumento.

6 **Juicio histórico**

A. Elige un personaje histórico que te interese y piensa en qué actos y sucesos te enfocarías para analizar su vida y su legado. ¿Qué argumentos usarías para sostener que su legado fue benéfico o perjudicial? Piensa en las posibles objeciones de alguien que no comparte tu punto de vista para poder responderlas por anticipado.

B. Critica los actos de una figura histórica que te interese desde el punto de vista de alguien a quien le parecen negativos. Después alábalos (*praise them*) desde el punto de vista de alguien que los admira. Finalmente, júzgalos desde el "justo medio historiográfico".

7 **Composición** Elige una figura del presente (puede ser un político, un deportista, un artista o cualquier otra persona que te interese) e imagina que eres un(a) historiador(a) en el futuro. Escribe el primer párrafo de un ensayo sobre su vida y sobre el impacto que tuvo en la historia. No te limites a mencionar los hechos de su carrera: interpreta el verdadero significado de sus actos, como lo hace Fuentes con Cortés.

TALLER DE LENGUA

Léxico

3.1 Las conjunciones

- Las conjunciones son expresiones invariables que enlazan elementos sintácticamente equivalentes (conjunciones coordinantes) o que encabezan enunciados que dependen de la oración principal (conjunciones subordinantes).

> Raúl estudia filosofía **y** Lucía trabaja en un banco.
>
> Me molestó **que** no me lo dijeras.

- En la primera oración, la conjunción **y** enlaza dos oraciones de igual valor sintáctico para construir una oración mayor. En la segunda, la conjunción **que** encabeza la parte dependiente de la oración, subordinándola a la oración principal. Tanto las conjunciones coordinantes como las subordinantes se dividen en varios subgrupos.

Conjunciones coordinantes

Tipo	Usos	Ejemplos
Copulativas: **y, e, ni, que**	Enlazan dos elementos equivalentes para formar una oración mayor.	Vinieron los padres **y** los hijos. No fue a visitar a su tío **ni** me acompañó. Ella ríe **que** ríe.
Adversativas: **pero, sino, sino que, mas**	Contraponen de forma parcial o total dos partes de la misma oración.	Creo que son primos, **pero/mas** no estoy seguro. No llegué tarde porque perdí el autobús, **sino** porque me quedé dormido.
Disyuntivas: **o (bien), u**	Unen oraciones o palabras que expresan una elección entre opciones.	No sabe si caminar **o** ir en tren. Puedes escoger este **u** otro tema para tu tesis.

Conjunciones subordinantes

- La conjunción subordinante más común es **que**. Equivale al inglés *that*, pero no puede omitirse.

> Por favor, dime **que** lo harás.   Me parece **que** hoy va a nevar.

- Las conjunciones subordinantes se dividen en varias categorías.

Tipo	Usos	Ejemplos
Causales: **pues, porque, a causa de**	Encabezan oraciones subordinadas que indican causa, razón o motivo.	Sabía perfectamente de qué estaba hablando, **porque** estaba bien informado. Lo escuché detenidamente, **pues** me interesaba conocer su opinión.
Temporales: **cuando, antes (de) que, después (de) que, enseguida que**	Enlazan oraciones según su relación de precedencia en el tiempo.	Te llamaré por teléfono **después (de) que** terminemos de estudiar. Trataré de lavar el auto **antes (de) que** se haga de noche.
Concesivas: **aunque, por más que, a pesar de que**	Expresan una concesión o un consentimiento.	**Por más que** trabajes, nunca te harás rico. **Aunque** te disculpes mil veces, nunca te perdonará.

¡ATENCIÓN!

Cuando la palabra siguiente comienza por **i** o **hi**, se emplea **e** en lugar de **y**. Excepciones: la palabra siguiente comienza con **hi** + [vocal que forma diptongo con la **i**] (acero y hierro); la conjunción tiene valor interrogativo (¿**Y** Ignacio?).
Cuando la palabra siguiente comienza por **o** u **ho**, se emplea **u** en lugar de **o**.

¡ATENCIÓN!

Ciertas preposiciones se combinan con la conjunción **que** para introducir oraciones subordinadas.

a: Espero **a que** llegue.

con: Me conformo **con que** me llames una vez a la semana.

desde: Desde que vino, soy muy feliz.

Tipo	Usos	Ejemplos
Consecutivas: así que, por (lo) tanto, pues, conque, por consiguiente	Encabezan una oración subordinada que expresa una consecuencia de lo antes expresado.	Ya estamos todos; **por consiguiente**, comencemos la reunión. No has cumplido con tu parte del trato, **por (lo) tanto**, no puedes pedirnos nada.
Finales: para que, a fin de que	Encabezan una subordinada que indica propósito o finalidad.	**Para que** no te quejes más, te voy a conceder lo que me pediste. **A fin de que** no haya más problemas, hemos decidido no volver a verlos.
Modales: igual que, como, según, conforme, de la misma forma	Indican la forma o manera en que se produce la acción principal.	Realizó la tarea **según** le indicaron. Se viste **igual que** una estrella de cine.
Condicionales: si, en caso de que, a menos que, como, con tal de que, siempre y cuando	Encabezan subordinadas que dependen de la acción en la oración principal.	Te acompaño a la fiesta **con tal de que** me presentes a Juan. **Como** no me digas la verdad, me voy a enojar mucho.

¡ATENCIÓN!

Además de las conjunciones, también podemos unir oraciones mediante el uso de otras expresiones de transición que sirven como enlaces para introducir ideas (**como se puede ver, sin duda, al contrario, por ejemplo, al igual que, en cambio, en resumen, claro que,** etc.). Ver **pp. 111–112.**

Práctica

1 Completa las siguientes oraciones con la conjunción correcta.

1. ¿Puedes llamar a Ramón _____ (u/o) a Inés, por favor?

2. Ese pintor tiene mucho talento _____ (y/e) imaginación.

3. Ana esquía bien, _____ (pero/porque) no sabe nadar.

4. Pregunta por el doctor Barral _____ (y/o) la doctora Cava, si el primero está de vacaciones.

5. No solo llegaron tarde _____ (pero/sino/sino que) me insultaron.

6. Luis quiere un deportivo blanco _____ (porque/o/bien) rojo.

7. La cesta pesa bastante, _____ (e/pues/u) tiene naranjas.

8. Hoy vamos al teatro, _____ (e/ya que/u) Sara compró los boletos.

2 Completa el párrafo con conjunciones de la lista.

a causa del	de la misma forma	igual que	por más que	u
cuando	e	pero	porque	y

Los idiomas evolucionan (1)_____ que evolucionan la ciencia
(2)_____ la técnica. Hoy en día no hablamos el español
(3)_____ se hacía en la época de Cristóbal Colón o Calderón
de la Barca. Los idiomas evolucionan (4)_____ se enriquecen,
(5)_____ los avances de la ciencia aportan nuevas palabras
(6)_____ incorporan vocablos de otros idiomas (7)_____
no tienen uno equivalente. Esta evolución enriquecedora es positiva,
(8)_____ no tiene nada que ver con la degeneración de un idioma.

3 Escribe un párrafo usando al menos cinco de las conjunciones de la lista.

conforme	enseguida que	por lo tanto	siempre y cuando
e	para que	pues	u

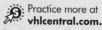

Léxico

3.2 ## Gentilicios y topónimos

- Los topónimos son los nombres propios de un lugar, de una ciudad, de un país o de una región. Los gentilicios, por su parte, son las palabras que nombran a la gente de un lugar, ciudad, país o región. Por ejemplo, la palabra **peruano** es el gentilicio del topónimo **Perú**.

- En español, a diferencia del inglés, los gentilicios se escriben con minúscula inicial.

    China → chino/a *Chinese*
    Uruguay → uruguayo/a *Uruguayan*

- Generalmente los gentilicios se forman añadiendo un sufijo a los topónimos.

-ense	-ano/a	-eño/a	-és/-esa	-ino/a; -íno/a
parisiense	colombiano/a	panameño/a	cordobés/cordobesa	bilbaíno/a
londinense	ecuatoriano/a	brasileño/a	barcelonés/barcelonesa	alicantino/a
nicaragüense	boliviano/a	salvadoreño/a	berlinés/berlinesa	florentino/a
costarricense	sevillano/a	hondureño/a	danés/danesa	granadino/a
canadiense	italiano/a	extremeño/a	finlandés/finlandesa	neoyorquino/a

- Algunos gentilicios son palabras totalmente diferentes a sus topónimos.

Topónimo	Gentilicio
Alcalá de Henares	complutense
Río de Janeiro	carioca
Dinamarca	danés/danesa

Topónimo	Gentilicio
Suiza	helvético/a
Puerto Rico	boricua
Buenos Aires	porteño/a

- Algunos topónimos tienen más de un gentilicio.

    Suiza → suizo/a, helvético/a
    Puerto Rico → puertorriqueño/a, boricua

- Otros gentilicios irregulares, al añadir su terminación correspondiente, provocan un ligero cambio en la raíz de su topónimo.

Topónimo	Gentilicio
Venezuela	venezolano/a
Cádiz	gaditano/a
Lugo	lucense

Topónimo	Gentilicio
Londres	londinense
Grecia	griego/a
Salamanca	salmantino/a

- Algunos topónimos idénticos tienen gentilicios diferentes.

    Santiago de Chile → santiaguino/a
    Santiago de Cuba → santiaguero/a
    Santiago del Estero → santiagueño/a
    Santiago de Compostela → santiagués, santiaguesa

¡ATENCIÓN!

La mayoría de los gentilicios varían en género y número, con la excepción de los terminados en **–a, -í** y **–e**, que varían solo en número.

un(a) marroquí
dos marroquíes

¡ATENCIÓN!

Aunque su uso sea opcional, se recomienda anteponer el artículo al nombre de aquellos países que tradicionalmente lo llevan en español, como en los casos de **la India, el Líbano, el Perú**, etc. También se debe anteponer el artículo a los topónimos que empiezan por una palabra que indica un tipo de división política o su forma de organización política: **los Países Bajos, los Emiratos Árabes Unidos, el Reino Unido, la República Dominicana**, etc.

¡ATENCIÓN!

Existen varios topónimos para referirse a las partes del continente americano.

Norteamérica/
América del Norte

Centroamérica/
América Central

Sudamérica/Suramérica/
América del Sur

- Cuando un lugar tiene ya un nombre establecido en español, se debe usar ese topónimo. Por ejemplo: **Florencia, Londres, Nueva York, Nueva Jersey, Carolina del Norte…**

- **México** y otros topónimos y gentilicios de origen mexicano deben escribirse con **x**. Esta **x** debe pronunciarse como una **j** y no **/ks/**. Existen algunas excepciones, como **jalapeño**. Asimismo, coexisten **tejano/a** y **texano/a**; sin embargo, es más común con **x**.

  México → mexicano/a
  Texas → texano/a, tejano/a
  Xalapa → xalapeño/a, jalapeño
  Oaxaca → oaxaqueño/a

¿Hispano, latino o latinoamericano?

- En Norteamérica, se alterna entre el uso de **hispano/a** o **latino/a** para referirse a las personas que provienen de países hispanohablantes. Ambos términos son correctos y la preferencia por uno u otro obedece a percepciones personales sobre diferencias entre ambas palabras. Fuera de Norteamérica, se recomienda el uso de **hispano/a**, ya que **latino/a** se refiere a todos los pueblos europeos y americanos que hablan idiomas derivados del latín.

- **Latinoamericano/a** se refiere a las personas de los países americanos de habla española, portuguesa y francesa, mientras que **hispanoamericano/a** se refiere exclusivamente a los países americanos de habla española. **Iberoamericano/a** abarca a las personas de los países americanos de habla española y portuguesa o puede incluir también a España y Portugal. Estas distinciones se aplican también a los topónimos correspondientes.

Práctica

1 Completa las siguientes oraciones con los gentilicios correctos.

1. La Universidad de Salamanca fue fundada en 1218. Los _____ presumen de tener la universidad más prestigiosa de España.

2. La economía _____ (Nicaragua) depende principalmente del turismo.

3. La mayoría de los _____ (Buenos Aires) son fanáticos del fútbol.

4. Los ciudadanos _____ (Dinamarca) gozan de un nivel de vida superior al resto de los europeos.

5. Desde 1989 los _____ (Berlín) disfrutan de una ciudad sin divisiones.

6. Se dice que los _____ (Nueva York) viven en la ciudad que nunca duerme.

7. Los _____ (Barcelona) están muy orgullosos de la arquitectura modernista de la ciudad.

8. Jorge Icaza era un conocido escritor _____ (Ecuador).

2 Escribe un párrafo en el que informas de noticias internacionales. Utiliza al menos cinco gentilicios y cinco topónimos.

Estructuras

3.3 Passive constructions

- In Spanish, as in English, you can express an action in both active and passive constructions.

  > Los aztecas **fundaron** Tenochtitlan. (*active*)
  > Tenochtitlan **fue fundada** por los aztecas. (*passive*)
  > ¿Sabes en qué año **se fundó** Tenochtitlan? (*passive*)

- Active constructions emphasize the agent (**el agente**), the person or thing that carries out an action. In contrast, passive constructions emphasize the action itself, rather than the agent. The passive voice states that a subject is *receiving* the action, rather than *doing* the action.

  > Carlos Fuentes escribió el artículo.

  > El artículo fue escrito por Carlos Fuentes.

- Spanish has several ways to express passive actions. In this lesson, you will learn about the passive voice with **ser** and passive constructions with **se**.

- Using passive constructions can be an important technique in writing. The choice between using the active voice and a passive construction defines whether or not the writer is assigning agency—responsibility—for an action. If an action is tied closely to the heart of an argument, using the active voice might be more appropriate; if an action is background information or if the writer wishes to state something but not necessarily focus on it or defend it, using a passive construction is more appropriate.

The passive voice with *ser*

- The passive voice with **ser** is formed by combining **ser** with the past participle of another verb. In this construction, **ser** agrees with the noun receiving the action.

  > agrees with **naves**
  >
  > Fuentes dice que todas las naves **fueron quemadas**.

  > agrees with **mensaje**
  >
  > El mensaje **fue enviado** a Tlaxcala al día siguiente.

- Notice that the past participle (**el participio**) of the main verb must agree in gender and number with the noun receiving the action.

  > Una **crónica** muy famosa de la conquista fue **escrita** por Bernal Díaz.

- Use **por** to indicate the agent in passive constructions with **ser**.

  > Este ensayo fue escrito **por** Carlos Fuentes.
  > Los aztecas fueron traicionados **por** sus aliados.

¡ATENCIÓN!

To form the past participle, drop the infinitive ending (**-ar, -er, -ir**) and add these endings:

-ar verbs ⟶ **-ado**
-er verbs ⟶ **-ido**
-ir verbs ⟶ **-ido**

Remember that a number of common verbs have irregular past participles:

abrir ⟶ abierto
decir ⟶ dicho
escribir ⟶ escrito
hacer ⟶ hecho
poner ⟶ puesto

To review past participle formation, see **pp. 210–229**.

¡ATENCIÓN!

The passive with **ser** is less common in Spanish than in English. It is generally used in formal speech and written language.

- The passive with **ser** is used most frequently in the preterite, future, and perfect tenses.

  El discurso **fue traducido** por la Malinche.

  Los mapas de Tenochtitlan **serán examinados** por los archivistas.

  ¿De verdad **ha sido olvidado** Hernán Cortés?

- It is rarely used with imperfect, present, or continuous tenses, except when the present tense expresses a timeless, ongoing action, or the historical present.

  Los **eventos** de la Noche Triste **son recordados** por todos los mexicanos.

- Note the difference in meaning between the passive with **ser** and verbal periphrasis **estar** + *participle*. The passive with **ser** expresses an action. In contrast, **estar** + *participle* indicates a resulting state or condition.

  Los mensajes al emperador **fueron escondidos** por los soldados.

  Los mensajes al emperador **estaban escondidos** dentro de la pared.

- The passive with **ser** is never used with an indirect object. Instead, Spanish uses other constructions to express the idea of something being done to someone.

  English: *He was told the legend of Queztalcoátl.*

  Spanish equivalents: Le contaron la leyenda de Quetzalcoátl.

                           Se le contó la leyenda de Quetzalcoátl.

- **Quedar(se)** and **resultar** can also be used in passive constructions. Unlike **ser** with a participle, these two verbs stress more the condition or result that arose from the event, rather than the event itself.

  Los soldados **quedaron asombrados** al ver la gran ciudad de Tenochtitlán.

  Miles de personas **resultaron heridas** en las matanzas de Cholula.

Passive constructions with *se*

¡ATENCIÓN!

Passive constructions with **se** can only be formed with transitive verbs, never intransitive verbs. You will learn more about the difference between transitive and intransitive verbs when you study the impersonal **se** on **p. 153**.

- Passive constructions with **se** are another way to express passive actions. Place the pronoun **se** before the third-person singular or plural of a transitive verb. The verb always agrees with the noun receiving the action.

  agrees with **piezas**

  Más **piezas** aztecas **se hallaron** en el palacio. (*plural*)

  agrees with **pieza**

  La **pieza** más grande, una máscara de oro, **se exhibe** en el Museo de Antropología. (*singular*)

- Passive constructions with **se** are more common in everyday, informal speech than is the passive voice with **ser**.

  Muchos objetos aztecas **se hallaron** en las ruinas.

- The agent is never expressed in these constructions; it is considered unimportant or unknown. The construction **por** + *agent* cannot be used.

  Mucho ha cambiado desde que América **fue descubierta por Colón**.
  A lot has changed since the American Continent was discovered by Columbus.

  Mucho ha cambiado desde que **se descubrió** América.
  *A lot has changed since the American Continent **was discovered**.*

- To understand the similarities and differences between active and passive constructions, compare these examples.

Active	Passive voice with *ser*	Passive with *se*
Hernán Cortés **fundó** la sociedad indohispana en 1519.	La sociedad indohispana **fue fundada** por Hernán Cortés en 1519.	**Se fundó** la sociedad indohispana en 1519.
Cortés **aprovechó** las tensiones entre los pueblos del imperio azteca.	Las tensiones entre los pueblos del imperio azteca **fueron aprovechadas** por Cortés.	**Se aprovecharon** las tensiones entre los pueblos del imperio azteca.

- When nouns refer to people or are viewed as animate, the passive **se** may be confused with the reciprocal **se** or the reflexive **se**. This confusion can lead to ambiguity in Spanish.

Spanish	English equivalents
Según Fuentes, ¿**se desprecian** o **se veneran** los indígenas?	*According to Fuentes, are the indigenous people despised or revered?* (passive)
	According to Fuentes, do the indigenous people despise or revere themselves? (reflexive)
	According to Fuentes, do the indigenous people despise or revere one another? (reciprocal)

- In cases such as these, use the impersonal construction **se** + *transitive verb in the singular* + *personal* **a** + *noun*.

> Según Fuentes, **se desprecia a los indígenas**.
> *According to Fuentes, the indigenous peoples are despised.*

Práctica

1 Completa las oraciones con la voz pasiva con **ser**, usando el verbo entre paréntesis. En algunos casos, hay más de un tiempo verbal posible.

> Modelo   Según Fuentes, Cortés _____ (olvidar) por los mexicanos.
> *Según Fuentes, Cortés **es / ha sido / fue olvidado** por los mexicanos.*

Fuentes escribe que la cultura indígena (1) _____ (destruir) cuando llegaron los españoles. Él opina que la crueldad de Cortés (2) _____ (demostrar) por sus acciones. Algunos opinan que al principio Cortés (3) _____ (recibir) como un dios azteca. Todos sus discursos a los aztecas (4) _____ (traducir) por doña Marina, conocida como la Malinche. Según Fuentes, con la llegada de Cortés, una civilización (5) _____ (derrumbar) y otra nueva (6) _____ (crear). Por ejemplo, la religión católica (7) _____ (adaptar) a las creencias indígenas. La gran ciudad de Tenochtitlan (8) _____ (conquistar) en 1521 y sus palacios y templos (9) _____ (quemar). Fuentes añade que Cortés también (10) _____ (derrotar) por la corona española. Cortés (11) _____ (condenar) por los emisarios del Rey. Sin embargo, los relatos de la conquista todavía (12) _____ (leer) hoy en día.

¡ATENCIÓN!

An infinitive or a noun clause can be the subject of a passive construction with **se**.

Se permite **tomar fotografías**.

Se comenta **que abrirán un nuevo museo**.

¡ATENCIÓN!

Notice that in this case the verb is singular, even if the noun it refers to is plural. See **pp. 152–153**.

2 Reescribe estas oraciones usando la voz pasiva con **ser**.

Modelo   En noviembre de 1519, los soldados españoles encarcelaron a Moctezuma.
En noviembre de 1519, Moctezuma fue encarcelado por los soldados españoles.

1. En 1502, los aztecas nombraron emperador a Moctezuma.

2. Los españoles conquistaron Cuba entre 1511–1514 y establecieron una fortaleza allí.

3. En 1517, los habitantes del imperio azteca observaron varios presagios de catástrofe.

4. Cortés desobedece las órdenes del gobernador de Cuba y sale para México en febrero de 1519.

5. Después de llegar a Cempoala en junio de 1519, los españoles quemaron sus naves.

6. En octubre de 1519, los españoles masacraron a miles de personas en Cholula.

7. En mayo de 1520, el gobernador de Cuba mandó un ejército a México para quitarle el poder a Cortés.

8. En junio de 1520, murió Moctezuma. No se sabe quién lo mató.

9. El 30 de junio de 1520, los españoles abandonaron Tenochtitlan.

10. En mayo de 1521, los españoles asediaron la capital.

3 Eres director(a) de un museo. Explica lo que sucede allí usando la pasiva con **se**, las palabras dadas y tus propias ideas para formar oraciones.

Modelo   libros sobre la conquista / vender / en ¿? (*lugar*)
Se venden libros sobre la conquista en la librería./
Los libros sobre la conquista se venden en la librería.

1. collares y máscaras de oro / exhibir / en ¿?

2. película sobre Cortés / dar / a las ¿? (*hora*)

3. visitas guiadas / ofrecer / en ¿? (*idiomas*)

4. pinturas coloniales / restaurar / en ¿?

5. bailes indígenas / presentar / a las ¿?

6. exposición / promocionar / en ¿? (*lugar*)

7. salones principales / abrir / todos los días menos ¿?

8. teléfonos celulares y cámaras / prohibir / en ¿?

9. cafetería y restaurante / abrir / a las ¿?

10. hablar alto / no permitir / ¿?

4 En grupos de tres, preparen el texto para el folleto informativo de un museo. El folleto debe incluir lo siguiente:

- una descripción del museo que use la voz pasiva con **ser** y construcciones pasivas con **se**

- las reglas del museo, usando construcciones pasivas con **se**

Modelo   *El museo fue fundado en...*
En la sala..., se exhiben...
Se prohíbe fumar.

Estructuras

3.4 **The future and the conditional**

- In Spanish, as in English, the future (**el futuro**) is used to make predictions, and the conditional (**el condicional**) is used to form speculations.

The future

- The future tense is used to express what will happen.

   ¿Cuándo **llegarán** los españoles a Tenochtitlan?
   Un equipo de arqueólogos de la UNAM **estará** a cargo de las excavaciones.

- **Si** clauses in the present tense can be combined with clauses in the future to express probability.

   Si vamos a Tlaxcala, **veremos** las ruinas, ¿no?

- In informal, everyday speech, the simple present tense or **ir** + **a** + *infinitive* are used to express future events. This is especially true when the event is already scheduled, or will be happening within a known time frame. Time markers such as **luego, mañana, este fin de semana,** etc. are used with the simple present to show that it refers to a future event.

   Vamos esta tarde a la Plaza de las Tres Culturas.
   ¿Vas a terminar la lectura sobre Cortés para **mañana**?

- The most common use of the future tense in spoken Spanish is to express an assumption, prediction, or speculation about an event in the present. In this usage, the future conveys the idea of *I wonder..., I bet..., It must/might be..., It's probably...,* etc.

   ¿Cuántas piedras **habrá** en la Pirámide del Sol?
   *I wonder how many stones **there are** in the Pyramid of the Sun.*
   Esa pieza de allí **será** de los aztecas, ¿no crees?
   *That item there **is probably** from the Aztecs, don't you think?*

- Note that future perfect is frequently used to make assumptions or conjectures about what happened.

   —¿Dónde **estará** Fernando?
   —*Where **could** Fernando **be**?*
   —No sé, **se habrá ido** al Templo Mayor con el resto del grupo.
   —*I don't know; **he must have gone** to the Templo Mayor with the rest of the group.*

- To talk about a future event from the point of view of the past, use the conditional or **ir** + **a** + *infinitive* in the imperfect. Compare the following examples:

   Moctezuma **dice** que los españoles **se quedarán** en el palacio.
   *Moctezuma **says** that the Spaniards **will remain** in the palace.*

   Moctezuma **dijo** que los españoles **se quedarían/se iban a quedar** en el palacio.
   *Moctezuma **said** that the Spaniards **would remain/were going to remain** in the palace.*

¡ATENCIÓN!

To review future and conditional tense formation, see **pp. 210–229**.

The conditional

- The conditional is used to say what would happen or what someone would do under certain circumstances.

    > Me **gustaría** saber más sobre los aztecas.
    > **Sería** interesante ver los códices aztecas sobre estos eventos.

- It is very commonly used in clauses with **si** + *imperfect subjunctive* to make hypothetical or contrary-to-fact statements.

    > **Si pudieras** regresar al pasado, **¿querrías** vivir durante la época de la conquista?
    > ¿Qué le **dirías** a Cortés **si pudieras** hablar con él?

- The conditional is also used to express an assumption, prediction, or speculation about an event in the past. In this usage, the conditional conveys the idea of *I wonder…, I bet…, It must have been/It would have been…, It was probably…,* etc.

    > Para construir sus pirámides, los aztecas **necesitarían** a miles de trabajadores, ¿no?
    > *To build their pyramids, the Aztecs **would have needed** thousands of workers, don't you think?*

    > ¿Cómo **moverían** piedras de ese tamaño sin la rueda?
    > *How **could they have moved** stones of that size without the wheel?*

    > ¿Cuántas personas **morirían** a causa de la conquista?
    > *How many people **must have died** because of the conquest?*

- The conditional of **poder, deber,** and **querer** frequently expresses polite requests, and is used to soften commands.

    > **¿Podría** usted explicarme cómo se va a la Plaza de las Tres Culturas?
    > **Deberías** leer más sobre la conquista antes de formular tus opiniones.

- You can also use the conditional to talk about a future event from the point of view of the past. Compare these examples.

    > ¿Piensas que los aztecas **van a derrotar** a los españoles?
    > ¿Pensabas que los aztecas **derrotarían** a los españoles?

- To talk about something that could have happened but did not, use the conditional perfect.

    > Los aztecas **habrían derrotado** a los españoles.
    > Él no **habría vendido** esa piedra al museo si hubiera sabido el valor que tenía.

- The conditional perfect may also express conjecture or probability about a past event.

    > ¿Los aztecas **habrían conquistado** a los españoles si hubieran tenido avances navales sofisticados?
    > En ese caso, quizá sí que los **habrían conquistado**.

¡ATENCIÓN!

You will learn about **si** clauses on **pp. 155–156.**

Práctica

1 Completa cada predicción con el futuro del verbo entre paréntesis.

1. Unos hombres blancos y altos _____ (venir) del Este.

2. Ellos _____ (salir) del mar y _____ (traer) palos que echen humo.

3. Los mensajeros _____ (llegar) con sus demandas.

4. Entonces los enemigos de los aztecas _____ (armarse) para la guerra.

5. Tú _____ (intentar) salvarte, pero no _____ (poder).

6. Nosotros les _____ (entregar) oro, plumas y joyas a los hombres, pero eso no _____ (ser) suficiente.

7. Nadie _____ (escaparse) del peligro.

8. Casi todos nosotros _____ (morirse).

9. Yo nunca _____ (volver) a ver a mi esposa y a mis hijos.

10. Nuestra civilización _____ (desaparecer) para siempre.

11. Pero de español y azteca, _____ (haber) una nueva raza.

12. Nosotros _____ (sobrevivir) en nuestros descendientes.

2 Un grupo universitario está organizando un viaje a la Ciudad de México. ¿Qué podrían hacer todos allí? En parejas, escriban ocho oraciones combinando un elemento de cada columna. Usen el condicional y el condicional perfecto.

Modelo   *Mi novio y yo **subiríamos** la Pirámide del Sol.*

yo	poder ir a	Xochimilco
la profesora de español	leer	**Pirámide del Sol**
mis compañeros	visitar	**Plaza de las Tres Culturas**
mi mejor amigo/a	subir	**Templo Mayor**
mi novio/a y yo	explorar	**Museo Nacional de Antropología**
todos nosotros	estudiar	**códices aztecas**
los guías	viajar a/con	**clase de náhuatl**
tú	conocer (a)	**el calendario azteca**
el profesor de historia	sacar fotos de	**tumba de Hernán Cortés**
	tomar	**trono de Moctezuma**
	hacer una excursión a	**monumento al lugar de encuentro de Moctezuma y Cortés**

3 Imagina que eres azteca o español(a) y que estás en Tenochtitlan en 1519. ¿Qué harías? ¿Cómo te sentirías? Escribe cinco oraciones para cada categoría. Usa verbos del recuadro conjugados en el condicional.

Modelo   *Si fuera azteca, trataría de defender a mi familia.*

buscar	ir	pedir	querer	sentirse
decir	luchar	pensar	saber	tener
enfermarse	morir	poder	salir	tratar de

- Si fuera azteca…
- Si fuera español(a)…

TALLER DE ESCRITURA

3A La narración de un evento histórico

La narración de un evento histórico comparte ciertas características esenciales con otros tipos de narración: presenta una serie de hechos y describe lo más vívidamente posible a los personajes y ambientes involucrados. Como el relato periodístico, se esfuerza por brindar una versión objetiva e imparcial de lo sucedido.

Dado que el historiador no es un testigo ocular de los hechos, debe elaborar su narración a partir de una cuidadosa labor de investigación histórica. Por otra parte, el historiador se esfuerza por comprender el *porqué* de los hechos, situándolos dentro de una visión más panorámica de sus causas y efectos.

Estos son algunos aspectos que hay que tener en cuenta al narrar un evento histórico.

Los hechos	La base de toda narración histórica es una serie de acontecimientos que el autor describe y explica. La presentación de los hechos debe ser lógica y orgánica: no un mero listado de fechas y actos, sino una verdadera narrativa que vaya guiando al lector paso a paso.
El argumento	La narración de un evento histórico puede ir más allá de la descripción de los hechos, elaborando un argumento implícito o explícito sobre su significado. El historiador hace preguntas específicas y desarrolla una tesis que las responde. Por ejemplo, "la conquista europea de América" es un tema demasiado amplio para una narración histórica, pero se puede enfocar mediante preguntas de este tipo: • "¿Cómo pudo Cortés, al mando de solo quinientos hombres, conquistar todo un imperio indígena?" • "¿En qué difería la mentalidad de los colonos ingleses en lo que hoy es Estados Unidos de la de los colonos españoles en lo que hoy es Latinoamérica?" Estos son temas más específicos y razonables sobre los cuales se puede presentar un argumento al lector.
Las fuentes	Toda narrativa histórica debe estar basada en una meticulosa investigación de fuentes primarias y secundarias. Las fuentes primarias son contemporáneas a los sucesos (diarios, cartas y escritos de gente que participó en ellos, o reportes periodísticos de la época). Las fuentes secundarias son los libros y ensayos de historia que se han escrito sobre el tema desde que ocurrió. Toda fuente primaria o secundaria que emplees debe ser citada explícitamente, ya sea mediante una mención dentro de la narración o mediante notas a pie de página (ver **pp. 194–195**). De otra forma estarás plagiando el trabajo de otra persona.
La descripción	Un buen relato histórico no es una simple lista de incidentes, sino una verdadera narrativa que los describe vívida y memorablemente. Se puede hablar de una "imaginación histórica" que intenta darle vida al pasado, comunicándole al lector la realidad concreta de los hechos: lo que vio, escuchó, pensó y sintió la gente de esa época. Sin embargo, toda reconstrucción histórica debe estar basada en fuentes primarias y secundarias. El historiador, a diferencia del novelista, no debe nunca inventar.
Tono y vocabulario	En la narración de un evento histórico se emplea por lo general un lenguaje más elevado, formal y académico que en la narrativa personal o periodística de un evento. Esto no quiere decir que el lenguaje debe ser apático y aburrido. Por el contrario, es importante comunicarle al lector lo importantes y emocionantes que son los hechos que se relatan, pero manteniendo siempre un tono serio.

Modelo

Los siguientes párrafos son la introducción de una narración sobre un evento histórico. ¿Te parece bien escrita? ¿Por qué? Presta atención al uso de las fuentes y a la organización lógica y temporal de la narrativa.

La llave del cielo: Galileo y el telescopio

En agosto de 1609, el matemático pisano Galileo Galilei le demostró a un grupo de senadores venecianos cómo utilizar un nuevo instrumento óptico que él mismo había construido a partir de rumores y descripciones de su invención en Holanda. Dentro de un delgado tubo de plomo había un lente cóncavo y otro convexo que permitían, como por arte de magia, que uno viera cosas lejanas como si estuvieran cerca. A los venecianos les gustó la idea: con uno de estos "telescopios", sus barcos en alta mar podrían divisar al enemigo sin ser vistos.

Sin embargo, el verdadero impacto del nuevo instrumento no sería tanto militar como científico. Unas semanas después de su demostración, Galileo esperó a que cayera la noche y apuntó hacia el cielo una versión mejorada del telescopio. Esa noche, y durante las siguientes semanas, realizó sorprendentes descubrimientos: la Luna no era una esfera pulida e inmaculada (como se había supuesto desde que Aristóteles dividió el universo en un mundo "sublunar" e imperfecto y un cielo completamente regular y eterno), sino que tenía un rugoso cutis de valles y montañas. Venus presentaba fases crecientes y menguantes. Pero lo más asombroso era que Júpiter tenía sus propios satélites, algo que contradecía las antiguas teorías astronómicas y parecía favorecer la hipótesis heliocéntrica de Copérnico. "Doy infinitas gracias a Dios", escribe Galileo en su breve *Mensajero Celeste* de 1610, "que le haya complacido hacerme el primer observador de una cosa admirable oculta por tantos siglos".

El telescopio, como señala el historiador John North en su libro *Cosmos*, no surgió de la nada. Mucho antes de Galileo se había observado que las gotas de agua y algunos fragmentos de vidrio pulido aumentaban el tamaño de los objetos. Los fabricantes de anteojos habían usado lentes convexos desde el siglo XIII. Lo que no se había logrado era un instrumento tan sofisticado como para observar objetos celestes. Incluso, cuando los primeros telescopios se difundieron por Europa a comienzos del siglo XVI, muchos los apuntaron al cielo sin conseguir los resultados de Galileo. De hecho, el genio de Galileo no consistió tanto en *ver* cosas nuevas, sino en *interpretarlas* desde una nueva perspectiva científica.

El autor comienza por un primer momento histórico que ubica al lector y sirve como punto de referencia.

La transición del primer al segundo párrafo es temporal ("unas semanas después"), pero también lógica ("sin embargo...") y toma en cuenta las consecuencias del evento.

El libro de Galileo es una fuente primaria; el de North, secundaria. Una fuente puede citarse entre comillas o su argumento puede mencionarse en términos generales.

Observa el uso del pluscuamperfecto para establecer hechos previos al momento histórico que describe la narración.

A medida que continúe, la narración tendrá que definir más claramente el ángulo desde el cual narra el suceso histórico. ¿Es un episodio en la historia de la astronomía? ¿Del telescopio? ¿De la vida de Galileo? ¿De la revolución científica?

❧ Tema de composición

Elige un suceso histórico dentro de una de las siguientes categorías y escribe los primeros párrafos de una narración que lo relate.

1. Un viaje histórico (por ejemplo: el viaje de Colón, el primer viaje a la Luna, el primer viaje en llegar al Polo Sur, etc.)
2. Un gran descubrimiento
3. Una catástrofe natural o humana

■ Antes de escribir

La narración de un evento histórico requiere más preparación e investigación que otros tipos de narraciones. Piensa en lo siguiente antes de empezar a escribir:

- ¿Cuál es tu tema? Más allá del evento histórico sobre el cual quieres escribir, ¿qué preguntas específicas y qué posibles argumentos podrías elaborar?

- ¿Desde qué ángulo abordarás el tema para que tu narración sea coherente y esté bien enfocada? Por ejemplo, la historia de los viajes espaciales es un tema demasiado general para una narración, pero puedes escribir sobre el primer viaje a la Luna o sobre la experiencia de un astronauta en particular. Es probable que no descubras tu tema o argumento específico sino hasta haber hecho bastante investigación, pero es importante estar a su búsqueda desde el principio.

- ¿Qué fuentes primarias y secundarias vas a emplear? La calidad de tus fuentes determinará en gran medida la calidad de tu narración: sin buenas fuentes, el lector no tiene ningún motivo para creer en tu relato o en tu argumento. Internet es un buen sitio para empezar tu investigación, pero no para concluirla. Busca libros y artículos. Evalúa tus fuentes del mismo modo que el lector juzgará tu narración: ¿Por qué son dignas de confianza? ¿Qué evidencia presentan?

Al leer fuentes primarias y secundarias, toma nota con cuidado de toda oración o idea que pienses usar como evidencia y del libro o artículo donde la encontraste. Puedes usar fichas bibliográficas (*index cards*) o un documento en tu computadora. De otra forma, al escribir, habrá ideas que quieras usar sin poder recordar dónde las encontraste, lo cual te expone al plagio.

Usa este cuadro para organizar tus ideas antes de comenzar a escribir.

Tema	
Preguntas que hay que responder	
Fuentes	

■ Escribir el borrador

Puede ser útil hacer una lista de los hechos esenciales que quieres presentar en tu narración para no dejar ninguno fuera. Sin embargo, no te dejes aprisionar por el orden cronológico. La narrativa histórica puede emplear *flashbacks*, empezando por un episodio sorprendente para capturar la atención del lector y luego trazando el curso de los eventos que llevó hasta este momento. La historia no es una rígida cadena de hechos, sino una vasta red de sucesos interconectados.

Presta particular atención a las frases y conjunciones que empleas al pasar de un párrafo de tu narración a otro. Si todas son puramente temporales ("después... después... después"), es probable que estés escribiendo una lista de eventos y no una verdadera narrativa histórica. La transición debe ser lógica ("debido a esto...", "el resultado de esta decisión fue...").

■ Escribir la versión final

Lee tu narración y asegúrate de que toda afirmación que hayas incluido esté bien fundamentada por fuentes primarias o secundarias. ¿Has inventado sin darte cuenta algún detalle? ¿Has dado por sentado que algo es cierto solo porque lo leíste en alguna parte?

Revisa tu narración para asegurarte de no haber cometido ningún plagio. Si empleaste las ideas u observaciones de otros autores, siempre debes mencionar la fuente.

Si incluyes como evidencia oraciones o párrafos escritos por otros autores, deben aparecer entre comillas, con una nota a pie de página que explique dónde las encontraste (ver **3.6 Las citas, pp. 90–91**, y **6.6 Notas y referencias bibliográficas, pp. 194–195**). La regla general es la siguiente: si afirmas algo que es de conocimiento público (por ejemplo, "Alejandro Magno nació en el año 356 a.C."), no es necesario citar la fuente.

Si afirmas algo que es la idea u observación de un autor en particular, debes mencionar la fuente ("Alejandro Magno, como afirma el historiador José Pellegrini en su libro *Imperio y civilización*, no fue solo un conquistador, sino alguien que difundió la cultura griega por todo el Mediterráneo.").

Una vez que te hayas asegurado de que la narración está bien fundamentada y no comete ningún tipo de plagio, léela de corrido para ver si tiene la fluidez y la estructura orgánica de un buen relato. La historia no debe perderse en una multitud de detalles desconectados, ni dar grandes saltos lógicos que dejen perplejo al lector.

3B El ensayo narrativo

En la vida cotidiana, a menudo contamos historias desde nuestro punto de vista: lo hacemos al compartir un chisme, al opinar sobre el último escándalo político, o para criticar la jugada fallida en el partido del fin de semana. Algo parecido sucede en un ensayo narrativo; puede tratarse de un evento histórico, de un suceso autobiográfico o de un evento de ficción: lo importante es presentar una tesis que se examina y demuestra mediante la referencia a hechos históricos o una historia personal. En un ensayo, hay lugar para la subjetividad de quien lo escribe. Sin embargo, las opiniones subjetivas se deben fundamentar. Generalmente el ensayo adopta el punto de vista de la primera persona para establecer una conexión más íntima entre escritor y lector.

El ensayo se escribe con un lenguaje claro y expositivo. En los ensayos narrativos personales, a diferencia de los ensayos académicos, la inclusión de apreciaciones personales, detalles anecdóticos y humor abre la puerta al mundo del escritor y hace más interesante la historia. Habitualmente se narra en orden cronológico, aunque puede no ser así. El ensayo no pretende ser exhaustivo con respecto al tema en su totalidad, sino hacer un corte profundo que exprese una visión personal.

Las características esenciales del ensayo narrativo son:

- estructura flexible
- tono, extensión y tema variable
- estilo simple, natural y elegante
- enfoque novedoso, originalidad
- subjetividad (elaboración personal fundamentada)

El ensayo implica una serie de acciones: evaluar, analizar, criticar, explicar, describir, argumentar y demostrar. Aunque su estructura es flexible, se puede organizar de la siguiente manera:

Título	Como el ensayo es literario, el título no tiene que limitarse a informar del tema del ensayo y puede permitirse libertad creativa, ya que su efecto es más bien artístico. Si bien se ubica al principio, el título suele escribirse al final.
Introducción	Se expresa brevemente el tema del ensayo y su objetivo (la tesis); puede comenzar con una declaración fuerte que ubique el tono y las razones para el texto, y que encuentra su afirmación final en la conclusión.
Desarrollo	El ensayo presenta aquí los argumentos y datos, expone el tema en todos sus puntos y desarrolla la tesis de la introducción. Pueden figurar preguntas o respuestas personales, estableciendo un diálogo abierto con el lector para que reflexione sobre el tema y sobre la forma de pensar que expresa el ensayo. El ensayo narrativo, en vez de exponer, narra: es básicamente una historia sobre algo que ocurrió. En esta parte, que constituye el cuerpo del ensayo (y la mayor parte del texto), se cuentan los detalles de lugar, personajes, momento, anécdotas, etc., y la opinión personal del escritor. Es decir, se utiliza plenamente la narración con todos sus elementos.
Conclusión	Tras narrar, explicar y demostrar, el ensayo llega al final: el escritor subraya su opinión y cierra todas las ideas que evaluó y argumentó en el desarrollo. En paralelo con la introducción, retoma la tesis inicial para reafirmarla, respondiendo o dejando interrogantes al lector.

Modelo

Lee el siguiente ensayo narrativo y concéntrate en identificar el tema y el objetivo.
¿Cómo describirías el tono con el que se cuenta la historia y la conclusión que
extrae el ensayista?

Escapar es para audaces

Cuando en la escuela propusieron entrevistar a
inmigrantes europeos sobre su experiencia de la guerra, no
sabía todavía que aprendería una valiosa lección de vida.

"¿Y a quién entrevisto?", le pregunté a mi padre,
intentando escapar de alguna manera a la tarea. ¿Tal vez
él podía hacerle las preguntas a algún conocido...? Pero
hundió mis últimas esperanzas cuando sacó su libreta para
escribirme nombres y direcciones.

La primera persona que mi padre me sugirió visitar no me
abrió la puerta y la segunda gruñó las respuestas volviéndose
a cada rato para mirar sobre su hombro. Mi imaginación
se disparó ante la idea de que algo lo acechaba desde su
pasado. Pero cuando apareció su esposa, gritando que
estaba harta de tener que perseguirlo con las pastillas para
el corazón, entendí todo, excepto sus respuestas. Al salir noté
que, además, había olvidado encender mi grabadora, y fui en
busca del tercer hombre, mi abuelo, vasco de Bilbao, de voz
potente y certezas absolutas, a preguntarle sobre su escape.

"Fue mi madre", empezó. "En España había Guerra Civil,
y, una mañana, ella le dijo a mi padre: Nos vamos de aquí.
He soñado que van a bombardear la ciudad y no pienso
quedarme a esperar".

Mi bisabuelo subió a su esposa y a sus tres hijos a un
tren rumbo a un pueblito cercano para tranquilidad propia
y obediencia a rajatabla de la intuición femenina. Y el
bombardeo se produjo. Solo que no en la ciudad, sino en el
pueblito en el que se refugió la bisabuela con sus tres hijos,
y cuyo nombre no olvidaré jamás: Guernica se llamaba. Se
salvaron de milagro y cuando, poco después, ella le dijo a su
marido que Franco no duraría nada en el poder, el bisabuelo
armó las valijas y se llevó a su familia fuera de España.

"Cuarenta años duró Franco en el gobierno...", concluyó
mi abuelo.

Y mientras él se quedó meditando sobre la intuición
femenina, yo escapé de regreso a casa, más o menos como
lo hicieron de Bilbao ellos en 1939, habiendo aprendido mi
lección: escapar no es lo esencial, sino saber de qué, cuándo
y, especialmente, hacia dónde.

El primer párrafo
ubica al lector
en el tema y las
circunstancias
de la historia.

Como se narra una
historia, se utiliza
el tiempo verbal
típico de la narración:
el pretérito
perfecto simple.

El autor incluye
descripción, pero
privilegiando siempre
su subjetividad, lo
que piensa mientras
ocurren las cosas.

Los diálogos le dan
ritmo al ensayo y
hacen más viva
la narración.

Podría extenderse
más el relato de
cada parte, pero es
preciso recordar
que no todo lo que
sucede sirve para la
historia y el peligro
es perder el hilo.

El final enlaza el
tema presentado al
comienzo con los
hechos narrados y
cierra destacando el
sentido de la historia
para el ensayista.

Practice more at
vhlcentral.com.

Tema de composición

Hay momentos históricos que todos conocemos o compartimos, pero desde diferentes lugares, y por eso cada persona puede hacer un relato distinto del mismo hecho. Elige uno de los siguientes temas como disparador para contar qué hacías tú mientras ocurría ese momento histórico. ¿Recuerdas esas películas donde una voz en *off* relata lo que sucede? Aquí, tú eres la voz en *off*.

1. Elección de Barack Obama como presidente
2. Muerte de Michael Jackson
3. Terremoto en Haití

■ Antes de escribir

Escribe el tema que hayas elegido y piensa cuál es tu objetivo al contar esta historia: el ensayo narrativo tiene como propósito encontrar un sentido, una lección, una verdad universal o personal a partir del evento narrado.

■ Escribir el borrador

Sin preocuparte todavía por las formas o estructuras, comienza a escribir lo que se te ocurra a partir de estos dos elementos: el tema y el significado que tiene para ti. Concéntrate en tus impresiones: tú eres el punto de vista, la voz en *off* de la película, aunque los protagonistas de la historia que vas a contar sean otros. Aprópiate de esa voz, que es tu voz, y, a partir de ella, cuenta la historia de principio a fin.

Cuando esté terminado, comienza a releer. Si no te convence lo que escribiste, descansa un rato haciendo otra cosa. Luego, vuelve a leer tu borrador y trata de responder estas preguntas:

- ¿Cuál es la columna vertebral de tu ensayo?
- ¿Encontraste el hilo que mantiene unidos con coherencia todos los hechos que contaste?, ¿pudiste expresarlo con claridad?

Haz los cambios necesarios, concentrándote en que el lector pueda captar el sentido que esa historia tuvo para ti. Agrega descripciones (ver **pp. 7–10**), diálogos, detalles que hagan viva la narración. Reescribe todo lo que sea necesario.

■ Escribir la versión final

Cuando estés conforme con tu borrador, es hora de prestar atención a la estructura y organizar el contenido en introducción, desarrollo y conclusión. Revisa el vocabulario y la longitud de las oraciones para eliminar repeticiones. Edita el texto: si hay demasiados detalles y descripciones que hagan perder el hilo, bórralos. ¿Fluye la narración? ¿Se entiende bien el objetivo?

Recuerda que lo que apareció en el primer párrafo (introducción), en el cual presentaste el tema, debe reformularse en el párrafo final (conclusión). Por supuesto que reformular nunca significa copiar literalmente. Se trata de sintetizar y reforzar la tesis inicial.

Cuando tengas listo tu ensayo, reúnete con otros estudiantes que hayan escrito sobre el mismo tema. Comparen sus distintos puntos de vista sobre el mismo hecho.

3C Editorial

Un editorial es un artículo periodístico de opinión colectiva, también conocido como comentario editorial o artículo de fondo, y que expresa la voz del periódico en conjunto, por lo que generalmente no va firmado. Algunos lo definen como la opinión del periódico, ya que lo que se expone allí se considera la línea ideológica del medio y su posición política. En inglés, el término *op-ed* (*opposite the editorial page*) se refiere a artículos similares a editoriales que llevan la firma de alguien no relacionado con el periódico.

Algunos editoriales son meramente explicativos y presentan información; otros quieren convencer de algo, o bien critican o alaban. Pero su intención siempre es influir en la opinión pública, promoviendo un pensamiento crítico, valorando, juzgando e instando a una reacción concreta. El tono nunca debe ser sermoneador, porque produce el efecto contrario al que se quiere lograr.

En un editorial es necesario recurrir a fuentes que sustenten lo que se dice y, llegado el caso, contextualizar históricamente el tema o incluso predecir lo que podría pasar. Cuando se ataca alguna postura, decisión o acción, es preciso evitar los insultos o dirigirse a personas en particular.

Las características más importantes de un editorial son:

- argumento racional expuesto con seriedad
- estilo conciso y directo
- tema actual y ligado a hechos recientes, de forma que atraiga la atención
- exposición simple, con fluidez, seriedad y claridad en una serie de ideas concretas que no dejen lugar a dudas al lector
- público amplio o de cierto sector de la comunidad (dirigentes, votantes, padres, etc.)

Lo más importante en un editorial no es la noticia en sí, sino la opinión que se da sobre ella. Como cualquier historia, el editorial tiene introducción, contenido o nudo y conclusión.

Introducción	Para atrapar al lector de entrada, es preciso que se exprese enseguida de qué se trata el editorial; la primera oración presenta el problema o cuestión y generalmente también la posición del artículo, es decir, de qué lado está.
Contenido	En esta parte se dan los argumentos que puedan convencer al lector para que acepte la perspectiva que expresa el artículo con ideas, propuestas, causas ocultas del problema y posibles consecuencias. La argumentación no debe sonar improvisada o especulativa porque podría arriesgar la credibilidad. El tono debe ser siempre de autoridad, lógica y profundidad de pensamiento. Cuando el tema implica una controversia, se debe incluir una mención al punto de vista opuesto y rebatirlo.
Conclusión	El final debe condensar, resumir y rematar lo esencial, es decir, la opinión, el punto de vista, el pensamiento que se quería expresar, llamando a la reflexión o a la acción (al lector, a la autoridad, a un candidato político, etc.) para resolver el problema o cambiar la situación.
Titular	El título, al igual que la primera frase, debe atrapar la atención del lector; además, tiene la posibilidad de aclarar desde el principio el punto de vista del artículo.

Modelo

En el editorial que aparece a continuación, ¿te parece que el tema se presta para sermonear? ¿Lo hace este artículo? ¿A qué público se dirige? ¿Piensas que logra su efecto o le falta fuerza? ¿Es un editorial "políticamente correcto"?

La Furia Roja

La introducción plantea el tema sin aclarar qué postura va a tomar el editorial.

El triunfo de la selección española de fútbol en el Campeonato Mundial Sudáfrica 2010 tiene un sabor especial, se lo mire por donde se lo mire: no solo se trata de la primera Copa que logra España en su historia. Además, el equipo está formado por jugadores de todas partes del país.

Comienza a exponer el tema, citando información verificable que sustenta la presentación del problema: el conflicto de identidad que viven las comunidades autónomas en España.

Lo que sería perfectamente común y corriente para cualquier otra selección cobra una importancia fundamental en el caso de España, porque allí las comunidades y autonomías reivindican una identidad propia y separada. El caso es especialmente virulento en Catalunya y el País Vasco, donde la audiencia televisiva durante los partidos fue notablemente menor que en el resto del país. Mientras la mayoría de los catalanes expresaban su deseo de contar con una selección propia donde brillaran sus estrellas (siete de los jugadores seleccionados eran catalanes), en el País Vasco una encuesta reveló que el 70% de la gente no quería que España se quedara con la Copa.

El artículo expone su posición con claridad: quiere destacar la posibilidad del trabajo en equipo, es decir, la unión.

Pero, a medida que la selección española avanzaba en el torneo, las banderas comenzaron a mostrarse por las calles de las grandes ciudades y las camisetas rojas salpicaron las plazas y bares. La esperanza de un triunfo unía a la gente con esos deseos de festejar pospuestos desde hacía años. Y esta vez se pudo, y la Final del Mundo fue toda Roja.

Además, y no es un detalle menor, el fútbol tiene la particularidad de ser un deporte de equipo. Aquí no vale tener al mejor jugador del mundo (la temprana eliminación de Argentina con la estrella Lionel Messi así lo demuestra); lo que importa es "tener equipo", sosteniendo y practicando valores como humildad, sencillez, nobleza y sacrificio, cosas que puso en alto la Furia Roja con su equipo integrado por jugadores de diez de las diecisiete comunidades españolas.

La conclusión no es tajante, sino que le deja la inquietud al lector, involucrando su reflexión. El artículo podría haber sido más tendencioso o radical en su punto de vista: ¿te imaginas de qué manera?

El deporte ha demostrado muchas veces que puede trascender fronteras. A partir de ahora tendremos que ver y evaluar si esta receta, que funcionó tan bien en el fútbol, tiene algo que enseñarnos en otros niveles de convivencia democrática.

Tema de composición

Elige una de las siguientes opciones para escribir un breve artículo editorial sobre uno de estos temas.

1. La comida basura versus la comida sana

2. *American Idol*: ¿le hace bien o mal a la música?

3. Redes sociales: privacidad versus conexión

4. Violencia en la televisión: ¿reflejo de la sociedad o influencia negativa?

■ Antes de escribir

Elige el tema y el ángulo que tomarás. Piensa desde el punto de vista de una primera persona del plural y recuerda que expresas la perspectiva de la comunidad: ponte del "lado de los buenos"; debes juzgar la situación, alabando y criticando acciones, proyectos, propuestas, intenciones. Considera con cuidado:

- ¿A qué tipo de público te diriges?

- ¿Cómo puedes involucrarlo con tu punto de vista?

Investiga el tema y las opiniones o los hechos que apoyan cada una de las posturas al respecto; puede servirte de guía tomar como referencia las preguntas básicas: qué, quién, cuándo, dónde, cómo y por qué.

Comienza a pensar en un buen título para tu artículo: es fundamental para captar la atención de los lectores.

■ Escribir el borrador

Para empezar, escribe tu opinión sobre el tema que elegiste.

Luego, desarrolla la exposición del tema a partir de la información que reuniste: explica brevemente de qué se trata y por qué es de importancia fundamental para la comunidad. Explica tu opinión y el punto de vista opuesto al tuyo, para refutarlo enseguida con los datos que hayas investigado.

Nunca ataques personalmente a nadie, ni insultes: si pierdes cierta objetividad, pierdes también autoridad. Debes dar impresión de seriedad y lógica para retener la confianza de tus lectores, presentándote como la voz de la razón. Repite las frases esenciales y subraya tu punto de vista para que quede totalmente clara tu posición en el asunto, pero apela siempre al juicio de los lectores.

Evita los párrafos largos, los términos técnicos, las oraciones rebuscadas: cuanto más sencilla la redacción, más logra comunicar sobre el tema.

■ Escribir la versión final

Revisa todo siguiendo las pautas del taller 2A, **p. 58**. Luego, reescribe tu borrador: el último párrafo debe retomar con fuerza y naturalidad lo expuesto al inicio, planteando una solución para el problema o instalando la pregunta en los lectores. Se puede incluir alguna cita (de un pensador o personaje que genere respeto) para resumir la cuestión con máxima autoridad.

La
exposición

Lección

"El escritor que con menos palabras pueda dar una sensación exacta es el mejor".

—Pío Baroja

La exposición es una forma de discurso que busca informar, presentar un tema, desarrollarlo y explicarlo para darlo a conocer: responde al *qué*, al *cómo* y al *por qué* de una cuestión planteada. Las notas periodísticas son exposiciones, y también lo son los informes estadísticos y muchos tipos de ensayos con fines descriptivos o explicativos. Como su objetivo es comunicar hechos, transmitir ideas precisas que aclaren un concepto o presentar datos que apoyen una conclusión, sus dos requisitos fundamentales son la claridad y el orden.

Esta lección te mostrará cómo lograr exposiciones claras y concisas que sean comprendidas por el lector.

¿Qué tipos de periódicos y revistas lees? ¿Te interesan los artículos expositivos o prefieres los artículos de opinión? ¿Por qué?

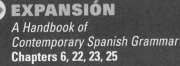

EXPANSIÓN
A Handbook of Contemporary Spanish Grammar
Chapters 6, 22, 23, 25

Antonio Jiménez Barca nació en Madrid en octubre de 1966. Tras estudiar Filología Hispánica en la Universidad Autónoma de Madrid, vivió en París y Praga. Desde 1994 es uno de los redactores del periódico *El País*. En 2007 publicó su primera novela, *Deudas pendientes*, un policial negro por el que recibió el premio a la mejor primera novela policíaca en español en la Semana Negra de Gijón. Actualmente es corresponsal del diario en París.

En *El País* ha publicado notas sobre temas conflictivos para la opinión pública, como la trata de personas, el maíz transgénico, o el uso del burka en la sociedad europea. Fue, además, responsable del artículo que difundió el término *mileurista*, que pasó a identificar a una generación entera no solo en España, sino también en Italia, Estados Unidos y Latinoamérica, a partir de una carta enviada por una lectora. Su investigación sobre el tema, con entrevistas a académicos y jóvenes españoles, dio mucho que hablar y generó una conciencia de grupo generacional que ya ha producido varios libros, cientos de artículos y blogs, y hasta una película italiana: *Generazione 1000 euro*. ∎

La generación de los mil euros

RETRATO DE UNOS JÓVENES HIPERCUALIFICADOS, QUE PASARON POR LA UNIVERSIDAD, PERO ESTÁN CONDENADOS A VIVIR CON SUELDOS PRECARIOS

Pertenecen a la generación más preparada de la historia de España. Rondan[1] la treintena, son universitarios y saben idiomas. Pero los bajos sueldos, la sobreabundancia de titulados y los cambios sociales les han impedido llegar a donde pensaban llegar. Comparten piso; no tienen coche, ni casa, ni hijos y ya se han dado cuenta de que el futuro no estaba donde creían.

La información se expone en forma piramidal: en el primer párrafo aparecen los hechos más importantes (cómo surgió el tema, por qué, cuándo, a partir de quién, etc.).

A mediados de agosto llegó una carta a este periódico que anunciaba la aparición de una nueva clase social. Se titulaba *Soy mileurista* y decía, entre otras cosas, lo siguiente: "El *mileurista* es aquel joven licenciado, con idiomas, posgrados, másters y cursillos (...) que no gana más de 1.000 euros. Gasta

5   más de un tercio de su sueldo en alquiler, porque le gusta la ciudad. No ahorra, no tiene casa, no tiene coche, no tiene hijos, vive al día... A veces es divertido, pero ya cansa (...)". La autora, Carolina Alguacil, de 27 años, reside en el centro de Barcelona y trabaja en una agencia de publicidad. Inventó el término —y decidió escribir la carta— después de pasar unos días en Alemania y comparar, con un

10   sentimiento a medio camino entre la rabia y la envidia, cómo vivían sus amigos berlineses y cómo vivían ella y sus amigos españoles.

¹*They are about*

Carolina comparte su casa con otras tres chicas de 25, 29 y 29 años. Ninguna gana lo suficiente como para alquilarse un apartamento. Pagan 360 por cabeza y conforman una extraña familia unida cuyos miembros hace un año no se conocían de nada. "Toda la gente con la que voy es así", añade Carolina, "tengo una amiga que trabaja en una editorial de Madrid por 1.000 euros; mi hermano es ingeniero en Andalucía y lo mismo, mi cuñada es licenciada en Medio Ambiente y también. Todos estamos igual, y no es que vivamos mal, porque para algunos somos unos privilegiados, pero no es lo que esperábamos".

Un reciente informe de la Unión Europea, el Eurydice, le da la razón: sólo el 40% de los universitarios tiene en España un trabajo acorde con[2] su nivel de estudios, y la tasa[3] de paro[4] entre los titulados de 25 y 34 años es del 11,5%, una de las más altas de Europa, que se sitúa en un 6,5%.

"Y los nuevos pobres de hoy en día son los jóvenes".

A pesar de esto, y de lo que piensa Carolina, no es un fenómeno exclusivo de España. El sociólogo francés y profesor de ciencias políticas Louis Chauvel aseguraba en el *Nouvel Observateur* que los pobres del siglo XIX y principios del XX (los obreros sin cualificación, los agricultores o los ancianos) pertenecen a una sociedad que desaparece. "Y los nuevos pobres de hoy en día son los jóvenes", añadía.

Los nacidos entre 1965 y 1980, esto es, los españoles que, en un extremo de la horquilla[5], van dejando atrás la juventud, como Carolina y sus compañeras, y en el otro comienzan a apropiarse del poder, disfrutaron de una niñez dorada, de unos padres abnegados[6] y responsables y de un país moderno y optimista que navegaba viento del desarrollismo en popa[7]. Sortearon[8] dos crisis económicas (la del 74 y la del 92), pero nadie dudó por entonces de que esa generación, la más preparada de la historia de España, la más numerosa, la del *baby boom*, no fuera a vivir mejor que la precedente, que todas las precedentes.

Lógicas expectativas

Y no ha sido así, y en eso radica buena parte del problema, según apunta el sociólogo Enrique Gil Calvo. "Con estos jóvenes se crearon unas lógicas expectativas. La generación anterior, la mía y la de mis hermanos menores (yo nací en el 46), creció con las vacas gordas, pudo cumplir el sueño de matar al padre, esto es, de superarlo en todo: mejor casa que los padres, mejores trabajos... Pero para estos *mileuristas*, que han tenido, paradójicamente, mejores oportunidades en forma de estudio, el futuro no estaba donde debía de estar", explica.

Carolina dispone de dos horas para comer. Hoy acude a un restaurante de a siete euros el menú que no puede permitirse siempre. Pide un guiso indio con garbanzos y cuenta: "Yo quería trabajar en el cine, como productora o algo así, pero pronto me di cuenta de que no podría. Bueno. Eso pasa. Y no me desanimó. Lo peor es que no sé lo que va a pasar conmigo. Una familia como la de mis padres ya no es el objetivo, pero ¿cuál es el objetivo?".

El narrador toma a Carolina como hilo de la exposición y, a partir de su caso particular, se desarrolla la situación de la generación de mileuristas.

La exposición busca el rigor de la información, documentándose con datos comprobables y estadísticas.

Añadir otros puntos de vista da amplitud a la perspectiva de la exposición.

Los datos fiables (tiempo y situación social/cultural) ayudan a contextualizar.

La comparación facilita la comprensión del tema.

La descripción apoya la exposición, fundamentando con explicaciones claras el fenómeno de los mileuristas.

[2]*in keeping with* [3]*rate* [4]*unemployment* [5]*at one end of the range* [6]*selfless* [7]*full speed* [8]*They weathered*

Se presentan distintos testimonios y ejemplos que aclaran el objetivo de la exposición.

Ella no experimenta ninguna sensación de fracaso. Pero habla de un desánimo grande al definir la actitud de muchos de sus amigos o conocidos. Porque conforme va cumpliendo años, el *mileurista* se va cargando de amargura.

60 Belén Bañeres tiene 37 años, vive en Madrid y la sensación "de ir llegando tarde a todo". Estudió psicología y no hizo oposiciones[9] al PIR (el MIR de los psicólogos) en un primer momento. Cuando quiso hacerlo, no hubo plaza[10]. Lleva saltando de trabajo en trabajo más de 14 años. Jamás ha desempeñado un puesto acorde con los estudios que llevó a cabo. Jamás ha cobrado más de 1.000 euros brutos[11] al

65 mes. Sólo desde hace un año goza de un contrato indefinido como auxiliar administrativo. Desde entonces vive con su

70 pareja (otro treintañero universitario con un sueldo de 1.000 euros) en un piso de alquiler. Ve casi imposible tener

75 una casa propia. Ve muy difícil tener hijos. "Con

> ## "Porque conforme va cumpliendo años, el *mileurista* se va cargando de amargura".

la de horas que trabajamos los dos no podría cuidar ni de un perro", dice. Y después de haber resumido así su biografía, concluye: "Y también tengo la sensación de que me han robado la vida".

80 Un amigo de Belén que prefiere no dar su nombre, con un exclusivo máster a cuestas de informática aplicada a ciencias biológicas, trabajó durante casi un año de teleoperador en el 11888. "Y no era el único universitario: eso estaba lleno de gente preparadísima con carreras, idiomas y cursos de esto y de lo otro que, en un momento dado y si hacía falta, contestaba en alemán al que llamaba", cuenta.

85 Luis Garrido, catedrático de Sociología de la UNED, considera que una de las claves de este desánimo está en la sobreabundancia de universitarios. "Cuando yo, que nací en 1956, estudiaba, sólo el 10% de los jóvenes, la inmensa mayoría chicos, conseguía una licenciatura universitaria. Está claro que ese 10% copó[12] los puestos de élite de esta generación, la del 68, que arrasó[13]. Y que mis coetáneos vimos que

90 estudiando en la Universidad se llegaba lejos y se lo transmitió a sus hijos".

Garrido continúa: "A partir de los ochenta, el porcentaje de estudiantes universitarios se multiplicó, sobrepasando el 30% y sumando a las mujeres, que se incorporaron de forma masiva. Se produjo un vuelco educativo tremendo, incomparable a cualquier otro país europeo. Y no ha habido puestos buenos para

95 todos. Por mucho que queramos, no hay. Y se ha creado un número indeterminado de jóvenes frustrados, con una larga trayectoria estudiantil, que no ha rendido, que no ha ganado lo suficiente...".

Como Belén o como su amigo el ex teleoperador, que no encontraron trabajo al salir de la Universidad. Ellos, y muchos otros, siguieron estudiando en un

100 intento de sobresalir: un máster, un doctorado, más cursillos... y cada vez más años, más necesidades y más exigencias para un puesto de trabajo especializado y bien pagado que no aparece: un círculo vicioso que recuerda a los que trazan los ratones de laboratorio buscando desesperadamente inútiles salidas a laberintos trucados sin salida.

---

[9]*exams for a public sector job* [10]*spot* [11]*gross* [12]*monopolized* [13]*triumphed*

Y los más jóvenes de esta generación tampoco lo tienen más fácil. Daniel 105
Castillejo, sevillano de 29 años, lo ejemplifica: "Soy arquitecto, hablo tres idiomas,
y no llego a 1.000 euros de sueldo al mes por trabajar, sin contrato, en un estudio.
Jamás he tenido un contrato, ni vacaciones, ni pagas extras, voy en un coche de
hace 15 años y este mes he renunciado a comprar diariamente el periódico porque
no me puedo permitir gastar 30 euros más. Vivo de alquiler con mi novia y yo no 110
creo que nos hayan estafado: yo creo que nos están tirando a la basura".

De cualquier manera, tanto el sociólogo Garrido como Miguel Requena, otro
profesor de sociología de la UNED, coinciden en no dramatizar demasiado: "Las
condiciones de vida de los jóvenes de ahora, en su mayoría, son mucho mejores que las
de la mayoría de los jóvenes de los años cincuenta o sesenta, y no digamos anteriores". 115

Carolina, los martes y los jueves, va a clases de iniciación al baile flamenco en
la academia Flamenkita. Paga por ellas 50 euros al mes. Una hora da para poco:
movimientos de muñeca, unos pasos de fandango... Pero a Carolina le basta porque
mientras baila se relaja. Eso sí, como buen *mileurista*, ha tenido que elegir: "Me
apunté a flamenco y me borré de la piscina, porque las dos cosas no podía pagar". 120

Más que amigas

Ya es de noche cuando vuelve en autobús a su casa. Allí se encuentran ya sus tres
compañeras de piso. Se sientan en el sofá del salón. Laura Caro tiene 29 años, es
economista, especialista de marketing y ahorra para pagarse un segundo máster;
Ainara Barrenechea tiene 24, cursó derecho y trabaja en el departamento de
contabilidad de una gran empresa; Belén Simón, de 29 años, hizo historia del arte y 125
se gana la vida en un centro cultural. Se preguntan unas a otras que qué tal el día.
Son más que compañeras de piso: son amigas. O, tal vez, la frase es al revés. Son
más que amigas: son compañeras de piso. Y con la casa, comparten su vida.

Laura, la más mayor, es la que más resueltamente critica lo que le rodea: "Yo he
ido a un banco a pedir una hipoteca y me han dicho que no porque no entro en el 130
baremo[14]. Llevo 19 años estudiando, voy a seguir estudiando no sé cuántos más y
no entro en el baremo...".

Las cuatro cuentan con contrato. Ahora. Porque todas han coleccionado
relaciones laborales de todo tipo. Se han aprovechado de la última marea económica:
en 1995 trabajaban 12 millones de personas; ahora lo hacen 19. Pero han sido 135
víctimas de la precariedad laboral que se ha venido cebando con[15] los jóvenes de
esta generación: en 2004, el 52% de los contratos firmados por jóvenes de 30 años
fue temporal. Y esto es algo que viene de lejos: en 1995, esta tasa llegaba al 62%.

A medio camino

Y sobre todo, con sus 1.000 euros al mes, se han quedado colgadas, a medio camino
de la emancipación (independientes de sus padres, dependientes de sus compañeros 140
de piso), asistiendo estupefactas[16], junto con millones de jóvenes, al meteórico
aumento del precio de la vivienda: en 1993, un piso de 100 metros en una capital
de provincia costaba en España, de media, 91.000 euros. Hoy, ese mismo piso vale
228.000. Los que compraron hace 10 años habrán hecho la inversión de su vida. Los
que no pudieron, vivirán condenados a compartir piso toda su existencia o, en el 145
mejor de los casos, a "entrar en el baremo" y firmar una hipoteca a 30, 35 o 40 años
que liquidarán a las puertas de la jubilación.

Se utiliza mayormente el presente del indicativo con un valor atemporal.

[14]*guidelines* [15]*has been merciless with* [16]*astonished*

Los sociólogos coinciden en el carácter imprevisible de esta generación, en su marchamo[17] original, en su necesidad de ir rompiendo moldes y en
150 la incertidumbre que les rodeará a lo largo de su vida. Tal vez porque han sido siempre muchos en un tiempo demasiado convulso. En los años sesenta y setenta nacían al año más de 650.000 niños. En 1997, sólo 366.000, según el Instituto Nacional de Estadística.

Así, cuando los ahora *mileuristas* estudiaron EGB o BUP[18], cada aula contaba
155 con 45 alumnos como mínimo. Cuando llegaron a la Universidad, se la encontraron repleta[19], y muchos no pudieron estudiar lo que desearon como primera opción. Después, no ha habido trabajo cualificado para todos, y los expertos vaticinan[20] un colapso en las pensiones a no ser que trabajen mucho más de los 65 años.

Sus padres crecieron deprisa[21] y se cargaron de responsabilidades pronto. A la
160 edad de Carolina, o Laura, sus padres ya habían comprado (o casi) una casa. Carolina sólo cuenta con la cama de su habitación, una mesa de estudio que duerme plegada[22] en un rincón y un aparador rojo de diseño donde coloca sus libros.

Estos mismos padres mantuvieron una tasa de natalidad que rondaba la de tres hijos por mujer fértil. Pero precisamente estos hijos la hundieron, a finales
165 de los noventa, hasta un 1,1, la más baja del mundo. No porque no quieran, sino porque el reloj biológico no contiene años suficientes para alcanzar el *estatus* que, a su juicio, necesitan para reproducirse.

En el apartamento de Barcelona, las cuatro chicas discuten sobre esto. Y Carolina asegura: "Sí, no sabemos lo que será de nosotros. Esta cosa de vivir al día
170 da libertad, porque no tienes nada fijo y puedes permitirte, en un momento dado, irte lejos, sin consultarlo con nadie, romper con todo. Eso es verdad. Pero yo echo de menos cierta seguridad. Lo del día a día lo llevamos haciendo tanto tiempo que... ya cansa".

"Ya han tenido tiempo de darse cuenta", concluye Gil Calvo, "de que el porvenir
175 ya no se escribe más como en las viejas novelas, en las que el personaje empezaba mal, desde abajo, y terminaba bien, triunfando, arriba. El porvenir ya no va en línea recta. Por eso parece que dan vueltas, que deambulan[23] continuamente, sin encontrar la salida".
Como los ratoncitos de
180 los laboratorios.

Son las once de la noche. El piso de Carolina, Laura, Ainara y Belén comienza a
185 poblarse: amigos y amigas de una o de otra que se dejan caer, que se suman a la conversación. Se sacan latas de cerveza que
190 abarrotan[24] la mesa bajera. Se habla mucho, se ríe, se hacen planes para salir. Carolina sonríe: "Así es siempre, viene gente imprevista, mucha gente, como cuando éramos estudiantes, es una vida como de eterno estudiante. Lo malo es que ya no somos estudiantes. Es divertido, pero..."

Pero ya cansa. ∎

> "El porvenir ya no va en línea recta. Por eso parece que dan vueltas [...] sin encontrar la salida".

La comparación y contraste de la situación de los jóvenes con la que vivieron sus padres a su edad sirve como referente directo del cambio radical que se produjo de una generación a la siguiente.

Al final se rescatan los aspectos positivos de la situación y se resumen las ideas desarrolladas en el artículo, contrastando beneficios y perjuicios.

El autor utiliza las palabras de Carolina para concluir el artículo con fuerza sin involucrar su propio punto de vista.

[17]*stamp* [18]*former educational systems in Spain equivalent to middle and high school levels, respectively* [19]*very full, packed* [20]*predict* [21]*quickly* [22]*folded* [23]*they wander* [24]*cram full*

Después de leer

1 Comprensión Contesta estas preguntas con oraciones completas.

1. ¿Quién creó el término *mileurista*? ¿Cómo se difundió el término?

2. ¿Qué requisitos debe cumplir una persona para ser considerada mileurista?

3. ¿Cuál es la situación de las personas que conoce Carolina?

4. ¿Quiénes eran los pobres del siglo XIX y de principios del XX? ¿Quienes son los pobres del siglo XXI?

5. ¿Qué pasó con la educación en España a partir de los años ochenta?

6. ¿Cómo son las condiciones de vida para los jóvenes en la actualidad con respecto a hace cuarenta años?

7. ¿Qué ha ocurrido con la tasa de natalidad en la última década? ¿Por qué?

8. ¿Cómo afecta el mileurismo la rutina diaria de Carolina?

9. ¿Qué sentimientos tiene Carolina hacia el estilo de vida que está forzada a llevar?

10. ¿Plantea el artículo la solución para el problema de los mileuristas?

2 Análisis En parejas, contesten estas preguntas.

1. ¿Qué tema desarrolla este artículo y cómo lo hace? ¿El autor asume una posición al respecto?

2. ¿Cuál es la sensación que experimentan los jóvenes mileuristas con respecto a su situación actual y futura? ¿Cómo la describen? ¿Piensas que esta descripción se debe a una percepción personal o a la realidad? ¿En qué datos se apoya tu opinión?

3. El artículo utiliza el caso de Carolina como punto de partida, pero luego se aportan otros ejemplos. ¿Qué efecto tiene en la audiencia el uso de ejemplos múltiples?

4. ¿Es necesario que el autor exponga tantos ejemplos de personas en la misma situación? ¿De cuáles podría prescindir?

5. ¿Qué efectos podrían causar en el lector el hecho de que Carolina gasta siete euros en un menú o que destina 50 euros de su sueldo mensual a clases de flamenco? ¿Resulta contraproducente mencionarlo o, por el contrario, resume el hecho de que los jóvenes españoles necesitan este tipo de incentivos para seguir adelante?

6. En el artículo no aparecen signos de interrogación ni de exclamación. ¿Por qué crees que pasa esto? ¿Qué tono le agregarían al texto interrogaciones y exclamaciones?

7. ¿Te parece que la frase "se han quedado colgados, a medio camino…" explica bien la situación de la generación de jóvenes mileuristas? ¿Por qué? ¿Se te ocurre otra frase para describir lo que les sucede?

8. Carolina dice: "Una familia como la de mis padres ya no es el objetivo". ¿Por qué dice eso? ¿Con qué clase de "familia" vive ella en la actualidad? ¿Es por voluntad propia o por las circunstancias? En tu opinión, ¿ayuda tener compañeros de piso en la misma situación que tú? ¿Por qué?

3　Discusión En grupos de tres, contesten estas preguntas.

1. Gil Calvo afirma: "El porvenir ya no va en línea recta". ¿Qué quiere decir con eso? ¿En qué otra parte del artículo se expresa una idea similar? ¿Les parece que alguna vez el porvenir fue en línea recta?

2. "… vivir al día da libertad […] pero yo echo de menos cierta seguridad", afirma una de las entrevistadas. ¿Piensan que la libertad se identifica con la juventud y la estabilidad con la madurez? ¿Por qué dice Carolina que eso "ya cansa"? ¿Puede cansar la libertad? ¿Qué valores relacionan con la estabilidad?

3. Carolina dice: "Todos estamos igual, y no es que vivamos mal, porque para algunos somos unos privilegiados, pero no es lo que esperábamos". ¿Creen que los mileuristas tienen razones para sentirse mal?

4. Comparen la situación descrita en el artículo con la de los jóvenes de su país. ¿Qué diferencias y semejanzas observan?

5. ¿Les parece que existe una relación directa entre las expectativas que uno tiene y la felicidad o infelicidad? ¿Es bueno aspirar a más o es necesario ser realista y conformarse?

4　La noticia La noticia periodística es un tipo de texto expositivo y debe cumplir una serie de requisitos. En grupos, lean a continuación cuáles son. ¿De qué manera se cumple cada requisito en el artículo?

- **Veracidad:** Se informa sobre hechos reales, con estadísticas y datos que puedan corroborarse.

- **Objetividad:** El autor deja de lado sus opiniones personales y expone la noticia tal cual es.

- **Claridad:** El texto sigue un orden lógico, es preciso y comprensible para el público.

- **Brevedad:** Se evitan repeticiones o datos sin importancia.

- **Actualidad:** La noticia se ocupa del presente.

- **Interés general:** Lo que se cuenta está relacionado con temas de interés para la opinión pública.

5　El artículo Imaginen que forman parte del equipo de redacción de una revista. Están planeando el primero de una serie de artículos sobre temas que afectan el futuro de jóvenes y adultos. Planifiquen el primer artículo de la serie y luego compartan la propuesta con la clase. Incluyan esta información.

- sobre qué tema van a escribir

- cuál será el punto de vista o enfoque

- a qué personas entrevistarían para sustentarlo

- qué clase de datos o estadísticas presentarían

- qué título le pondrían

6　Composición Imagina que eres un lector del diario *El País* y, tras leer el artículo sobre los mileuristas, escribes un comentario en el sitio de Internet del diario. Considera qué ocurre actualmente en tu país, qué expectativas y oportunidades tienen los jóvenes de la edad de los mileuristas, destaca las similitudes o diferencias y da ejemplos.

TALLER DE LENGUA

Léxico

4.1 Expresiones de transición

- Además de las conjunciones, se pueden utilizar otras expresiones de transición para enlazar oraciones e indicar los diferentes tipos de relaciones que existen entre ellas. Estas palabras y expresiones marcan la relación lógica entre las ideas y se suelen situar al principio o cerca del inicio de la oración. Las expresiones de transición se pueden dividir en categorías.

REPASO

To review conjunctions, go to **pp. 77–78**.
To review expressions of time, go to **p. 44**.

Para enlazar o añadir ideas	
asimismo *also, in addition*	**Así**, con paciencia y dedicación resolveremos nuestros problemas.
así/de ese modo *so/in that way*	
con relación/respecto a *regarding*	**Con relación a** las normas de circulación, es imprescindible cumplirlas.
como se puede ver *as you/we/one can see*	
además de *in addition to*	**Además de** no permitirnos entrar, nos dijo que no volviéramos.
por suerte/desgracia *(un)fortunately*	**Por desgracia**, no hay nadie que pueda ayudarnos.
por lo general *generally*	
de hecho *in fact*	**Por lo general**, siempre hay gente dispuesta a colaborar.

Para comparar y contrastar	
al igual que *like*	**A diferencia de** los empleados con mayor antigüedad, a nosotros nos pagan menos.
a diferencia de *unlike*	
en cambio/por el contrario *in contrast*	Intentamos entablar conversación; **en cambio**, él no nos dijo nada.
en vez/lugar de *instead of*	Los individualistas, **en vez de** pedir ayuda, tienden a trabajar en solitario.
no obstante/sin embargo *however*	
por una parte/un lado *on the one hand*	**Por una parte**, me conviene el nuevo horario; pero, **por otra**, me costará acostumbrarme.
por otra (parte)/otro (lado) *on the other hand*	

Para mostrar relaciones causa-efecto	
a causa de *because of*	**Debido al** precio del petróleo, las tarifas de vuelos han subido.
debido a *due to, on account of*	
entonces/por lo tanto *therefore*	No tuve tiempo de estudiar. **Como consecuencia**, no aprobé el examen.
como resultado/consecuencia *as a result*	
por eso/por ese motivo/por esa razón *for that reason*	Pasé las vacaciones en la playa; **por eso** estoy tan bronceado.

Para mostrar orden de tiempo o espacio	
antes de *before*	**Antes de** mudarme a Madrid en el 95, no me interesaba el fútbol. **Desde entonces** soy un verdadero fanático.
desde que/desde entonces *since/since then*	
al mismo tiempo *at the same time*	Las entradas para el circo estarán disponibles **a partir del** 12 de diciembre.
a partir de *starting*	
al final *in the end; at/toward the end*	No me enteré de lo que pasó **al final** de la reunión.
en aquel entonces *at that time, back then*	**En aquel entonces** muy pocas mujeres asistían a la universidad.
primero *first*	
después/luego *later, then*	**Primero**, cocina la cebolla. **Luego**, el ajo.
en primer/segundo lugar *first/second of all*	Los dos llamaron **al mismo tiempo**.
al mismo tiempo *at the same time*	

Para resumir	
a fin de cuentas *in the end, after all*	**A fin de cuentas**, él es quien paga el alquiler.
en otras palabras/es decir *that is to say*	**En otras palabras**, no quiero volver a verte.
después de todo *after all*	**Después de todo**, te dieron todo lo que tenían.
en conclusión *in conclusion*	
en resumen/en resumidas cuentas *in short*	**En resumen**, la fiesta se celebrará, con o sin dinero.
en todo caso *in any case*	**En todo caso**, aquí estaré siempre que me necesiten.
al fin y al cabo *in the end*	

Práctica

1 Completa cada oración con la expresión de transición más lógica de la lista. No repitas las expresiones.

a diferencia de	ahora que	en aquel entonces	por lo general
a partir de	después de todo	por desgracia	sin embargo

1. Ayer se estropeó la calefacción; _____, no pasamos frío.

2. _____ Javier, su hermano Andrés tiene el pelo corto.

3. _____, por muy mal que os llevéis, es tu padre.

4. _____, no hay nada que se pueda hacer para mejorar la situación.

5. _____, en las casas no había agua corriente.

6. _____, el clima mediterráneo es agradable casi todo el año.

7. Mejor salgamos de casa, _____ no llueve.

8. _____ ahora, quiero que todos aporten su granito de arena.

2 Completa el párrafo con una expresión de transición adecuada. También puedes usar conjunciones.

Sí. (1)_____ yo también soy mileurista. Pertenezco a ese dilatado grupo de españoles que, (2)_____ haber cursado estudios superiores, ganamos menos de mil euros al mes. (3)_____ no contamos con un trabajo y un sueldo acordes a nuestra preparación, nos pasamos la vida desarrollando empleos temporales que no satisfacen nuestras aspiraciones. (4)_____, ante la situación económica actual, y (5)_____ cada vez hay menos puestos de trabajo, no nos queda otro remedio que conformarnos con lo que hay. (6)_____, todos tenemos que pagar el alquiler, de una forma u otra. (7)_____ esta situación, y (8)_____ los agricultores y ancianos desaparecen, podemos decir que los nuevos pobres de hoy en día somos los jóvenes. (9)_____, formamos una nueva clase social de individuos cuyo nivel de vida será peor que el de sus padres. (10)_____, no sabemos lo que será de nosotros.

3 Escribe un párrafo sobre una experiencia que hayas tenido al buscar trabajo o solicitar una pasantía (*internship*). Utiliza tantas expresiones de transición como puedas para unir e introducir oraciones.

Modelo *Todo comenzó cuando vi un aviso para un puesto de verano. Por desgracia, el período de inscripción había finalizado. Sin embargo...*

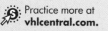

Léxico

4.2 Los sufijos

- La joven Carolina Alguacil (**p. 104**) creó una nueva palabra a partir de la expresión "mil euros".

  "El **mileurista** es aquel joven licenciado, con idiomas, posgrados, másters y cursillos (...) que no gana más de 1000 euros".

- Los sufijos son terminaciones que se agregan a la raíz de una palabra para añadirle información suplementaria. La nueva palabra formada se denomina **palabra derivada**. A menudo, este proceso de derivación puede suponer un cambio de categoría gramatical entre la palabra original y la palabra derivada. Dependiendo del cambio de categoría gramatical que se obtenga al añadir un sufijo, podemos dividir los sufijos en categorías. Aquí se presentan algunos ejemplos.

Formación de sustantivos a partir de verbos

-ada	**sentar** *to sit down* **acampar** *to camp*	**sentada** *sit-down protest* **acampada** *camping*
-ado	**peinar** *to comb* **afeitar** *to shave*	**peinado** *hairstyle* **afeitado** *shave*
-ancia	**tolerar** *to tolerate* **vigilar** *to watch*	**tolerancia** *tolerance* **vigilancia** *vigilance*
-anza	**enseñar** *to teach* **labrar** *to till*	**enseñanza** *teaching* **labranza** *tilling, farming*
-dero	**embarcar** *to embark* **fregar** *to wash*	**embarcadero** *pier* **fregadero** *sink*
-ción	**retener** *to retain* **asimilar** *to assimilate*	**retención** *retention* **asimilación** *assimilation*

Formación de sustantivos a partir de adjetivos

-itud	**similar** *similar* **lento/a** *slow*	**similitud** *similarity* **lentitud** *slowness*
-ncia	**abundante** *abundant* **insistente** *insistent*	**abundancia** *abundance* **insistencia** *insistence*
-bilidad	**variable** *variable* **estable** *stable*	**variabilidad** *variability* **estabilidad** *stability*
-dad	**cruel** *cruel* **frío/a** *cold*	**crueldad** *cruelty* **frialdad** *coldness*
-ura	**loco/a** *crazy* **fresco/a** *fresh*	**locura** *craziness* **frescura** *freshness*
-ez	**redondo/a** *round* **exquisito/a** *exquisite*	**redondez** *roundness* **exquisitez** *exquisiteness*

REPASO

Recuerda que los gentilicios también se forman agregando sufijos (**pp. 79–80**).

Formación de adjetivos a partir de sustantivos

-íaco/a	**Austria** *Austria*	**austríaco/a** *Austrian*
	paraíso *paradise*	**paradisíaco/a** *paradisiacal*
-al	**constitución** *constitution*	**constitucional** *constitutional*
	provisión *provision*	**provisional** *provisional*
-ar	**polo** *pole*	**polar** *polar*
	luna *moon*	**lunar** *lunar*
-ático/a	**esquema** *diagram*	**esquemático/a** *schematic*
	enigma *enigma*	**enigmático/a** *enigmatic*
-ario/a	**reglamento** *regulation*	**reglamentario/a** *regulatory*
	suplemento *supplement*	**suplementario/a** *supplementary*

¡ATENCIÓN!

Otros sufijos para formar adjetivos a partir de verbos:

llevar ➞ lleva**dero/a** (*bearable*)

enamorar ➞ enamora**dizo/a** (*that falls in love easily*)

Formación de adjetivos a partir de verbos

-ado/a	**lavar** *to wash*	**lavado/a** *washed*
	cualificar *to qualify*	**cualificado/a** *qualified*
-ante	**abundar** *to abound*	**abundante** *abundant*
	impresionar *to impress*	**impresionante** *impressive*
-ible	**eludir** *to elude*	**eludible** *avoidable*
	describir *to describe*	**descriptible** *describable*
-able	**variar** *to vary*	**variable** *variable*
	canjear *to exchange*	**canjeable** *exchangeable*

Formación de verbos a partir de sustantivos o adjetivos

-ificar	**edificio** *building*	**edificar** *to build*
	ejemplo *example*	**ejemplificar** *to exemplify*
-ear	**agujero** *hole*	**agujerear** *to drill a hole*
	gol *goal*	**golear** *to score a goal*
-ecer	**noche** *night*	**anochecer** *to get dark*
	rico/a *rich*	**enriquecer** *to enrich*
	pálido/a *pale*	**palidecer** *to turn pale*
-izar	**tierra** *land*	**aterrizar** *to land*
	carbón *carbon*	**carbonizar** *to carbonize*

¡ATENCIÓN!

Observa que, en ocasiones, cuando se añaden sufijos como **-ecer** o **-izar**, también se requiere añadir prefijos (**pp. 147–148**).

a-noch-ecer

Formación de sustantivos a partir de sustantivos: Sufijos que indican grupo

-ado/a	**profesor** *professor*	**profesorado** *faculty*
	millón *million*	**millonada** *many millions*
-aje	**ropa** *clothes*	**ropaje** *apparel*
	venda *bandage*	**vendaje** *bandages, dressing*
-edo/a	**roble** *oak tree*	**robledo** *oak grove*
	árbol *tree*	**arboleda** *grove*
-ero	**refrán** *proverb*	**refranero** *collection of proverbs*
	avispa *wasp*	**avispero** *wasps' nest*

Formación de sustantivos a partir de sustantivos: Sufijos que indican profesión

-ería	**pan** *bread* **ganado** *livestock*	**panadería** *bakery* **ganadería** *stockbreeding*
-ero/a	**pan** *bread* **zapato** *shoe*	**panadero/a** *baker* **zapatero/a** *shoe maker*
-ario/a	**biblioteca** *library* **función** *function*	**bibliotecario/a** *librarian* **funcionario/a** *government employee*
-ador(a)	**control** *control* **venta** *sale*	**controlador(a)** *controller* **vendedor(a)** *salesperson*
-ista	**mil euros** *a thousand euros* **flauta** *flute*	**mileurista** *a person who makes a thousand euros a month* **flautista** *flautist*

Práctica ....

1 Completa las analogías con las palabras adecuadas.

1. pan → panadería : helado → _____
2. hervir → hervidero : embarcar → _____
3. profesor → profesorado : elector → _____
4. triste → entristecer : rico → _____
5. asimilar → asimilación : globalizar → _____
6. llave → llavero : canción → _____
7. similar → similitud : alto → _____
8. blanco → blancura : dulce → _____
9. vigilar → vigilancia : tolerar → _____
10. brillante → brillantez : fluido → _____
11. edificio → edificar : plan → _____
12. definir → definible : elegir → _____

2 Relaciona cada definición con la palabra correcta de cada par.

_____ 1. acción de perforar, agujero
_____ 2. bosque de robles
_____ 3. mamífero de cuatro patas con cuernos
_____ 4. persona que cuida y organiza libros
_____ 5. que reúne las cualificaciones necesarias
_____ 6. conjunto de refranes
_____ 7. grupo de profesores
_____ 8. una persona con buen gusto para vestir

a. perforador/perforación
b. cualificación/cualificado
c. elegancia/elegante
d. profesorado/profesor
e. refranero/refrán
f. biblioteca/bibliotecario
g. roble/robledo
h. toro/torero

3 Escribe diez oraciones utilizando palabras derivadas de las palabras de la lista.

comparar	determinar	emancipar	iniciar	precario	sentir	tiempo
desempleo	economía	euro	laborar	prever	sociedad	universidad

Estructuras

4.3 The subjunctive

- In Spanish, unlike English, the subjunctive mood is used frequently. While the indicative describes things the speaker views as certain, the subjunctive expresses the speaker's attitude towards events. It is also used to talk about events viewed as uncompleted, hypothetical, or uncertain. Like the indicative, the subjunctive has a variety of tenses to refer to past, present, and future events.

> Carolina dice que sus amigos también **ganan** solo mil euros al mes.
> *(fact; indicative)*
> *Carolina says her friends also only make a thousand euros a month.*
>
> A todos les frustra que no **hayan podido** conseguir mejores trabajos.
> *(attitude; subjunctive)*
> *They are all frustrated that they have not been able to find better jobs.*
>
> En cuanto se graduó, Carolina **encontró** un trabajo en una agencia.
> *(fact; indicative)*
> *As soon as she graduated, Carolina found a job in an agency.*
>
> A Belén le gustaría tener hijos en cuanto **tenga** un mejor puesto.
> *(uncertain; subjunctive)*
> *Belén would like to have children as soon as she has a better position.*

- The subjunctive is used primarily in the three types of subordinate clauses.

Main clause   **Subordinate noun clause**

[Es natural] que [los jóvenes se sientan decepcionados].

Main clause   **Subordinate adjectival clause**

[Carolina quería un puesto] que [correspondiera a su nivel de preparación].

Main clause   **Subordinate adverbial clause**

[Las cosas no cambiarán] a menos que [baje el número de universitarios].

The subjunctive in noun clauses

- A noun clause is a group of words that act as a noun. Subordinate noun clauses act as objects of the verb in the main clause.

> Todos esperan que el futuro sea mejor.
> Nadie dudaba que los jóvenes universitarios estuvieran muy preparados.

- If a sentence has a main clause and a subordinate noun clause, the verb in the subordinate clause can be in the subjunctive or the indicative, depending on the verb in the main clause. The subjunctive is used if the verb in the main clause has a different subject than the verb in the subordinate clause, and if the verb in the main clause expresses one of these concepts:

> **will, wish, influence, or necessity**
> **emotions or judgment**
> **doubt, denial, probability (or lack thereof)**

REPASO

To review the formation of the subjunctive tenses, see **pp. 210–229**.

¡ATENCIÓN!

If there is no change of subject between the verb in the main clause and the verb in the subordinate noun clause, the subjunctive is not used. Instead, the infinitive is used.

Ella **quiere comprar** su propia casa.

Quiero que ella **compre** su propia casa.

- Here are some common verbs and expressions of will, wish, influence, or necessity:

aconsejar que	es urgente que	pedir que
desear que	esperar que	preferir que
decir que	insistir en que	recomendar que
es importante que	necesitar que	sugerir que
es necesario que	ojalá (que)	

Ha sido necesario que estos jóvenes **manejen** bien sus finanzas.

El novio de Belén **insistía en que tomara** sus exámenes para hacerse psicóloga, pero no pudo.

- Here are some common verbs and expressions of emotions or judgment:

alegrarse de que	es raro que	me/te/le... extraña que
enojarse de que	es ridículo que	me/te/le... gusta que
es bueno que	es sorprendente que	me/te/le... molesta que
es fácil/difícil que	es terrible que	me/te/le... sorprende que
es interesante que	es triste que	sentir que
es natural que	es una lástima que	temer que

Me sorprende que solo el 40% de los universitarios **tenga** un buen trabajo.

Era natural que todos **tuvieran** expectativas más altas.

- Here are some common verbs and expressions of doubt, denial, improbability, or probability:

dudar que	negar que	no es que
es imposible que	no creer que	no es verdad que
es increíble que	no es cierto que	no estar seguro/a de que
es posible que	no es posible que	

No es que ellos **vivan** mal, pero su vida no es lo que esperaban.

Nadie **dudó** que esta generación **fuera a vivir** mejor que sus padres.

¡ATENCIÓN!

When the opposite of these expressions is used in a sentence stating certainty or a fact, the indicative is used.

Carolina **no niega** que ella y sus amigos **son** privilegiados desde cierto punto de vista.

- There are four commonly used subjunctive verb tenses: present, present perfect, imperfect, and past perfect. The verb tense used in the subordinate clause depends on whether the action happened before, at the same time as, or after the action in the main clause.

	Main clause	Subordinate clause (Action happens at the same time or after action in main clause)	
Present	**Es importante** que	los jóvenes no **se desanimen**.	
Future	**Será difícil** que	las cosas **cambien** pronto.	*Present subjunctive*
Present perfect	**Se ha recomendado** que	**se limiten** las plazas universitarias disponibles.	

Main clause		Subordinate clause (Action happens at the same time or after action in main clause)	
Preterite	**Fue imposible** que	Carolina **pagara** la piscina.	*Imperfect subjunctive*
Imperfect	Sus padres **esperaban** que	Daniel **encontrara** trabajo.	
Past perfect	**Le habían dicho** que	**estudiara** para otro máster.	
Conditional	**A Belén le gustaría** que	ella y su novio **pudieran** casarse.	
Conditional perfect	**Habría sido ideal** que	todos **consiguieran** trabajo.	

Main clause		Subordinate clause (Action happens before action in main clause)	
Present	**Espero** que	no **se hayan desanimado**.	*Present perfect/ Imperfect subjunctive*
Future	**A sus padres les gustará** que	Carolina **haya podido ahorrar**.	
Present perfect	No **me ha sorprendido** que	las chicas **decidieran** compartir piso.	

Main clause		Subordinate clause (Action happens at the same time or before action in main clause)	
Preterite	**A Belén le frustró** que	no **hubiera podido** tomar el examen.	*Imperfect/ Past perfect subjunctive*
Imperfect	Antes **no era necesario** que	uno **tuviera** un título.	
Past perfect	Nadie **había creído** que	**fuera** tan difícil encontrar trabajo.	
Conditional	No **me sorprendería** que	**hubieran decidido** no casarse.	
Conditional perfect	Yo **habría preferido** que	ella **hubiera tomado** sus exámenes.	

¡ATENCIÓN!

If the adjectival clause describes something known, existent, or whose existence is not questioned, the indicative is used.

Carolina tiene una amiga que **trabaja** en Madrid.

BUT

Carolina quiere un trabajo que **pague** más de 1000 euros al mes.

The subjunctive in adjectival clauses

- A subordinate clause can also act as an adjective. Adjectival clauses describe the person or thing referred to in the main clause, known as the antecedent.

  Todos quieren [un trabajo] [que les permita vivir con más seguridad].

  Carolina necesita [unas clases de baile] [que no sean muy caras].

- The verb in the subordinate clause can be in the subjunctive or indicative, depending on the verb in the main clause. The subjunctive is used if the adjective clause describes someone or something that is unknown, nonexistent, or whose existence is somehow denied or questioned, and the verb in the main clause has a different subject than the verb in the subordinate clause.

  Les gustaría un apartamento que **fuera** más grande y menos caro.

  Belén sueña con encontrar un puesto que **tenga** un contrato definido.

  No hay nadie que no **se preocupe** por su futuro.

  No tengo ningún amigo que **haya conseguido** un buen puesto.

The subjunctive in adverbial clauses

- Some subordinate clauses can act as adverbs, telling when or how something is done. Adverbial clauses are connected to the main clause by conjunctions.

  > Daniel no puede gastar más **hasta que** aumenten sus ingresos.
  >
  > Compartieron un piso **a fin de que** les fuera posible pagar el alquiler.

- Use the subjunctive after conjunctions of time (**p. 44; pp. 77–78**) when the main clause refers to an event that is in the future or is uncompleted. Use the indicative when the main clause refers to events that are habitual or completed.

  > Necesita encontrar otro trabajo **antes de que** ella y su novio **puedan** casarse. *(future/uncompleted event; subjunctive)*
  >
  > Carolina no va a su clase **hasta que sale** del trabajo. *(habitual event; indicative)*
  >
  > Ella esperaba trabajar en el cine **cuando se graduó.** *(completed; indicative)*

- Conjunctions that tell how or in what circumstances an action takes place are sometimes called conjunctions of purpose or contingency. Some common conjunctions of purpose and contingency in Spanish are **a fin de que, a menos que, con tal de que, en caso de que, para que,** and **sin que.** The subjunctive is used after these conjunctions when there is a change of subject between the verb in the main clause and the verb in the subordinate clause.

  > Sería difícil encontrar un trabajo seguro **a menos que tuvieras** mucha suerte.
  >
  > Carolina y sus amigas tendrán que seguir así **sin que** la situación **mejore.**

- The conjunction **aunque** is followed by the indicative when it means *even though*, and refers to events that are true or have happened. Use the subjunctive after **aunque** to mean *even if* or *although*, and to talk about events that might or might not be true.

  > **Aunque** la situación económica **es** grave, muchos siguen con sus esperanzas para un futuro mejor.
  >
  > **Aunque** no **consigas** un trabajo este año, lo importante es ponerte en contacto con mucha gente.

Subjunctive in main clauses

- While the subjunctive mostly occurs in subordinate clauses, it can be used in a few instances in a main clause.

- Use the subjunctive after **quizás, tal vez, posiblemente,** and similar expressions to emphasize the uncertainty of the event.

  > Quizás Belén **encuentre** otro trabajo.   Tal vez todo **sea** más fácil en el futuro.

- The subjunctive is always used after **ojalá (que)**. The verb tense used depends on the time frame of the event.

  > Ojalá **supiéramos** las dificultades que nos esperan en el futuro.
  >
  > Ojalá Belén **haya aprobado** el examen esta vez.

- The subjunctive is used after **que** when the main clause is implied and when the complete sentence would have called for the use of subjunctive.

  > Que **tengas** mucha suerte en tus oposiciones. *(**Espero**... is implied.)*
  >
  > Que te **vaya** bien en la entrevista.

Práctica ·

1 Empareja las frases para formar oraciones lógicas.

1. Carolina no irá a la fiesta a menos que _____

2. Habríamos llegado antes si _____

3. Hoy es mi cumpleaños. Espero que mis amigos _____

4. Iría a Argentina si _____

5. Mis padres siempre me decían que _____

a. ahorrara dinero para el futuro.

b. me hayan preparado una fiesta.

c. hubiéramos tomado un taxi.

d. haya cobrado.

e. tuviera dinero ahorrado.

2 Completa las oraciones con el indicativo o el subjuntivo del verbo entre paréntesis.

1. Carolina es una muchacha de 27 años que _____ (tener) un problema: solo gana 1000 euros al mes.

2. Ella ha hecho muchos esfuerzos para que su situación _____ (mejorar), como buscar otros trabajos y tomar más cursos.

3. El problema es que _____ (haber) pocos trabajos buenos y demasiadas personas como Carolina: jóvenes con título universitario.

4. Carolina conoce a muchísimas personas que _____ (estar) en una situación parecida a la de ella.

5. Es casi imposible que _____ (crearse) suficientes trabajos acordes al nivel de preparación de este grupo.

6. Carolina siempre soñaba con trabajar en el cine después de que ella y sus compañeros _____ (graduarse) de la universidad.

7. Le frustró que no _____ (encontrar) el puesto que deseaba, pero no se desanimó.

8. Es bueno que ella _____ (conseguir) trabajo en una agencia de publicidad, aunque el puesto no _____ (ser) el que ella deseaba.

9. Claro, Carolina quería un puesto que le _____ (permitir) ahorrar algo, hacer planes para casarse, comprar su propia casa...

10. En contraste, sus padres, como muchos de esa generación, consiguieron buenos trabajos y compraron una casa tan pronto como _____ (casarse).

11. Era natural que todos _____ (esperar) lo mismo para Carolina y su generación.

12. Ahora Carolina lleva una vida divertida, pero insegura; tiene que manejar sus gastos con cuidado a fin de que _____ (haber) suficiente dinero para todo.

13. Ella dijo que ya _____ (cansarse) de su forma de vida.

14. Me preocupa que ella _____ (seguir) así por mucho tiempo.

3 Completa las oraciones sobre tu vida y tus expectativas, y las de otras personas. Usa el subjuntivo o el indicativo y añade los detalles necesarios. Presta atención al tiempo verbal en tus respuestas.

> Modelo   Quiero un apartamento que...
> *Quiero un apartamento que esté cerca de la universidad. Mi hermano tenía un apartamento que compartía con tres muchachos.*

1. Tengo un trabajo que...
2. Cuando era joven, mi padre/madre tenía un trabajo que...
3. Quiero un trabajo que...
4. Cuando tenía mi edad, mi padre/madre quería un trabajo que...
5. Estudio una carrera que...
6. Escogí esa carrera porque quería una carrera que...
7. En mi trabajo actual, gano un sueldo que...
8. Cuando era estudiante, mi padre/madre ganaba un sueldo que...
9. Claro, en el futuro me encantaría tener un sueldo que...
10. Mi meta es encontrar un trabajo después de que...

4 Combina un elemento de cada grupo para formar ocho oraciones lógicas sobre tu situación económica y la de los demás.

> Modelo   *Mis padres me ayudan con la matrícula para que yo pueda pagar el alquiler.*

yo	ahorrar	ganar	a fin de que
mis padres	ayudar	gastar	a menos que
mi colega de trabajo	comer	pagar	con tal de que
mi compañero/a de casa	compartir	trabajar	en caso de que
mi jefe/a	contratar	vivir	para que
mi mejor amigo/a	dar	volver	sin que
mis compañeros de clase			

5 En parejas, reaccionen a las distintas situaciones y recomienden qué hacer. Usen cláusulas sustantivas, adjetivas y adverbiales. También pueden usar el subjuntivo en la cláusula principal. Presten atención al uso del subjuntivo y a los tiempos verbales.

> Modelo   Carolina y sus amigos están muy preparados y tienen títulos universitarios. Sin embargo, no han encontrado buenos trabajos.
> *No me sorprende que ellos estén así. ¡Ojalá mejore pronto la situación! No deben renunciar a sus trabajos actuales hasta que las cosas mejoren.*

1. Todos comparten piso; no tienen dinero suficiente para comprar casa propia.
2. Algunos creen que no podrán casarse ni tener hijos, por motivos económicos.
3. Hay demasiados universitarios. No hay buenos puestos para todos.
4. Muchos llegaron a la universidad y no pudieron seguir su carrera preferida, porque no había espacio. Muchos no encontraron trabajo al graduarse.
5. Daniel es arquitecto y habla tres idiomas, pero no puede permitirse comprar el periódico. Él cree que la sociedad los ha tirado a la basura a él y a los demás.
6. Carolina y sus amigos no saben lo que va a pasar. Llevan una vida de eterno estudiante, pero ya no son estudiantes.
7. Pero algunos dicen que esta generación vive mejor que las anteriores.

Estructuras

4.4 Infinitives and participles

- The infinitive (**el infinitivo**) is a verb form ending in -**ar, -er,** or -**ir**.

  ¿Cuándo vas a **graduarte**?   Me gustaría **conocer** París.   Quiero **vivir** en la ciudad.

- The present participle (**el gerundio**) is the -**ando** or -**iendo** verb form, often used to talk about actions in progress.

  Estuve **buscando** trabajo dos meses.
  Estaba **saliendo** del trabajo cuando me caí.

- The past participle (**el participio**) is primarily used to form compound verbs and the passive voice.

  Ella **ha trabajado** mucho estos últimos años.
  La oferta de trabajo **fue rechazada**.

- Notice the false cognates *gerund* and **gerundio**. The English gerund is the *-ing* form of a verb used as a noun: *Reading is fun.* The present participle in English is identical to the gerund, but acts as verb: *I am reading.* In Spanish, the **gerundio** acts as the English present participle: **Estoy leyendo**. This **gerundio** can never be used to nominalize. Instead, the infinitive is used: **Leer es divertido.**

The infinitive

- The infinitive can act as a noun.

  Saber otro idioma es una ventaja.
  Knowing another language is an advantage.
  Leer sobre el desempleo es deprimente.
  Reading about unemployment is depressing.

- When used as a noun, the Spanish infinitive is often equivalent to the *-ing* gerund form of the verb in English.

  Ser universitario no garantiza que consigas un buen trabajo.
  ***Being** a university graduate doesn't guarantee you'll get a good job.*
  Buscar trabajo me pone nervioso.   No es fácil **encontrar** una solución.
  ***Looking** for work makes me nervous.   **Finding** a solution is not easy.*

- You already know that the infinitive can follow **hay que** and conjugated forms of verbs like **deber, necesitar, pensar, poder, querer, saber**, and **soler** when the main verb and the infinitive refer to the same person:

  Daniel **sabe hablar** tres idiomas.   Belén **quiere comprar** una casa.

- If the subject of the main verb and the subject of the subordinate verb are different, the subordinate verb must be conjugated.

  Piensa **tomar** otro curso.
  She's planning on taking another class.
  Piensa que **toma** otro curso.
  She thinks that he/she (someone else) is taking another class.

¡ATENCIÓN!

When the infinitive is modified by an adjective, use the definite article **el**.

Cambiar de trabajo causa mucho estrés.

El constante cambiar de trabajo causa mucho estrés.

- With a few verbs (such as **creer**, **decir**, and **dudar**), you can use *verb + infinitive* or two conjugated verbs, even when the subject of the main verb and the subject of the subordinate verb are the same:

    Creo tener todo para la entrevista.
    I believe I have everything for the interview.
    Creo que **tengo** todo para la entrevista.
    I believe I have everything for the interview.

    Dice sentirse desanimada.   **Dice** que **se siente** desanimada.
    She says she feels discouraged.   *She says she feels discouraged.*

- In general, infinitives follow prepositions. You have already seen the infinitive used after these and many other *verb + preposition* constructions: **acabar de, aprender a, comenzar a, enseñar a, dejar de, insistir en, luchar por,** etc.

    Por trabajar tanto, se enfermó.   Vive **sin trabajar**.
    Se acostumbraron a vivir   Los jóvenes **soñaban con tener** éxito.
    con incertidumbre.

- The infinitive can be used after verbs of perception, such as **ver, oír, sentir,** and **escuchar**. In this usage, the infinitive indicates that the action was completed.

    Lo **vi salir** de la entrevista.   La **escuché quejarse** de su trabajo.
    I saw him leave the interview.   *I listened to her complain about her job.*

- An infinitive can be used in writing and on signs as an imperative, especially in the negative.

    No fumar.   No pisar.   No tocar.

The present participle

- You already know that present participles can be combined with **estar** to express actions in progress. There are a number of other verbs, such as **andar, ir, llevar, venir, salir, seguir,** and **terminar,** that combine with present participles. Each of these constructions conveys a different shade of meaning.

    Daniel **anda quejándose** de su mala suerte.
    Daniel is going around complaining about his bad luck.

- The present participle is also commonly used in Spanish as an adverb.

    Contestó **riéndose** que le habían ofrecido el puesto.
    Ganó experiencia laboral **trabajando** en una agencia de viajes.

- The English present participle is not always equivalent to the Spanish -**ando**/ -**iendo** forms. For example, the present participle is not generally used as an adjective in Spanish. A clause with a conjugated verb is used instead.

    muchas personas **que buscan** trabajo   un aspirante **que manda** su currículum
    *a lot of people **looking** for work*   *an applicant **sending** his resume*

- The present participle can be used after verbs of perception, such as **ver, oír, sentir,** and **escuchar**. In this usage, the present participle indicates that the action was in progress. You will learn more about these verbs in **pp. 186–188**.

    Lo **vi saliendo** de la entrevista.   La **escuché quejándose** de su trabajo.
    I saw him leaving the interview.   *I listened to her complaining about her job.*

REPASO

To review the formation of the present participle, see **pp. 210–229**.

REPASO

To review the formation of past participles, see **pp. 210–229**.

The past participle

- You already know to use the past participle in compound verbs and to express passive actions. The past participle can also be used as an adjective. When used as an adjective, the past participle agrees in gender and number with the noun it modifies.

> Los jóvenes españoles pasan por una crisis laboral **complicada**.
> Somos unos aspirantes **preparadísimos** sin oportunidades.

- In the case of verbs that have both a regular and an irregular participle, only the irregular form is used as an adjective.

> las papas **fritas**   *the potato chips/French fries*
> los documentos **impresos**   *the printed documents*
> los uniformes **provistos**   *the provided uniforms*

- Sometimes past participles form part of a clause.

> Aceptó el puesto, **convencido** de que no le quedaba mejor opción.
> Estos jóvenes, todos **graduados** desde hace años, siguen viviendo como estudiantes.
> **Atraído** por la posibilidad de cambio, comenzó una nueva carrera.

- An absolute participial clause, which often has no exact translation in English, generally goes at the start of the sentence.

> Una vez **terminado** el curso, se puso a buscar trabajo otra vez.
> *Once the class had ended, she began to look for work once more.*
> **Llegados** a la feria laboral, vimos que ya no dejaban entrar a más gente.
> *Having arrived at the job fair, we saw that they weren't letting more people in.*

Práctica

1 Completa las oraciones con la forma apropiada del verbo entre paréntesis.

Después de (1)＿＿＿＿＿＿ (visitar) a unos amigos en Alemania, Carolina se dio cuenta de que ellos vivían mucho mejor que ella. Por eso, ella decidió (2)＿＿＿＿＿＿ (escribir) una carta al periódico (3)＿＿＿＿＿＿ (explicar) su situación. Ella dice (4)＿＿＿＿＿＿ (ser) una joven de 27 años, con una preparación estupenda. Es sorprendente (5)＿＿＿＿＿＿ (saber) que solo gana 1000 euros al mes. Sin embargo, hay muchas personas que se encuentran en una situación (6)＿＿＿＿＿＿ (parecer). Han empezado a (7)＿＿＿＿＿＿ (llamarse) *mileuristas*.

(8)＿＿＿＿＿＿ (Vivir) como Carolina no es fácil. No puede (9)＿＿＿＿＿＿ (ahorrar); aun (10)＿＿＿＿＿＿ (compartir) un piso con tres chicas, apenas cubre sus gastos. Carolina soñaba con (11)＿＿＿＿＿＿ (hacerse) productora de cine, pero ese sueño ha (12)＿＿＿＿＿＿ (ser) imposible de realizar. Ahora, (13)＿＿＿＿＿＿ (resignar) ante su situación actual, ella vive sin (14)＿＿＿＿＿＿ (pedirle) demasiado al futuro. Es natural que muchos mileuristas se sientan (15)＿＿＿＿＿＿ (decepcionar) después de trabajar muchos años sin (16)＿＿＿＿＿＿ (lograr) sus metas.

2 En parejas, contesten las preguntas sobre su vida y su situación actual. Incluyan un infinitivo, un gerundio o un participio en cada respuesta.

1. ¿Estás trabajando ahora? ¿Estás pensando en buscar otro trabajo después de graduarte?

2. ¿Dónde prefieres vivir: en la ciudad o en el campo? ¿Solo/a o con amigos?

3. Para ti, ¿ganarse la vida es fácil o difícil? ¿Por qué?

4. ¿Cuáles son las ventajas y desventajas de ser estudiante universitario?

5. ¿Qué es lo más importante: encontrar un trabajo que te interese o uno que pague bien?

6. Pensando en tu futuro, ¿cómo te sientes: entusiasmado/a, desilusionado/a, confundido/a...?

7. Antes de llegar a la universidad, ¿qué querías ser?

8. ¿Con qué sueñas ahora? ¿Qué te gustaría aprender a hacer?

9. Una vez terminadas tus clases, ¿qué vas a hacer?

3 Traduce estas oraciones. En cada oración, presta atención al uso de los infinitivos, gerundios y participios.

1. Looking for a job takes time.

2. I need to write my resume.

3. Which are the students graduating this spring?

4. She says she has an interview tomorrow.

5. Have you gotten used to working there?

6. Finding a job before graduating will be hard.

7. I saw him drop off his resume.

8. Predicting the future is impossible.

9. You can learn a lot working as an intern (**pasante**).

10. He ended up going back to school.

11. Why are you going around complaining about your job?

12. Did you hear them talking about the job fair?

13. I want to learn to design web pages.

14. You need to be prepared and organized for your interview.

4 Para cada foto, escribe tres oraciones, una con un infinitivo, otra con un gerundio y la tercera con un participio. Usa tu imaginación y añade los detalles necesarios.

Modelo *De pequeña había **hecho** natación. Ahora estoy **entrenando** para un maratón. **Practicar** deportes es clave para tener una buena salud.*

1.

2.

3.

Ortografía y puntuación

4.5 Los números

Numerales cardinales

- Los numerales cardinales expresan cantidad. Dependiendo de su formación, los cardinales se dividen en:

  cardinales simples, formados por un solo número (**uno, dos, diez, mil**) y

  cardinales compuestos, formados por varios cardinales simples (**dieciséis, treinta y cinco**). Los siguientes cardinales se escriben en una sola palabra.

dieciséis	veintiuno	veintiséis	doscientos	setecientos
diecisiete	veintidós	veintisiete	trescientos	ochocientos
dieciocho	veintitrés	veintiocho	cuatrocientos	novecientos
diecinueve	veinticuatro	veintinueve	quinientos	
	veinticinco		seiscientos	

- Los demás cardinales compuestos se forman añadiendo la conjunción **y** o combinando los componentes sin necesidad de conjunción: **treinta y cinco, cincuenta y nueve, ciento dos, mil quinientos veinte,** etc.

- Cuando actúan como sustantivos, los cardinales son siempre masculinos: **el diecisiete, tres millones**. Sin embargo, cuando actúan como adjetivos o pronombres no tienen variación de género.

    Encontramos **dieciocho** plantas exóticas.

- Como excepción a esta regla, el cardinal **uno** y los cardinales correspondientes a las centenas adoptan el género del sustantivo al que se refieren.

    Debemos enviar treinta y **una** invitaciones.   Hemos recibido **doscientas** solicitudes.

¡ATENCIÓN!

En este ejemplo también sería válido poner el verbo en plural (**asistieron**), ya que la concordancia se puede dar entre **personas** y el verbo o entre **un millón** y el verbo.

- Además, el cardinal **uno** seguido de un sustantivo masculino pierde la **o**.

    Más de **un millón** de personas asistió a la manifestación contra el desempleo.

- Los cardinales también se utilizan para expresar porcentaje, combinándolos con **por ciento** o con el signo **%**. Se puede utilizar el artículo indeterminado **un** o el artículo determinado **el** delante del porcentaje. Sin embargo, en expresiones matemáticas se suele utilizar el artículo determinado **el**.

    El/Un 52% del electorado votó que sí.   **El** 50% de ocho es cuatro.

- Cuando el sustantivo que sigue a la expresión de porcentaje va en plural, el verbo puede ir tanto en singular como en plural. Sin embargo, cuando este sustantivo va en singular, el verbo debe ir siempre en singular.

    El veinte por ciento de los asistentes dijo/dijeron que no **le/les** gustó el concierto.
    En las pasadas elecciones, **votó el setenta por ciento de la población**.

¡ATENCIÓN!

No se usa espacio o puntuación después del primer dígito en cualquier número entre 1000 y 9999.

Colón llegó a América en **1492**.

Yo gano **6000** pesos y mi hermano, **10 000**.

- Tradicionalmente, en los números expresados en cifras, se utiliza la coma para separar la parte entera de la parte decimal ($\pi = 3{,}1416$) y el punto para separar grupos de tres dígitos (**3.000.000**). Sin embargo, también es correcto el uso del punto para los decimales ($\pi = 3{.}1416$) y la coma para grupos de tres dígitos (**3,000,000**). Actualmente, se recomienda utilizar espacios (**52 256 945**) para separar los números en grupos de tres.

- Para expresar precios, se suele utilizar la preposición **con** entre la parte entera y la parte decimal del número.

  Esta camisa vale **veinte dólares con cincuenta centavos**.

- El signo de dólar o de peso en los precios siempre va delante del número: **$2.50**. Sin embargo, el signo de euro generalmente va detrás: **2.50€**.

- A diferencia del inglés, en español no es correcto expresar las fechas separándolas en grupos de dos números (*nineteen eighty-seven: 1987*). Se debe enumerar la cifra entera: **mil novecientos ochenta y siete**. Los números de cuatro cifras terminados en doble cero no se deben expresar en grupos de dos cifras como en inglés (*twelve hundred: 1200*). La forma correcta es **mil doscientos**.

- Las fechas se expresan comenzando siempre por el día, seguido del mes y el año.

  26/4/1968 = **26 de abril de 1968**

- Para indicar los siglos, se deben utilizar los números romanos: **siglo XXI**. Los siglos se deben leer como números cardinales: **el siglo veintiuno**.

Numerales colectivos

- Los numerales colectivos expresan el número de componentes de un grupo: **par, pareja**. Pueden agruparse en las siguientes categorías según su función:

Uso	Número colectivo
Para designar la cantidad exacta de unidades en un grupo	**decena, docena, quincena** Quiero una **docena** de huevos.
Para designar conjuntos musicales	**dúo, trío, cuarteto, quinteto, sexteto, septeto, octeto** Escuché a un **sexteto** de cuerdas.
Para referirse a un grupo con un número aproximado de unidades	**veintena, treintena, cuarentena, centena/centenar** Invitaron a la fiesta a una **treintena** de personas.
Para hacer referencia a la edad de personas o cosas	**quinceañero, veinteañero, treintañero, cuarentón, cincuentón, octogenario, centenario, milenario** Mario tiene treinta años, pero su novia es una **cuarentona**.

Numerales ordinales

- Los numerales ordinales expresan el orden en una serie. Generalmente son adjetivos y suelen ir antepuestos al sustantivo, aunque también pueden ir detrás de él. Se abrevian con un número ordinal y una **o** o una **a** superíndice (*superscript*) o, a veces, con números romanos.

  Vivo en el **cuarto piso**.
  Acabo de estudiar la **lección tercera**.
  El último Papa fue Juan Pablo **II** (**segundo**).
  Mi hermano está en **7.º** (**séptimo**) grado.

- También pueden actuar como pronombres y, algunos de ellos, como adverbios.

  Siempre ha sido la **primera** de su clase.
  Primero dime lo que pasa.

¡ATENCIÓN!

La fracción del euro se expresa con el término **céntimo** y no **centavo**.

¡ATENCIÓN!

1 000 000 000 000
un billón = *one trillion*
1 000 000 000
mil millones (a veces, **un millardo**) = *one billion*

¡ATENCIÓN!

Mientras que *dozen* puede referirse a un grupo de aproximadamente 12 unidades, **docena** se utiliza para referirse exactamente a 12 unidades.

● Todos los ordinales deben concordar en género y número con el sustantivo que modifican o al que reemplazan: **primero/a(s), vigésimo/a(s),** etc.

Representación	Ordinal	Representación	Ordinal
1.º, 1.ª, 1.ᵉʳ	primero/a, primer	14.º, 14.ª	decimocuarto/a o décimo/a cuarto/a
2.º, 2.ª	segundo/a	20.º, 20.ª	vigésimo/a
3.º, 3.ª, 3.ᵉʳ	tercero/a, tercer	21.º, 21.ª, 21.ᵉʳ	vigesimoprimero/a o vigésimo/a primero/a vigesimoprimer o vigésimo primer
4.º, 4.ª	cuarto/a	22.º, 22.ª	vigesimosegundo/a o vigésimo/a segundo/a
5.º, 5.ª	quinto/a	30.º, 30.ª	trigésimo/a
6.º, 6.ª	sexto/a	40.º, 40.ª	cuadragésimo/a
7.º, 7.ª	séptimo/a	50.º, 50.ª	quincuagésimo/a
8.º, 8.ª	octavo/a	60.º, 60.ª	sexagésimo/a
9.º, 9.ª	noveno/a	70.º, 70.ª	septuagésimo/a
10.º, 10.ª	décimo/a	80.º, 80.ª	octogésimo/a
11.º, 11.ª	undécimo/a, decimoprimer(a) o décimo/a primero/a	90.º, 90.ª	nonagésimo/a
12.º, 12.ª	duodécimo/a, decimosegundo/a o décimo/a segundo/a	100.º, 100.ª	centésimo/a
13.º, 13.ª, 13.ᵉʳ	decimotercero/a o décimo/a tercero/a decimotercer o décimo tercer	120.º, 120.ª	centésimo/a vigésimo/a

Numerales fraccionarios

● Los numerales fraccionarios pueden ser adjetivos o sustantivos. De 1/11 en adelante acaban en **-avo/a** (**onceavo/a, quinceavo/a**). Los anteriores a 1/11 siguen la misma forma que los ordinales, excepto ½, que se expresa como **mitad** o **medio** cuando es sustantivo y **medio/a** cuando actúa como adjetivo; y ⅓, que se expresa **tercio** como sustantivo y tiene la misma forma que el ordinal cuando actúa como adjetivo. Como sustantivos, son siempre masculinos con la excepción de **mitad**.

> Ya me he leído la **mitad** de la novela.
> Ya me he leído **media** novela.

> Un **tercio** de los asistentes dijo que sí.
> La **tercera** parte de los asistentes dijo que sí.

Práctica

1 Completa las oraciones con el numeral cardinal, ordinal, colectivo o fraccionario correspondiente a los números entre paréntesis.

1. Nuestro club de lectores se reúne el ___*tercer*___ (3) jueves de cada mes.

2. Estoy harto. Esta es la ___*quinta*___ (5) vez que llega tarde.

3. Mercedes tiene un gran talento musical. Quedó ___*segunda*___ (2) en un concurso de violín de su ciudad.

4. La chica que conocí ayer no me pareció muy mayor. Debe ser una ___*quinceañera*___ (15).

5. No creo que se retrase mucho. Llegará en un ___*cuarto*___ (4) de hora.

6. ___*un sexto*___ (⅙) de la población mundial vive en China.

7. En el mundo hay cerca de ___*quinientos mil millones*___ (500 000 000) de personas que hablan español.

8. En la actualidad, la población mundial supera los ___*seis mill millones*___ (6 000 000 000) de personas.

9. La Navidad se celebra el ___*veinticinco*___ (25) de diciembre.

2 Reemplaza los números de las siguientes oraciones con su forma lingüística. Agrega o cambia lo que sea necesario.

1. El precio de la gasolina está a ___*$ con c*___ ($2.75) el galón.

2. Juan es vendedor a comisión y le pagan ___*diez por ciento*___ (10%) de todo lo que vende.

3. Según la información meteorológica de hoy, hay ___*40 por ciento*___ (40%) de probabilidad de lluvia.

4. No pude comprar el libro que me pediste porque me faltaban _____ ($23.46).

5. El papa Juan ___*vigésimo tercero*___ (XXIII) fue beatificado en el año _____ (2000) junto al papa Pío ___*noveno*___ (IX).

6. La película _____ *(2001): Una odisea en el espacio* es una de mis favoritas.

7. ___*un séptimo*___ (⅐) de los asistentes a la reunión votó que no.

3 Elaboren un breve informe estadístico con información acerca de la escuela San Martín. Para ello, formen oraciones combinando los componentes de las tres columnas siguientes.

> **Modelo** *El setenta y cinco por ciento de los estudiantes se gradúa(n) antes de cuatro años.*

⅓	estudiantes	se gradúa antes de cuatro años
50%	profesores	han conseguido el 2.º puesto en la competición de natación
½	tiempo	prefiere la clase de matemáticas
100%	padres	quieren que sus hijos estudien literatura
la mayoría	recursos	se dedican al pago de material escolar
$254	presupuesto	sirve para pagar los sueldos de los profesores
3		detestan la comida de la escuela
75%		hablan 3 idiomas
		se dedica a actividades extraescolares

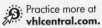
Practice more at vhlcentral.com.

Modelo

Lee el siguiente ensayo de opinión y observa cómo se presenta y desarrolla la tesis en los sucesivos párrafos. ¿Se proporcionan los argumentos suficientes para sustentarla (y tienen la fuerza para hacerlo)? ¿Es fácil identificar las oraciones tema en cada párrafo?

La introducción establece con claridad y concisión el tema (Facebook), la tesis (es una exhibición perpetua de la vida privada), y adelanta la conclusión ("es como una condena…").

Cada párrafo desarrolla los argumentos para apoyar la tesis.

Como otro argumento, se menciona la opinión contraria ("algunos lo consideran una gran oportunidad…") para refutarla inmediatamente ("la verdad es que…").

La conclusión incluye una cita (entre comillas y mencionando la fuente) que resume la tesis y retoma lo que se adelantó en la introducción.

Las infernales redes sociales

Facebook contradice el sano consejo de "dejar las cosas pasadas en el pasado". Cuando toda tu vida y la de tus conocidos (y los conocidos de tus conocidos) se exhibe permanentemente, nada queda nunca en el pasado. Es como una condena a ver todo el tiempo a los otros y dejar que los otros nos vean.

Esta red social se extendió como la peste desde 2004 hasta llegar a 500 millones de usuarios que comparten sus fotos, sus datos, sus pensamientos. El ingreso se presenta como optativo, pero en realidad deja de serlo cuando se convierte en un dilema: estar conectado a grupos familiares, de amigos o de estudios, o no estar conectado y quedarse fuera de eventos, conciertos y reuniones.

A quien se rinde y abre una cuenta comienzan a llegarle invitaciones para "ser amigo" de gente que hace años no ve. No aceptarlas parece descortés, y aceptarlas es abrir una ventana al pasado que probablemente hubiera convenido dejar cerrada. Algunos lo consideran una gran oportunidad de retomar contacto con viejos conocidos; la verdad es que, si hace años no los ves, seguramente es porque no quieres verlos. Pero, de ahora en más, esa persona que creías perdida en tu pasado salpicará tu vida con sus fotos y comentarios actualizados.

Se puede escribir en el "muro" y la gente lo hace a menudo. Allí se encuentran mensajes de padres que felicitan a sus hijos por darles nietos, parejas que se confiesan su amor eterno, amigos que comentan la salida que hicieron juntos el sábado… Pareciera que uno espía conversaciones ajenas, pero no solo nos han dado permiso, sino que las ponen ahí para que los veamos. En la era de los *reality shows*, eso resulta casi un consuelo: no seré famoso, pero tengo Facebook. O lo que es igual: alguien me mira, luego, existo.

"El infierno son los otros", dijo Jean-Paul Sartre. Y están todos ahí, en Facebook, haciéndonos purgar nuestros pecados en esa eterna vidriera congelada en la que entramos voluntariamente. Vaya a saber qué se nos perdió ahí, pero evidentemente algo encontramos, porque todavía estamos.

Tema de composición

Elige uno de los siguientes disparadores para componer un ensayo de opinión.

1. ¿Cuál es la edad ideal para independizarse de los padres?
2. ¿Es preferible dedicarse exclusivamente a los estudios o trabajar para ganar experiencia?
3. ¿Los campus preparan a los jóvenes para la vida real?

Antes de escribir

Tras haber elegido el tema, escribe la tesis (tu opinión). No te preocupes por la concisión de la frase: tienes tiempo de pulirla a medida que redactas el ensayo. Investiga a fondo el tema en busca de argumentos creíbles y fiables que apoyen tu tesis, y haz una lista. Anota correctamente cualquier cita que quieras mencionar y a quién pertenece. Un buen método para desarrollar un ensayo de opinión es comenzar con la opinión contraria a la tuya y luego refutarla, demostrando sus puntos débiles para destacar que tu opinión es la que vale. Pero nunca insultes ni ataques a nadie, porque eso daña tu credibilidad.

Escribir el borrador

Organiza el ensayo según la estructura de introducción, desarrollo y conclusión (**pp. 96–98**). Descarta las palabras superfluas o fórmulas que eviten decir directamente lo que quieres comunicar; de lo contrario, tu opinión pierde autoridad. No anuncies ni expliques tu tesis: afírmala, ya que tu objetivo es convencer. En cada párrafo, anota una única oración tema que exprese un argumento de apoyo de la tesis; debe ser una oración completa y afirmativa, nunca una pregunta. Explica bien los ejemplos que utilices y, si refutas algo, hazlo de manera que se entiendan bien los dos puntos de vista: el tuyo y el contrario. Ponle título.

Escribir la versión final

Una vez que tengas tu borrador listo, intercambia tu ensayo con un(a) compañero/a. Repasa los consejos de los talleres A y B de esta lección (**pp. 130–136**). Revisa los elementos básicos del ensayo de opinión y comprueba que aparezcan en el borrador que estás editando.

Concéntrate en la organización del ensayo:

- ¿La introducción y la conclusión están relacionadas de manera evidente?
- ¿La tesis se entiende bien desde el comienzo y está presentada adecuadamente para atraer la atención?
- ¿La conclusión logra resumir lo propuesto en la introducción?

Fíjate si en el desarrollo hay frases que, en tu opinión, tienen más fuerza y podrían reubicarse en la introducción o conclusión. Es importante que los argumentos sean suficientes, que estén presentados con autoridad y redactados con claridad para que resulte fácil seguirlos.

La opinión del autor debe quedar clara y no mezclada con las opiniones o las referencias citadas. Además, es necesario que la conclusión tenga un valor que trascienda lo personal para interesar a un público amplio.

Finalmente, reescribe tu ensayo e incluye los consejos que recibiste de tu compañero/a y que, según tu criterio, pueden ayudarte a mejorarlo.

La
argumentación

Lección

"La verdad es lo que es, y sigue siendo verdad aunque se piense al revés".

—Antonio Machado

Constantemente nos encontramos con situaciones y textos argumentativos: una publicidad que compara un producto con el de la competencia; dos amigos que discuten sobre qué cantante o serie de televisión es mejor; dos niños que comparan sus juguetes; dos políticos en un debate. El objetivo es demostrar, a través de argumentos, que la postura de uno es mejor que la del otro. En el ambiente académico, los ensayos argumentativos se cuentan entre los más comunes. También se recurre a la argumentación en otros textos de uso común, como las cartas de presentación.

En esta lección se desarrollan textos argumentativos que te ayudan a encontrar tu voz y trasmitir tus ideas con el peso necesario para que lleguen a influir en otros.

¿Qué hacen las personas de la foto? ¿Cómo es su lenguaje corporal? ¿La foto sugiere la presencia de "otros"? ¿Qué papel tienen los "otros" en esta situación?

EXPANSIÓN
*A Handbook of
Contemporary Spanish Grammar*
Chapters 23, 25, 27, 28

El novelista Juan José Saer dijo que un cuento de **Antonio Di Benedetto** se reconocía enseguida y a primera vista, como un cuadro de Van Gogh. Su estilo único y personal fue admirado por escritores de la talla de Borges, Cortázar y Bolaños, quien lo convirtió en personaje de su cuento "Llamadas telefónicas".

Di Benedetto nació en 1922 en Mendoza, Argentina. Fue escritor y periodista. La noche del golpe militar del 24 de marzo de 1976 fue apresado sin que nunca estuviera claro el motivo. Como en prisión rompían todos sus papeles, escribía con letra microscópica cuentos que enviaba a amigos en forma de cartas. Las gestiones del escritor Ernesto Sábato y un telegrama del Premio Nobel de literatura, el alemán Heinrich Böll, al presidente Videla lograron su liberación en septiembre de 1977. Di Benedetto se exilió en España, donde se ganó la vida con colaboraciones para periódicos y participando en concursos literarios. Murió poco después de regresar a Argentina, en 1986.

Mariposas de Koch instala en el lector la extrañeza ante la ingenuidad, sin esperanzas, del narrador que argumenta que no está enfermo, sino que se tragó

unas mariposas. Esa fuga de la realidad trasluce la experiencia de soledad, angustia y absurdo del ser humano, obligado a una realidad precaria y azarosa, donde la muerte puede ser algo que se le mete en el cuerpo, "como mariposas ciegas", y lo destruye. Lo fantástico surge, explicó Di Benedetto, "en la mente del hombre que no consigue explicarse las cosas extrañas que suceden en su entorno". ■

Mariposas de Koch

Empieza con la afirmación que el cuento se dedicará a refutar: "Dicen que escupo sangre...", y enseguida establece la tesis que defiende: "Son mariposas, mariposas rojas.".

▶ **D**icen que escupo[1] sangre, y que pronto moriré. ¡No! ¡No! Son mariposas, mariposas rojas. Veréis.

Yo veía a mi burro mascar[2] margaritas[3] y se me antojaba[4] que esa placidez de vida, esa serenidad de espíritu que le rebasaba[5] los ojos era obra de las
5   cándidas flores. Un día quise comer, como él, una margarita. Tendí la mano[6] y en ese momento se posó[7] en la flor una mariposa tan blanca como ella. Me dije: ¿por qué no también?, y la llevé a los labios. Es preferible, puedo decirlo, verlas en el aire. Tienen un sabor que es tanto de aceite como de yerbas rumiadas[8]. Tal, por lo menos, era el gusto de esa mariposa.

Como busca persuadir con argumentos que nadie puede comprobar, porque son hechos que solo él presenció, desarrolla detalles precisos (el sabor de las mariposas, etc.) para garantizar la realidad de lo que cuenta.

▶ 10   La segunda me dejó sólo un cosquilleo[9] insípido en la garganta, pues se introdujo ella misma, en un vuelo, presumí yo, suicida, en pos de[10] los restos[11] de la amada, la deglutida[12] por mí. La tercera, como la segunda (el segundo, debiera decir, creo yo), aprovechó mi boca abierta, no ya por el sueño de la siesta sobre el pasto[13], sino por mi modo un tanto estúpido de contemplar el trabajo de las
15   hormigas, las cuales, por fortuna, no vuelan, y las que lo hacen no vuelan alto.

---

[1]*I spit* [2]*chewing* [3]*daisies* [4]*it seemed to me* [5]*overflowed* [6]*I held out my hand* [7]*landed* [8]*chewed-up grass* [9]*tickling sensation*
[10]*in pursuit of* [11]*remains* [12]*swallowed* [13]*grass*

La tercera, estoy persuadido, ha de haber llevado también propósitos suicidas, como es propio del carácter romántico suponible en una mariposa. Puede calcularse su amor por el segundo y asimismo pueden imaginarse sus poderes de seducción, capaces, como lo fueron, de poner olvido respecto de la primera, la única, debo aclarar, sumergida —muerta, además— por mi culpa directa. Puede aceptarse, igualmente, que la intimidad forzosa en mi interior ha de haber facilitado los propósitos de la segunda de mis habitantes.

No puedo comprender, en cambio, por qué la pareja, tan nueva y tan dispuesta[14] a las locas acciones, como bien lo había probado, decidió permanecer adentro, sin que yo le estorbase[15] la salida, con mi boca abierta, a veces involuntariamente, otras en forma deliberada. Pero, en desmedro del[16] estómago pobre y desabrido[17] que me dio la naturaleza, he de declarar que no quisieron vivir en él mucho tiempo. Se trasladaron al corazón, más reducido, quizás, pero con las comodidades de un

"Dicen que escupo sangre, y que pronto moriré. ¡No! ¡No! Son mariposas, mariposas rojas. Veréis".

hogar moderno, por lo que está dividido en cuatro departamentos o habitaciones, si así se prefiere nombrarlos. Esto, desde luego, allanó[18] inconvenientes cuando el matrimonio comenzó a rodearse de párvulos[19]. Allí han vivido, sin que en su condición de inquilinos[20] gratuitos puedan quejarse[21] del dueño de casa, pues de hacerlo pecarían malamente de ingratitud[22].

Allí estuvieron ellas hasta que las hijas crecieron y, como vosotros comprenderéis, desearon, con su inexperiencia, que hasta a las mariposas pone alas, volar más allá. Más allá era fuera de mi corazón y de mi cuerpo.

Así es como han empezado a aparecer estas mariposas teñidas[23] en lo hondo de mi corazón[24], que vosotros, equivocadamente[25], llamáis escupitajos[26] de sangre. Como veis, no lo son, siendo, puramente, mariposas rojas de mi roja sangre. Si, en vez de volar, como debieran hacerlo por ser mariposas, caen pesadamente al suelo, como los cuajarones[27] que decís que son, es sólo porque nacieron y se desarrollaron en la obscuridad y, por consiguiente, son ciegas, las pobrecitas. ■

Incluye tecnicismos (**propósitos suicidas**) para lograr una apariencia de objetividad.

Toma distancia de la subjetividad de sus argumentos con el recurso de oraciones impersonales y pasivas ("si así se prefiere nombrarlos").

Le da fuerza a la refutación indicando su valoración de la postura ajena: "vosotros, equivocadamente, llamáis…".

Mediante el conector consecutivo **y, por consiguiente** introduce la tesis final.

[14]*willing* [15]*obstruct, be in the way* [16]*to the detriment of* [17]*unpleasant, sour* [18]*eased, resolved* [19]*infants* [20]*tenants* [21]*complain* [22]**pecarían**... *they would be overly ungrateful* [23]*dyed, tinged* [24]*in the depths of my heart* [25]*mistakenly* [26]*spittle, coughed-up bits* [27]*clots (of blood)*

Después de leer

1 **Comprensión** Indica si las oraciones son ciertas o falsas. Luego, en parejas, corrijan las falsas.

Cierto	Falso		
☒	☒	1.	El narrador se llama Koch.
☒	☐	2.	Afirma que le salen mariposas rojas de la boca.
☐	☒	3.	Habitualmente come yerba y mariposas con su burro.
☒	☐	4.	Según cuenta, las mariposas blancas tienen gusto a margaritas.
☒	☒	5.	Dice que una pareja de mariposas vive en su corazón.
☐	☒	6.	Las hijas de las mariposas están teñidas de su sangre.
☐	☒	7.	Él quiere sacárselas del cuerpo y por eso las escupe.
☒	☐	8.	Sostiene que las mariposas rojas caen al suelo porque son ciegas.

2 **Análisis** En parejas, respondan estas preguntas.

1. ¿Quiénes pueden ser las personas a las que se dirige el narrador cuando dice: "Veréis"? ¿Por qué razón querrá demostrar que están equivocadas?

2. ¿Qué detalles del relato indican que este hombre está enfermo? ¿Cómo lo explica él?

3. Al final, el narrador dice que las mariposas "son ciegas, las pobrecitas". ¿Qué delatan estas palabras de su opinión sobre las "mariposas rojas"? ¿Cómo te parece que se siente ante su situación?

4. ¿Qué te parece el título del cuento? ¿Le pondrías otro?

5. "El trabajo del escritor tiene mucho de embaucador (*trickster*)", afirmó Di Benedetto. ¿En qué te parece que quiere embaucar al lector el cuento *Mariposas de Koch*? ¿Por qué piensas que quiere hacerlo? ¿Lo consigue?

6. ¿Qué sensación te dejó el relato a ti? ¿Cuál es la versión de los hechos que prefieres? ¿Por qué?

3 **La conclusión** La conclusión es muy importante en toda argumentación, porque debe resumir lo expuesto y ser recordada por los lectores. En grupos, imaginen que son los abogados del narrador de *Mariposas de Koch* en un juicio. Retomen la tesis y las premisas más poderosas para escribir una conclusión objetiva y convincente en un párrafo. Pueden sugerir una solución o advertir de algo. ¿Incluirían otros argumentos para cerrar su alegato de que no está enfermo?

4 **Teorías de conspiración** Las teorías de conspiración presentan multitud de argumentos para probar sus tesis, pero todos ellos son falsos o, al menos, muy cuestionables y difíciles de probar. Elige una de estas teorías y escribe la introducción de una argumentación a favor o en contra (con la tesis que defiendes y el resumen de la opinión que quieres refutar). Enumera también tres argumentos que usarías para probar tu tesis.

- El gobierno oculta a los extraterrestres (Roswell, etc.)
- El hombre nunca llegó a la Luna
- Marilyn Monroe fue asesinada por la CIA

TALLER DE LENGUA

Léxico

5.1 Cognados falsos

- Los cognados falsos son palabras que se asemejan en su forma o en su pronunciación (o de ambas maneras) a palabras de otra lengua, pero que realmente tienen significados diferentes. También se los denomina "falsos amigos" porque tienen una apariencia familiar, pero en realidad son engañosos y, por tanto, hay que tener cuidado con ellos.

> Ana está **embarazada**. *Ana is **pregnant***.
> Ana está **avergonzada**. *Ana is **embarrassed***.
> Antonio trajo una **carpeta**. *Antonio brought a **folder***.
> Antonio trajo una **alfombra**. *Antonio brought a **carpet***.

Sustantivos

La palabra	no significa	sino	Ejemplos
abogado	*avocado*	*lawyer*	El **abogado** conocía todas las leyes.
conductor	*conductor*	*driver*	Carlos es buen **conductor**.
desgracia	*disgrace*	*misfortune*	¡Qué **desgracia** no tener nada de dinero!
éxito	*exit*	*success*	El proyecto será todo un **éxito**.
grosería	*grocery*	*vulgarity*	¡Para ya de decir **groserías**!
lectura	*lecture*	*reading*	El profesor nos asignó varias **lecturas**.
aviso	*advice*	*warning, ad*	Ya le dio dos **avisos** para que pagara.

Adjetivos

La palabra	no significa	sino	Ejemplos
comprensivo/a	*comprehensive*	*understanding*	Ella es muy **comprensiva**.
fastidioso/a	*fastidious*	*annoying*	¡Qué sonido **fastidioso**!
gratuito/a	*gratuity*	*free (of charge)*	La entrada es **gratuita**.
largo/a	*large*	*long*	Es una película muy **larga**.
sensible	*sensible*	*sensitive*	Luis es muy **sensible**.
simpático/a	*sympathetic*	*nice*	Víctor es muy **simpático**.

Verbos

La palabra	no significa	sino	Ejemplos
asistir	*to assist*	*to attend*	No podré **asistir** a la conferencia.
atender	*to attend*	*to assist*	La enfermera **atenderá** pacientes todo el día.
contestar	*to contest*	*to answer*	**Contesta** mi pregunta, por favor.
molestar	*to molest*	*to bother*	No debes **molestar** a tus compañeras.
quitar	*to quit*	*to take off*	¡Qué calor hace! ¡Me voy a **quitar** el abrigo!
realizar	*to realize*	*to carry out*	Pudieron **realizar** la investigación.

¡ATENCIÓN!

Otros ejemplos:

advertir *to warn*

champiñón *mushroom*

colegio *school*

diversión *entertainment*

fábrica *factory*

grabar *to record*

librería *bookstore*

pariente *relative*

recordar *to remember*

resto *remains/remainder*

salado/a *salty*

suceso *event*

Adverbios

La palabra	no significa	sino	Ejemplos
actualmente	*actually*	*currently*	**Actualmente** vivo fuera del país.
eventualmente	*eventually*	*possibly, probably*	**Eventualmente**, tendremos algunos problemas.
últimamente	*ultimately*	*lately*	He trabajado mucho **últimamente**.

- En algunos casos, la confusión se puede presentar según el contexto. **Acciones** puede significar *actions* or *stock/shares*. **Firma** puede significar *firm (company)* o *signature*. En estos casos, resulta muy útil acudir al diccionario.

> Esta es una **firma** sólida.
> *This is a solid firm.*

> Ponga aquí su **firma**, por favor.
> *Please sign here.*

Práctica

1 Completa las oraciones del párrafo con una de las palabras entre paréntesis. Busca en el diccionario las palabras que no conozcas.

Un fantástico concierto

¡Qué emoción! Hoy iré con Carlos, mi mejor amigo, a un concierto de Daniel Barenboim, el famoso (1)＿＿＿＿＿＿ (conductor/director) argentino. Ana, otra gran amiga a quien le encanta la música clásica, no podrá ir con nosotros porque no tiene (2)＿＿＿＿＿＿ (moneda/ dinero). Es que la entrada no es (3)＿＿＿＿＿＿ (gratuita/propina): ¡Cuesta 50 dólares! Además, ella tiene un compromiso con sus abuelos y otros (4)＿＿＿＿＿＿ (padres/parientes). Es una lástima que no pueda (5)＿＿＿＿＿＿ (atender/asistir) al concierto porque ella es muy (6)＿＿＿＿＿＿ (sensata/sensible) y se emociona mucho con la música. Además está (7)＿＿＿＿＿＿ (embarazada/avergonzada) y dicen que a los bebés antes de nacer les conviene escuchar música clásica. ¡Pero en fin!... (8)＿＿＿＿＿＿ (Eventualmente/Finalmente) nos reuniremos con ella el fin de semana para saborear una deliciosa (9)＿＿＿＿＿＿ (salada/ensalada) con (10)＿＿＿＿＿＿ (campeones/champiñones) mientras escuchamos el CD de Barenboim, ¡pues me lo voy a comprar después del concierto!

2 Traduce estas oraciones al inglés.

1. Con la ayuda de un abogado, realizaremos una encuesta en mi colegio.

2. Esperamos no molestar a los estudiantes con esta encuesta y que ellos contesten las preguntas con sinceridad.

3. El cuestionario es un poco largo, pero es importante para el mejoramiento de nuestra institución.

4. Esperamos tener éxito con la encuesta y eventualmente, con los resultados, obtener más dinero por parte del gobierno.

3 Escribe una oración con cada par de palabras.

> Modelo　resto/descansar　*Después de hacer el **resto** de mis tareas, voy a **descansar**.*

1. realizar/darse cuenta
2. suceso/éxito
3. lectura/conferencia
4. librería/biblioteca
5. sensible/sensato
6. colegio/universidad

Léxico

5.2 Los prefijos

- Los prefijos son morfemas que se anteponen a las palabras y modifican el significado o crean nuevas palabras, pero conservan la categoría gramatical.

  —¿Este automóvil es veloz?　　　　—No es veloz; es **ultra**veloz.

- La mayoría de los prefijos del español provienen del latín o del griego. Pueden anteponerse a sustantivos, adjetivos, verbos y adverbios.

  El *Apolo 13* era un **super**cohete.　　Los meteorólogos **pre**dicen el clima.
  Eva va a una escuela **poli**técnica.　　Esta tarea está **in**usualmente difícil.

- Los prefijos del español y del inglés no siempre coinciden.

Prefijo	Significado	Ejemplos
a-/an- + *vocal*	privación o negación	**a**típico, **an**estesia
ante-	anterioridad en espacio anterioridad en tiempo	**ante**sala **ante**noche
bi-/bis-/biz-	dos	**bi**lateral, **bis**nieto, **biz**cocho
circun-/circum-	alrededor	**circun**ferencia, **circum**polar
con-/com-/co-	reunión cooperación	**con**vivir, **com**paginar **co**director
contra-	oposición o contraposición	**contra**decir, **contra**atacar (***counter**-attack*)
de-	hacia abajo disociar o separar reforzar el significado	**de**preciar, **de**glutir (*gulp **down***) **de**marcar **de**clarar
des-	significado opuesto privación	**des**orden (***dis**order*) **des**techado (*home**less***)
dis-	negación contrariedad	**dis**capacidad, **dis**función (***dys**function*) **dis**gustar
endo-	en el interior	**endo**gámico **endo**ameba (***end**ameba*)
entre-	posición intermedia relacionar cosas	**entre**abrir (*to open **half**way*) **entre**lazar (***inter**twine*)
ex-	fuera más allá que ya no es	**ex**temporáneo **ex**tender **ex** presidente (*former/**ex**-president*)
hiper-	exceso grado superior	**hiper**tensión **hiper**vínculo
hipo-	insuficiencia debajo de	**hipo**tiroidismo **hipo**tálamo
i- + r/l / im- + b/p in- + *vocal*	negación o privación adentro, al interior	**in**usual (***un**usual*); **i**lógico; **im**probable **in**troducir
mono-/mon-	uno	**mono**gamo
pluri-	varios	**pluri**celular (***multi**cellular*)
pos-/post- + *s*	después de	**pos**guerra, **post**surrealismo
pre-	anterior a (lugar o tiempo)	**pre**calentar

¡ATENCIÓN!

En muchos de los casos presentados en la tabla, hay pequeñas diferencias ortográficas entre el prefijo español y el prefijo inglés.

Prefijo	Significado	Ejemplos
pro-	en lugar de ante, delante de impulsar negar	**pro**nombre **pró**logo **pro**mover **pro**hibir
re-	repetición movimiento hacia atrás intensificación oposición o resistencia negación	**re**iterar **re**tornar **re**forzar **re**plicar **re**probar
sobre-	exceso, superposición	**sobre**peso (*overweight*)
sub-/so-/su-	debajo de	**sub**terráneo, **so**meter, **su**poner
super-	encima de alto grado excelencia	**super**intendente **super**poblado (*overpopulated*) **super**hombre
tras-/trans-	al otro lado, a través de	**tras**atlántico, **trans**atlántico
ultra-	más allá de exceso	**ultra**mar (*overseas*) **ultra**moderno

- Muchos otros prefijos son idénticos en inglés.

antidemocrático	**inter**ceptar	**perí**metro	**tri**ángulo
extracurricular	**intra**net	**retro**activamente	**uni**lateral
infrarrojo	**multi**color	**semi**círculo	

Práctica

1 Lee las siguientes oraciones y completa las palabras con el prefijo correcto.

| inter- | multi- | mono- | pos- | poli- | des- | re- | im- | in- | extra- |

1. ¿Puedes decirme qué dice aquí? Este texto es _____comprensible.
2. Después del colonialismo siguió el _____colonialismo.
3. Tienes muchas habilidades. Eres _____facética.
4. Ese periodista siempre dice lo mismo. Es _____temático.
5. Qué caos. Definitivamente eres muy _____ordenado.
6. Los acuerdos políticos deben ser _____laterales.
7. En el congreso participarán invitados de ocho países; es _____nacional.
8. Nada es _____posible si trabajas para lograrlo.
9. Esta noticia no es oficial. Es _____oficial.
10. Debemos ayudar a _____construir Haití.

2 Lee la definición y escribe la palabra correcta.

1. _____: que no es típico
2. _____: es la mitad de un círculo
3. _____: que no es lógico
4. _____: reemplaza al nombre
5. _____: no gustar
6. _____: después de la guerra

3 Escribe un párrafo utilizando diez prefijos.

Léxico

5.3 Verbos seguidos de preposición

- Al igual que en inglés, muchos verbos en español van siempre seguidos de una preposición.

¡ATENCIÓN!

Las perífrasis verbales y los verbos modales se encuentran en las **pp. 186–188.**

Verbos normalmente seguidos por sustantivo o infinitivo

acordarse **de** *to remember*	encargarse **de** *to be in charge of*
acostumbrarse **a** *to be/get accustomed to*	enseñar **a** *to teach (sb.) how to do sth.*
adaptarse **a** *to adapt to*	hartarse **de** *to be fed up with*
aficionarse **a** *to become fond of*	ir **a** *to be going (to do sth.)*
animar **a** *to encourage to*	morirse **por** *to be crazy about sth. or sb.*
aspirar **a** *to aspire to*	ocuparse **de** *to take care of*
ayudar **a** *to help*	olvidarse **de** *to forget*
cansarse **de** *to get tired of*	oponerse **a** *to oppose sth.*
concentrarse **en** *to concentrate on*	pensar **en** *to think about*
condenar **a** *to sentence (sb.)* to*	preocuparse **por** *to worry about*
conformarse **con** *to be satisfied with*	renunciar **a** *to give up*
dedicarse **a** *to devote oneself to*	resistirse **a** *to resist*

¡ATENCIÓN!

Olvidar puede usarse de cuatro maneras.
Olvidé algo.
Me olvidé algo.
Me olvidé de algo.
Se me olvidó algo.

Verbos normalmente seguidos por infinitivo

acabar **de** *to have just finished doing sth.*	empezar **a** *to start*
alegrarse **de** *to be glad*	insistir **en** *to insist on doing sth.*
arrepentirse **de** *to regret*	llegar **a** *to succeed in doing sth.*
arriesgarse **a** *to risk doing sth.*	negarse **a** *to refuse to*
atreverse **a** *to dare to do sth.*	ponerse **a** *to begin doing sth.*
cesar **de** *to cease to*	prestarse **a** *to offer oneself to do sth.*
comenzar **a** *to begin (to do sth.)*	probar **a** *to try to do sth.*
comprometerse **a** *to commit (to do sth.)*	quedar **en** *to agree to do sth.*
convenir **en** *to agree on*	tardar **en** *to take time to do sth.*
dedicarse **a** *to devote oneself to*	tener ganas **de** *to feel like doing sth.*
dejar **de** *to stop doing sth.*	tratar **de** *to try to*
disponerse **a** *to get ready to*	volver **a** *to (verb) again*

Verbos normalmente seguidos por sustantivo

acompañar **a** *to keep sb. company*	depender **de** *to depend on*
agarrarse **de** *to clutch*	despedirse **de** *to say goodbye to*
alejarse **de** *to move away from*	enamorarse **de** *to fall in love with*
burlarse **de** *to mock*	encontrarse **con** *to meet (encounter)*
caber **en** *to fit*	enterarse **de** *to find out (about)*
carecer **de** *to lack*	entrar **en** *to enter (a place)*
casarse **con** *to marry*	fijarse **en** *to notice*
compadecerse **de** *to sympathize with*	oler **a** *to smell like*
comprometerse **con** *to get engaged to*	reírse **de** *to laugh at*
confiar **en** *to trust*	soñar **con** *to dream about (of)*
contar **con** *to count on*	viajar **en** *to travel by*

*sth. representa *something*; sb. representa *someone, somebody*

- Al contrario que los verbos de la lista anterior, también hay verbos que en español no llevan preposición, pero en inglés, sí.

acordar *to agree **on***	lograr *to succeed **in***
agradecer *to be grateful **for***	mirar *to look **at***
aprovechar *to take advantage **of***	pagar *to pay **for***
buscar *to look **for***	pedir *to ask **for***
cuidar *to care **for***	pensar *to plan **on***
desear *to long **for***	proporcionar *to provide **with***
entregar *to present **with***	quitar *to take **off***
escuchar *to listen **to***	solicitar *to apply **for***
esperar *to hope **for***	suplicar *to beg **for***

- A menudo, las diferencias entre los dos idiomas en cuanto al uso de estas preposiciones conduce a cometer errores. Por ejemplo, algunos hispanohablantes que viven en países de habla inglesa utilizan la preposición correspondiente al inglés.

> Esperé el autobús una hora.
> *I waited **for** the bus for an hour.*
> Soñé **con** mi amigo Daniel.
> *I dreamed **about** my friend Daniel.*
> Víctor solicitó el nuevo puesto.
> *Víctor applied **for** the new position.*

- En muchos casos la preposición coincide en ambos idiomas.

acercarse **a** *to get close **to***	librarse **de** *to get rid **of***
amenazar **con** *to threaten **with***	obligar **a** *to force **to***
aprender **a** *to learn **to***	optar **por** *to opt **for***
aprovecharse **de** *to take advantage **of***	reflexionar **sobre** *to reflect **on***
avergonzarse **de** *to be ashamed **of***	ser acusado/a **de** *to be accused **of***
empeñarse **en** *to insist **on***	tender **a** *to tend **to***
estar dispuesto/a **a** *to be willing **to***	traducirse **en** *to result **in***
gritar **a** *to shout **at***	venir **de** *to come **from***
insistir **en** *to insist **on***	votar **por** *to vote **for***

- Ciertos verbos preposicionales también pueden ir seguidos de un adjetivo.

Verbo	Ejemplo
pecar **de** *to sin, to be too* + *adjective*	Pecó **de** inocente. *He was too naive.*
presumir **de** *to boast (about/of)*	Presume **de** generoso. *He boasts about being generous.*
tenerse **por** *to consider oneself*	Javier se tiene **por** experto. *Javier considers himself an expert.*
tildar/tachar a alguien **de** *to brand somebody (as)*	Me molestó que me tildara/tachara **de** mentirosa. *It bothered me that he branded me (as) a liar.*

Práctica ....

1 Completa las conversaciones con las preposiciones correctas. Si no es necesario usar una preposición, indícalo con una X.

1. —¿Qué te pasa? ¿Estás pensando _____ el trabajo?

   —Sí, creo que no me he acostumbrado _____ mi nuevo puesto.

2. —Se nota que estás enamorado _____ Sofía. Desde que sales con ella hueles _____ perfume.

3. —Hoy te estás negando _____ todo.

   —¡Cállate y no me amenaces _____ irte!

4. —Me olvidé _____ llamar a mis padres.

   —Pero ellos no esperan _____ tu llamada todos los días.

5. —¿Has quedado con Ésmeralda _____ ir a almorzar?

   —Sí, es que me parece una chica muy interesante. Los dos nos dedicamos _____ la política.

6. —¡No te atrevas _____ interrumpir a Sergio!

   —¿Por qué?

   —Porque está concentrándose _____ los estudios.

7. —Últimamente he estado soñando mucho. Ayer, por ejemplo, soñé _____ Eva.

8. —¿Te has enterado _____ las últimas noticias?

   —No, siempre confío _____ que tú me cuentes los chismes.

   —Bueno, ¡después de tantos años Ana y Pedro están dispuestos _____ tener hijos!

2 Traduce las oraciones al español usando verbos seguidos de preposición.

1. I have just finished cleaning the house, so please take off your shoes.

2. It took him four days to finish the book.

3. This dog refuses to follow any orders.

4. Esteban took advantage of the situation.

5. We all have to commit to working together.

6. Can you teach me how to play guitar?

3 Haz cinco preguntas personales a un(a) compañero/a combinando los verbos y las preposiciones de la lista.

avergonzarse	negarse	a
conformarse	pensar	con
enamorarse	preocuparse	de
encargarse	tardar	en
hacer lo posible	tener ganas	por
hartarse	volver	

4 Escribe un párrafo utilizando seis de estos verbos preposicionales.

arrepentirse de	dejar de	fijarse en	reírse de	ser acusado/a de	tenerse por
dedicarse a	depender de	presumir de	renunciar a	tachar de	tratar de

Estructuras

5.4 Other uses of *se*

- As you learned in lesson 3 (**pp. 81–83**), **se** can be used to form passive constructions. **Se** is also a substitute for **le** or **les** in sentences where both an indirect and direct object pronoun are used together.

  —¿A quién **le cuenta** todo esto el narrador?

  —Creo que **se lo cuenta** a un grupo de médicos.

Reflexive and reciprocal *se*

- **Se** is used as both a third-person singular and plural reflexive pronoun.

  Una mariposa **se posó** en la mano.

  ¿Cómo **se metieron** las mariposas en la boca?

- A number of common verbs expressing feelings and states are often used with **se**, although these verbs do not truly express a reflexive action. Some verbs in this group include **sentirse, enojarse, alegrarse, molestarse, desesperarse, darse cuenta, ponerse, volverse**, and **hacerse**.

  El pobre narrador **se enfermó**.

  Ahora **se preocupan** todos por él.

  Cada vez que tose, **se altera**.

- **Se** can be also used as a third-person reciprocal pronoun, to express the idea of *each other* or *one another*.

  Según el narrador, las mariposas que lleva dentro de su cuerpo **se aman**.

  El escritor y la lectora **se escribían** mensajes de correo electrónico.

- **Se** can be used with any indirect object pronoun and certain verbs to express an unexpected or unintentional event. Verbs frequently used in this construction include **acabar, caer, romper, ocurrir, perder, quemar**, and **olvidar**. In this construction, **se** is invariable. The indirect object pronoun changes according to whom the action happens; the verb is always third-person singular or plural, depending on the subject.

  A aquella mariposa **se le cayó** un ala.

  Se me ocurre que el narrador está delirando.

  Por un momento, **se nos olvidó** que estaba enfermo.

- **Se** can be used with some verbs to add a layer of meaning. This nuance is hard to translate into English. It generally expresses or emphasizes the entirety of an action, but it can also indicate enjoyment, effort, achievement, etc. The use of **se** in such cases is optional.

  Él **(se) comió** tres mariposas.
  He ate three whole butterflies.

  (Se) leyó el cuento de cabo a rabo sin entenderlo.
  She read the entire story without understanding it.

  Víctor **(se) merece** un premio.
  Víctor deserves an award.

¡ATENCIÓN!

In reflexive actions, **se** can represent either the direct object or the indirect object of an action.

El narrador no puede **dormirse** por la tos. (*direct object*)

Se toca la garganta. (*indirect object*)

- Many verbs in Spanish, like **ganar(se), marchar(se), llevar(se), establecer(se),** and **tirar(se),** can be used with or without **se**. Note that the meaning of the verb often changes, sometimes quite subtly, when the verb is used with the pronoun.

    > **Parece** que el narrador está enfermo.
    > *It seems like the narrator is sick.*
    > Todas las mariposas blancas **se parecen**.
    > *All the white butterflies look alike.*

- Conversely, there are some verbs, like **arrepentirse, atreverse, fugarse, quejarse**, and **suicidarse,** which can only be used with **se**.

    > Las mariposas quisieron **suicidarse**.
    > **Se atrevió** a comer las mariposas.

Impersonal *se*

- In Spanish, the impersonal se (*se* **impersonal**) expresses the idea of a non-specific subject performing an action. In English, this idea is often expressed using *they, you, people, one,* etc.

    > **No se trabajaba** mucho en ese hospital.
    > *People didn't work a lot in that hospital.*

- The impersonal **se** is always used with verbs in the third-person singular. Most of the time, the verb is intransitive; in other words, it does not have a direct object.

    > **Se habla** mucho de la tuberculosis.

- Sometimes, the impersonal **se** can be used with a transitive verb. Note that the verb is always in the third-person singular, and that **se** always precedes the verb.

    > En la facultad de medicina **se estudia** anatomía humana.

- The impersonal **se** can also be used with the verbs **ser** and **estar**.

    > Cuando **se es** honesto con uno mismo, **se es** más feliz.
    > No **se está** bien en este hospital.

- Remember that the passive **se** and the impersonal **se** express different things and are used differently. The passive **se** is used only with transitive verbs, and the verb can be third-person singular or plural. The object of the active sentence becomes the grammatical subject of the passive **se** sentence. On the contrary, an impersonal **se** construction does not have a grammatical subject.

    > **Se presentaron** varios síntomas muy graves.
    > *(se pasiva: **Varios síntomas** is the subject of the sentence.)*
    > **Se habló** de llevar al paciente al sanatorio.
    > *(se impersonal)*

- When the direct object of a transitive verb is a person, the personal **a** is needed. In impersonal **se** sentences, the direct object can be replaced by either a direct object pronoun or an indirect object pronoun.

    > Se invitó **a los/las doctores/as**.   Se **los/las** invitó.   Se **les** invitó.

¡ATENCIÓN!

Remember that **se**, like all other pronouns, comes before a single conjugated verb, or can be attached to the end of an infinitive or present participle.

El paciente va a levantar**se**/ **se** va a levantar.

El paciente **se** está levantando/está levantándo**se**.

Práctica ···

1 Elige la opción correcta para completar cada oración.

1. Este cuento _habla_ (habla/se habla) de un paciente en una clínica.

2. *Mariposas de Koch* _____ (escribió/se escribió) en los años 50.

3. En el cuento, un paciente tuberculoso _____ (engaña/se engaña) a sí mismo.

4. Primero cuenta que _____ (habían comido/se había comido) varias mariposas blancas.

5. Él dice que lo que _____ (se escapan/se le escapa) de la boca son mariposas rojas.

6. El cuento _____ (presenta/se presenta) una metáfora: las mariposas rojas son en realidad escupiduras de sangre.

2 Reescribe las oraciones. En cada oración, utiliza un verbo con **se**.

> Modelo   Podemos subir al segundo piso de la clínica por aquí.
> *Se puede subir al segundo piso de la clínica por aquí.*

1. El paciente mira al médico y el médico mira al paciente.

2. No es posible encontrar una cura para su enfermedad.

3. Puedes visitar a los pacientes entre las diez y las doce, todos los días.

4. La enfermera le trae la medicina al paciente por la mañana.

5. El paciente está acostado en la cama, pero no está dormido.

6. ¿Han desarrollado una vacuna contra la tuberculosis?

7. El paciente pasó la noche entera tosiendo y pensando.

8. Juan besa a María y María besa a Juan.

9. Puedes ver que está muy enfermo.

10. Dejó caer la novela que leía.

3 Para cada imagen, escribe dos oraciones con **se**. Usa tu imaginación y añade los detalles necesarios.

> Modelo   *Se está muy bien en la piscina.*
> *Cristina y Miguel se están enamorando.*

Estructuras

5.5 *Si* clauses

- **Si** clauses (**cláusulas con** *si*) are used to express conditional actions. Conditional actions are events that will happen, might happen, would happen, or would have happened under certain conditions. A sentence with a **si** clause has two parts: the **si** clause and a main clause.

  [Si el paciente tiene tuberculosis,] [va a morir.]

  ▲ *Si* clause   ▲ **Main clause**

  [María se habría contagiado] [si no se hubiera puesto la vacuna.]

  ▲ **Main clause**   ▲ *Si* clause

- The **si** clause may be the first or second clause in a sentence. Note that a comma is used only when the **si** clause comes first.

  Te enfermarás si sigues comiendo mariposas.

  Si sigues comiendo mariposas, te enfermarás.

- There are various types of **si** clauses. Each type uses specific tenses that express the conditions under which the action can be fulfilled or could have been fulfilled.

  Si te cuidas, no te enfermarás.

  Iría a Europa si no estuviera enferma.

  Si no hubiera tenido la gripe, habría podido jugar el partido.

  Si quieres mejorarte, toma la medicina.

- One type of **si** clause is called *possible* or *open*. These refer to actions that might or might not happen in the future. In this case, the verb in the **si** clause is always in the present indicative. There are several possible tenses for the main clause, depending on what the speaker wants to express.

Si clause tense	Main clause tense	Example
present indicative	future	Si **te enfermas, irás** a la clínica. *If you get sick, you'll go to the clinic.*
present indicative	**ir** + **a** + infinitive	Si **te enfermas, vas a ir** a la clínica. *If you get sick, you are going to go to the clinic.*
present indicative	present indicative	Si **te enfermas, vas** a la clínica. *If you get sick, you go to the clinic.*
present indicative	imperative	Si **te enfermas, ve** a la clínica. *If you get sick, go to the clinic.*

- Another type of **si** clause is called *hypothetical* or *contrary to fact*. These express actions that the speaker considers to be remote possibilities in the present or future, or situations known to be impossible in the present or future. Here, the verb in the **si** clause is always in the imperfect subjunctive and the verb in the main clause is in the conditional.

Si clause tense	Main clause tense	Example
imperfect subjunctive	conditional	Si **te enfermaras, irías** a la clínica. *If you got (were to get) sick, you would go to the clinic.*

- Another type of **si** clause expresses a condition or action that was unfulfilled or did not take place in the past. In this case, the verb in the **si** clause is in the past perfect subjunctive, and the verb in the main clause is generally in the conditional perfect.

Si clause tense	Main clause tense	Example
past perfect subjunctive	conditional perfect	Si **te hubieras enfermado, habrías ido** a la clínica. *If you had gotten sick, you would have gone to the clinic.*

- With **si** clauses that express unfulfilled conditions and actions, the past perfect subjunctive form ending with **-era** can be used in the main clause as well. The form ending in **-ese** can be used in the **si** clause, but not in the main clause.

  Si **te hubieras/hubieses enfermado, habrías/hubieras ido** a la clínica.
  If you had gotten sick, you would have gone to the clinic.

- **Si** clauses are also used to refer to actions that actually take place or took place in the past. In this case, **si** expresses the idea of *when* rather than *if*, and can be considered a synonym for **cuando**.

  Si **me enfermo, voy** a la clínica de la universidad.
  If/When I get sick, I go to the university clinic.
  Si **se enfermaba, iba** a la clínica de la universidad.
  If/When he would get sick, he would go to the university clinic.

- To express the idea of *if* without using a **si** clause, you can use expressions such as:

  Yo que tú, iría a la clínica.
  En tu lugar, iría a la clínica.
  De haber sabido que estaba enfermo, habría ido a la clínica.
  En esa situación, yo habría ido a la clínica.

- The conjunctions **donde**, **como**, and **mientras** can express a condition or the idea of *if* when they are followed by the subjunctive.

  Donde no **encuentre** trabajo, no tendré dinero.
  If I can't find work, I won't have money.
  Como no me **digas** la verdad, les voy a preguntar a tus padres.
  If you don't tell me the truth, I'll ask your parents.
  Mientras yo **tenga** salud, trabajaré diariamente.
  As long as I have my health, I'll work every day.

Práctica

1 Completa las oraciones con la forma correcta del verbo entre paréntesis. Presta atención a qué tipo de condición se expresa para determinar el tiempo verbal correcto.

1. Si te sientes mal, _tienes_ (tener) que descansar.
2. Si no _mejoras_ (mejorarte) para mañana, te llevaré al médico.
3. Si nosotros no _tuvieramos_ (tener) vacunas contra muchas enfermedades, sería espantoso.
4. Por ejemplo, si los científicos no _pudieran_ (poder) eliminar la viruela (*smallpox*), millones de personas habrían muerto.
5. Sería maravilloso si _hubiera_ (haber) una vacuna contra el SIDA.
6. Yo no _iría_ (ir) a clase si tuviera fiebre.
7. Los estudiantes pueden acudir a la clínica de la universidad si _están_ (estar) enfermos.

2 Contesta estas preguntas. Usa una cláusula con **si** en cada respuesta.

1. Si no estudias para el próximo examen de español, ¿qué va a suceder?
2. Si no fueras estudiante, ¿qué serías?
3. Si no hubieras asistido a esta universidad, ¿adónde habrías ido?
4. ¿Qué haces si no entiendes algo en la clase de español?
5. En la escuela secundaria, si tenías problemas en una clase, ¿quién te ayudaba?

3 ¿Qué harías y cómo serían las cosas si fueras cada una de las siguientes personas?

el presidente de tu país	Shakira	El Hombre Araña
Bill Gates	Brad Pitt	Rafael Nadal

A. Primero escribe una oración por persona, usando una cláusula con **si**.

Modelo   Shakira
Si fuera Shakira, daría un concierto gratis en…

B. Ahora pregúntale a un(a) compañero/a de clase qué haría él o ella en las mismas circunstancias. ¿Tienen ustedes las mismas ideas?

Modelo   —*¿Qué harías si fueras el presidente?*
—*Primero, trataría de… ¿Y tú?*
—*Pues, no haría eso. Yo eliminaría…*

4 Escoge una de las siguientes situaciones y escribe un párrafo de seis a ocho oraciones sobre qué harías y cómo sería todo si esa situación sucediera de verdad.

Modelo   *Si viviera en el pasado, me gustaría vivir durante… porque sería… Yo…*

ganar la lotería	ser invisible (o tener otro poder mágico)
encontrar una cura para el cáncer	tener telepatía
ser famoso/a	vivir en el pasado (o el futuro)

REPASO

Sufijos: ver **pp. 113–115.**
Prefijos: ver **pp. 147–148.**

Ortografía y puntuación

5.6 Palabras compuestas

- Los sufijos y los prefijos permiten crear palabras a partir de otras palabras. Otro proceso para formar palabras consiste en combinar dos (y a veces más) términos de sentido independiente.

salvapantallas	**agridulce**	**bienvenido**
[salva] + [pantallas]	[agrio] + [dulce]	[bien] + [venido]
verbo + *sust.*	*adj.* + *adj.*	*adv.* + *part.*

- En algunos casos, por motivos gramaticales o fonéticos, las palabras que conforman el nuevo término sufren pequeñas modificaciones:

  Pelirrojo (*red-haired*) está conformada por 'pelo' + 'rojo', pero la **o** final cambia a **i**. Algo similar ocurre con **altibajo**, formada por 'alto' + 'bajo', o **cejijunto**, formada por 'ceja' + 'junto'.

  Cuando al unir dos palabras queda una **r** en medio de dos vocales, se convierte en **rr**: **pelirrojo, grecorromano, pararrayos**.

- Podemos combinar todo tipo de palabras.

Categoría gramatical	**Ejemplos**
sustantivo + sustantivo	aguafiestas, baloncesto, bocacalle, compraventa, puntapié, telaraña
sustantivo + adjetivo	aguardiente, caradura, Nochebuena, pasodoble, pelirrojo
adjetivo + sustantivo	altorrelieve, bajamar, malhumor, mediodía, medianoche
verbo + sustantivo	abrelatas, guardabosque, lavaplatos, quitanieves, rascacielos, sacacorchos
adjetivo + adjetivo	agridulce, altibajo, claroscuro, sordomudo
verbo + verbo	hazmerreír, vaivén
adverbio + adjetivo	biempensante, malhumorado, malpensado
adverbio + verbo	bienestar, menospreciar, maldecir, malquerer
pronombre + verbo	cualquiera, quehacer, quienquiera
usando preposiciones	contracorriente, parabién, sinsabor, sobremesa
usando más de dos palabras	correveidile, enhorabuena, nomeolvides, sabelotodo

- Muchas combinaciones comunes de adjetivos, especialmente cuando se trata de adjetivos cortos, se escriben sin guion.

  socioeconómico   psicosocial   judeocristiano   hispanoamericano

- Cuando se pone énfasis en el carácter individual de cada adjetivo, o cuando se trata de adjetivos muy largos (especialmente palabras esdrújulas), estos van unidos mediante un guion. En estos casos cada una de las palabras conserva su acentuación original y solo el segundo adjetivo concuerda en género y número con el sustantivo (el primero permanece en su forma neutra).

  lección **teórico-práctica**   proceso **físico-químico**
  relaciones **espacio-temporales**   debates **lingüístico-psicológicos**

- En algunos casos se crean palabras compuestas por la aposición de dos sustantivos que forman un concepto unitario y van separadas por un espacio, sin guion: **sofá cama, hombre rana** o **palabra clave**. Se pluraliza solo el primer componente: **sofás cama, hombres rana** y **palabras clave**.

- Las palabras compuestas que forman un solo término (sin guion o espacio) forman el plural como cualquier otra palabra, agregando -**s** o -**es** al final.

  telaraña**s**   puntapié**s**   altibajo**s**   parasol**es**   quehacer**es**   sinsabor**es**

- Las palabras compuestas que funcionan como adjetivos concuerdan en género y número con el sustantivo al que modifican, tal como ocurre con cualquier otro adjetivo.

  María tiene dos hijas pelirroj**as**.   Me encantan las comidas agridulc**es**.

- Las palabras compuestas siguen las mismas reglas de acentuación que las demás: **automóvil, espantapájaros, paracaídas, mediodía.** Aunque dos palabras sueltas no lleven tilde, al combinarse deben aplicarse las reglas de acentuación: **parabién, puntapié, sinfín,** etc.

- Se puede ser creativo a la hora de formar palabras nuevas por composición; claro está, respetando las normas de la lengua española. Algunos ejemplos son: **cantamañanas, pintalabios, rodillijunto** ('rodilla' + 'junto'), **boquiabierto** ('boca' + 'abierto').

¡ATENCIÓN!

Las palabras compuestas por dos sustantivos se pueden escribir con guion, pero cuando se vuelven muy comunes pierden el guion.

¡ATENCIÓN!

Hay dos excepciones para la formación del plural: **cualquiera** y **quienquiera**, que forman el plural en el primer componente: **cualesquiera, quienesquiera**.

Práctica . . . .

1 Completa las oraciones con palabras compuestas a partir de las palabras simples de la lista. Haz los cambios adecuados.

alto	buena	en	hora	media	noche	práctico	sofá
bajo	cama	hacer	lavar	mesa	platos	que	teórico

1. Juan, por favor pon los utensilios en el _____.
2. Andrés siempre hace los _____ de la casa. Es muy responsable.
3. Ayer estudié hasta muy tarde y me fui a dormir hacia la _____.
4. El examen es _____.
5. ¿De verdad que has pasado el examen? ¡_____!
6. En la vida todos tenemos _____.
7. Se pueden quedar a dormir en mi casa. Tengo dos _____.

2 En parejas, usen los dos grupos de palabras para crear quince palabras compuestas. Pueden ayudarse de un diccionario.

abre	lava	amada	coches	fiestas	manos	retratos
agua	porta	aventurado	costas	folios	monedas	sal
bien	quita	botellas	equipajes	latas	nieves	sol
guarda		cartas	espaldas	manchas	platos	venidos

3 Escribe dos breves párrafos usando las palabras indicadas y otras palabras compuestas. Puedes usarlas en cualquier orden y forma. Sé creativo/a.

1. aguafiestas - pelirrojo - sacacorchos - medianoche - malhumorado
2. mediodía - parasol - rascacielos - agridulce - claroscuro

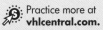

TALLER DE ESCRITURA

5A El ensayo argumentativo

Una discusión puede comenzar por expresar nuestra opinión sobre un tema, pero se ganará solo con argumentos que parezcan contundentes y convenzan a otros. Debemos presentar hechos que apoyen nuestro punto de vista.

El discurso argumentativo quiere inclinar la balanza hacia un lado y, para eso, necesita el peso de las pruebas. Es un razonamiento en párrafos que progresivamente expone una idea a los lectores para que la adopten, compartan una serie de valores y una forma de pensar, o, al menos, acepten los argumentos presentados como válidos y respetables.

A diferencia del ensayo de opinión, el foco no está tanto en la opinión que se expresa, sino en la justificación de esa opinión. Nunca pueden faltar la investigación y la reflexión previas del tema porque no solo hay que conocer bien la postura que sostenemos nosotros, sino también la opuesta, para poder refutarla en el ensayo. En el proceso de recolección de datos, puedes incluso encontrar evidencia que te haga cambiar tu posición.

Una de las estructuras más comunes para escribir un ensayo argumentativo es la de cinco párrafos.

Primer párrafo: Introducción	Establece el tema del ensayo, el contexto y el motivo de la tesis, y la tesis en sí (**pp. 137–139**), que debe ser expresada como una afirmación objetiva, clara y concisa. También se puede incluir la contratesis, o posición opuesta a la del ensayo, para poder refutarla y apoyar así nuestra presentación.
Segundo párrafo: Argumentos	Se introduce la primera oración tema (**pp. 137–139**) del razonamiento, y se incluyen datos, estadísticas y evidencias que la apoyen. Uno de los tres párrafos del desarrollo se puede organizar como refutación del punto de vista opuesto al del ensayo. Para eso, hay que demostrar todas las debilidades de esa tesis, presentando los contraargumentos (es decir, los argumentos que apoyan la contratesis) y sin atacar personalmente la opinión de los demás. La refutación debe basarse en evidencia o, si se trata de una opinión personal, en un razonamiento lógico que se exprese con lenguaje objetivo.
Tercer párrafo: Argumentos	Se introduce la segunda oración tema y nuevos argumentos que se deben exponer de manera progresiva para ir guiando al lector en la comprensión. Puedes utilizar todo lo que encontraste en tu investigación, siempre que esté directamente relacionado con la tesis: estadísticas, entrevistas, cuestionarios, informes, etc. Si se utilizan citas, hay que prestar atención a que no queden descontextualizadas ni se pierda fidelidad al mensaje del autor; la fuente de la cita debe aparecer correctamente para evitar plagios.
Cuarto párrafo: Argumentos	Se presenta la tercera oración tema. Hay que cuidar que las transiciones sean claras y no queden brechas lógicas; esto ocurre cuando se saltan pasos del razonamiento y falta información, lo que perjudica la presentación de los argumentos. Otra precaución necesaria es no caer en generalizaciones, porque dejan de lado posibles excepciones que el lector podría notar como fallos en el razonamiento.
Quinto párrafo: Conclusión	Todo lo expresado en el taller 4C (**pp. 137–139**) se aplica aquí también. En esta parte final es preciso resumir lo expuesto en cada paso, reafirmar la tesis con autoridad, incluir posibles consecuencias, interrogantes más amplios y recomendaciones sobre el tema. Un buen truco para que toda la exposición del ensayo sea recordada por el lector durante mucho tiempo es concluir con una frase, una anécdota o historia, o algún detalle particularmente notable o pintoresco que asegure un efecto residual prolongado de la idea que se transmitió.

Modelo

Lee el ensayo argumentativo que aparece a continuación: ¿los argumentos tienen mucho peso? ¿Crees que la organización de las ideas alcanza la claridad necesaria? ¿Está equilibrada la presentación de argumentos de refutación con los argumentos que apoyan la tesis?

El mundo del hombre y los animales

Hoy en día, los animales son objeto de dominación del poder cruel de los seres humanos. Este poder prefiere ignorar la ética y la verdad de las consecuencias que la depredación y el maltrato de las especies tiene en el planeta Tierra. No es nuevo esclavizar a otros en beneficio personal. Basta mirar cómo la acción "civilizadora" de distintos imperios se extendió por el mapa del mundo. Una ambivalencia culpable nos hace dudar entre condenar esto y admirarlo. Carlos Fuentes señala en su ensayo sobre Hernán Cortés: "Lo execramos porque venció a los indios, destruyó una cultura y demostró, sobradamente, la violenta crueldad de su carácter. Pero, en el fondo, nos identificamos...". Lo que vale para México vale para toda la cultura occidental: esta vacilación nuestra perpetúa la explotación y la muerte.

Hay quienes les niegan el alma a los animales; antes lo hicieron, en diferentes épocas, con los nativos americanos o las mujeres. Otros les conceden atributos humanos solo para justificar espectáculos que identifican crueldad con valentía, como el escritor Arturo Pérez Reverte, que alaba las corridas de toros porque allí puede verse al "ser humano peleando, como desde hace siglos lo hace, por afán de gloria, por hambre, por dinero, por vergüenza. Por reputación". Acertó en nombrar muchos códigos para matar que los animales nunca han tenido ni tendrán.

En cambio, en la descripción de Juan Ramón Jiménez sobre su asno Platero leemos: "Es tierno y mimoso igual que un niño...". La sensibilidad del poeta proporciona la evidencia que cualquiera puede comprobar: los animales son seres vivos que sienten, sufren, se alegran y se encariñan.

Solo el prejuicio nos lleva a negarles a otros los derechos que reivindicamos para nosotros, y esto nos cuestiona otro poeta: "Si nos pincháis, ¿no sangramos? Si nos hacéis cosquillas, ¿no nos reímos? Si nos envenenáis, ¿no nos morimos?... Si nos parecemos en todo lo demás, nos pareceremos también en eso". Podrían ser las palabras de los animales dirigidas a nosotros, pero Shakespeare las puso en la boca de Shylock, el prestamista judío de *El mercader de Venecia*.

La introducción plantea la tesis y adelanta consecuencias de la posición opuesta.

La oración tema da comienzo al primer párrafo de argumentos.

La segunda oración tema plantea los derechos de grupos históricamente sometidos y vuelve a comparar animales con personas, mediante una cita.

El narrador abandona la refutación y argumenta directamente a favor de los animales. ¿Crees que el ensayo tendría más fuerza si se presentara esta idea en la introducción?

La conclusión refuerza el argumento del cuarto párrafo con una nueva cita. ¿Te parece eficaz o deja de lado aspectos importantes?

Practice more at **vhlcentral.com.**

✎ Tema de composición

Elige una de estas opciones para escribir un ensayo argumentativo que haga referencia a algunos de los textos estudiados.

1. En el cuento *Mariposas de Koch* la imaginación poética niega la realidad. ¿Crees que sirve como forma de supervivencia o puede despertar la locura? ¿Qué es mejor: comprometerse con la realidad o evadirse de la realidad? (Sugerencia: releer también *Platero y yo*, **pp. 4–5**).

2. ¿Piensas que la gente de antes tenía más valor para enfrentarse a las cosas duras de la vida? ¿La psicología y la educación universitaria han formado jóvenes inmaduros que no entienden el sacrificio y quieren todo ahora y ya, sin pagar un precio? (Sugerencia: releer "Lo que sé sobre toros y toreros", **pp. 65–66**, y "La generación de los mil euros", **pp. 104–108**).

■ Antes de escribir

Después de elegir el tema, investígalo bien —información, citas, evidencia— y concéntrate en la tesis que presentarás.

■ Escribir el borrador

Revisa atentamente la estructura del ensayo de cinco párrafos y organiza un plan con toda la información que hayas decidido incluir: esto te ayudará a exponer bien tu tema y a desarrollar tu tesis específica.

Párrafo 1	Introducción: presentación de la tesis.
Párrafo 2	Refutación del punto de vista opuesto.
Párrafo 3	Inclusión de la evidencia que apoya directamente la tesis.
Párrafo 4	Últimos datos: ampliación de la información presentada, inclusión de la opinión general sobre el tema, analogías y datos que ayuden a reforzar la tesis.
Párrafo 5	Conclusión: resumen de lo planteado, reafirmación de la tesis. Se puede cerrar con una cita o anécdota famosa y dejar un final abierto (interrogante planteado, anuncio de posibles consecuencias, etc.).

■ Escribir la versión final

Escribe el borrador de tu ensayo a partir del esquema que armaste; busca la brevedad y concisión, y practica las habilidades que desarrollaste en la composición de los ensayos anteriores.

Luego, al editarlo en equipo, presta atención especialmente a las brechas lógicas que pueden haberse dado en la redacción: ¿se entienden los pasos de una idea a otra? ¿Las transiciones entre párrafos y entre las distintas oraciones son coherentes y comprensibles? ¿Faltan ideas que le den más fuerza a la exposición o alguna de ellas parece demasiado vaga y general? ¿Está claramente relacionada la tesis con los argumentos?

Con respecto a las generalizaciones: ¿lo que se afirma es cierto en todos los casos o se pueden notar falencias que debilitan toda la argumentación? ¿Se te ocurren excepciones?

Cuando hayan terminado el proceso de edición en equipo, utiliza todos los consejos que te sirvan para mejorar el borrador de tu ensayo y pásalo en limpio.

5B La carta de presentación

En la mayoría de los textos es esencial encontrar tu propia voz, pero sobre todo en una carta de presentación: si tienes la oportunidad de entablar un diálogo con un posible empleador, debes sacarle todo el provecho posible para sobresalir y destacarte entre los demás.

La carta de presentación debe trasmitir las habilidades de la persona que la escribe, sus capacidades de resolución, su flexibilidad, experiencia, educación, atención, confiabilidad y talentos. Enviar un CV sin una carta de presentación bien hecha es como querer entrar a un lugar sin llamar a la puerta. El CV se ocupa de presentar tu carrera; la carta te presenta a ti. El CV debe ser objetivo e impersonal; la carta, subjetiva y personal. Debe capturar la atención del empleador o seleccionador mediante argumentos que "vendan" al postulante o candidato como la mejor opción para un determinado puesto de trabajo.

Los requisitos fundamentales que debe cumplir la carta en cuanto a personalidad son demostrar entusiasmo, dar impresión de confiabilidad y presentar rasgos que resulten compatibles con el equipo de trabajo en el que se pretende insertar el postulante. Por eso es fundamental una investigación previa sobre la empresa y sus características, además de un conocimiento exacto de los requisitos del aviso publicado. En cuanto a la presentación, la carta debe ser impecable; jamás debe estar escrita a mano, y su redacción tiene que ser concisa y breve.

Una carta de presentación puede estar motivada básicamente por:

- responder a un aviso sobre un empleo disponible
- presentarse espontáneamente para cuando surja una vacante (por interés personal o por recomendación de amigos o conocidos)

Una carta de presentación eficaz contará con pocos párrafos, no demasiado extensos, distribuidos de la siguiente manera:

Introducción	En el primer párrafo, se hace una declaración clara y directa del motivo de la carta; se menciona dónde apareció publicado el aviso del puesto que te interesa (o quién fue la persona que te pasó la información de contacto) y se realiza una breve presentación personal. Los datos del CV no deben repetirse explícitamente en la carta. También puedes señalar el respeto y la admiración que te genera la empresa y hacer un comentario personal sobre por qué le convendría tenerte en su equipo de empleados.
Desarrollo	Es el momento de "venderte" con argumentos que demuestren que eres la mejor opción para el puesto. Para esto es necesario conocer perfectamente el aviso y todos los requisitos que aparecen mencionados allí. Además, si has investigado la empresa que ofrece el puesto vacante, puedes destacar la concordancia entre tu experiencia y sus necesidades. No mientas en tu CV ni en tu carta de presentación; si te piden pruebas de alguna de las cosas que describes y no puedes responder, no solo habrás perdido la oportunidad, sino que también te arriesgas a tener un problema con la justicia.
Conclusión	Antes de las oraciones habituales de despedida, debes señalar que estás disponible para una entrevista. Muy brevemente agradece la atención y el tiempo, incluye una despedida cortés del estilo "En espera de su respuesta, lo/la saluda atentamente", "Sin otro particular, reciba mis saludos cordiales", etc. Si se trata de una carta impresa, debes firmarla a mano. Si se trata de un mensaje de correo electrónico, es conveniente repetir aquí los datos de contacto (aunque estén en el CV) para facilitar una comunicación inmediata en caso de que la carta haya logrado su objetivo de impresionar al empleador.

A continuación figuran varios anuncios de vacantes laborales para distintos puestos de verano propuestos a estudiantes universitarios. Cada aviso especifica de qué se tendrá que ocupar el elegido y también los requisitos que debe cumplir para ser considerado como un candidato capacitado para cumplir con esas tareas. Presta atención al perfil que se pide en cada uno de ellos y trata de imaginar qué clase de persona respondería.

En la próxima página, verás un modelo de carta de presentación que responde a uno de esos cuatro avisos.

Oportunidades de verano en Vista Higher Learning

Trabajos de verano para estudiantes universitarios. Enviar carta de presentación y currículum a **pasantias@vhlverano.com**.

Asistente editorial

Responsabilidades: familiarizarse a fondo con los productos ofrecidos por Vista Higher Learning; buscar cortometrajes y obras literarias, y tramitar permisos de uso; revisar formato de manuscritos; corregir páginas diagramadas; revisar archivos de audio.

Requisitos: conocimientos avanzados de español (y preferentemente de un segundo idioma extranjero); conocimientos de literatura, atención al detalle; excelente nivel de redacción y ortografía; ganas de aprender y crecer.

Representante de servicio al cliente

Responsabilidades: familiarizarse a fondo con los productos ofrecidos por Vista Higher Learning; responder consultas de clientes por teléfono o electrónicamente; llevar registros detallados de las consultas respondidas.

Requisitos: conocimientos básicos de computación; conocimientos avanzados de español (y preferentemente de un segundo idioma extranjero); actitud de servicio; buena comunicación interpersonal; ganas de aprender y crecer.

Técnico en sistemas

Responsabilidades: preparar las computadoras de nuevos empleados; instalar nuevos programas y actualizaciones de programas, y entrenar a los usuarios; responder a consultas técnicas; identificar, investigar y resolver problemas técnicos.

Requisitos: conocimientos avanzados de computación (redes, sistemas operativos Mac y Windows); capacidad de resolución de problemas; buena comunicación interpersonal; ganas de aprender y crecer.

Asistente de mercadeo

Responsabilidades: desarrollar materiales de mercadeo (impresos y en línea); colaborar en la organización de eventos y conferencias; coordinar campañas y promociones.

Requisitos: conocimientos avanzados de español (y preferentemente de un segundo idioma extranjero); excelente nivel de redacción y ortografía; buena comunicación interpersonal; gran capacidad organizativa; experiencia en organización de eventos; ganas de aprender y crecer.

Modelo

Lee esta carta de presentación: ¿qué impresión te causa? ¿Logra captar tu atención? Si fueras el empleador, ¿considerarías a esta persona para el puesto? ¿Por qué?

Estimados señores de Vista Higher Learning:

Les escribo en respuesta a su aviso de búsqueda de estudiantes universitarios para el trabajo de verano como representante de servicio al cliente. Conozco desde hace tiempo su prestigiosa editorial porque he utilizado dos de sus libros (uno de francés, *Espaces*, y uno de italiano, *Sentieri*) y suelo recomendarlos a amigos y conocidos que desean aprender estos idiomas. Tras leer su aviso, quedé convencido de que sus necesidades concuerdan muy bien con mi perfil.

Dado que mis padres son uruguayos que emigraron a Estados Unidos antes de que yo naciera, tengo perfecto dominio oral y escrito de español e inglés, y también poseo conocimientos básicos de francés e italiano (gracias a los libros de Vista Higher Learning). Además, me interesan mucho los idiomas en general y las capacidades que se ponen en juego en el aprendizaje de nuevas lenguas.

He trabajado durante los cuatro últimos veranos en el servicio de reparto de la pizzería familiar: mi puesto habitual consistía en atender las llamadas de los clientes, registrar los pedidos y organizar el reparto. Esta ocupación me ha dado amplia experiencia en el servicio de atención a clientes. Además, soy muy ordenado, tengo buena capacidad de comunicación y de relación interpersonal, sentido del humor, muy buena memoria y habilidad para la resolución de problemas o conflictos que puedan presentarse.

Soy estudiante de tercer año en la Universidad de Connecticut (UCONN) y me especializo en economía, con una subespecialización en computación. Considero que sería ideal para mí tener la oportunidad de insertarme en el equipo de trabajo de la editorial durante el próximo verano para adquirir mayor experiencia laboral en un ambiente distinto y con nuevos desafíos.

Adjunto a esta carta mi Currículum Vitae. Estaré esperando su llamada al número de celular que aparece más abajo. Me pueden llamar a cualquier hora de la mañana o la tarde para programar una entrevista. Desde ya, les agradezco su atención y el tiempo dedicado a leer mi CV.

Atentamente,

Martín Gardes
martincho.defiesta@gmail.com
555-789-6363

En una carta de presentación impresa, los datos de contacto deben ir al comienzo; en un mensaje electrónico, es mejor que estén al final. Comienza con un saludo general porque el aviso no proporcionó ningún nombre para dirigir la carta.

La introducción declara el motivo, especifica el puesto de interés e incluye una mención directa de la empresa.

Da prueba de sus calificaciones para uno de los requisitos fundamentales del aviso (conocimientos de español).

Introduce su experiencia previa y sus capacidades con relación al aviso: da impresión de confianza y profesionalidad. ¿Te parece que puede estar repitiendo datos que ya están en el CV o conviene destacar esto en la carta?

Remata su presentación declarando interés y entusiasmo por obtener el empleo.

Los datos de contacto se incluyen debajo de la firma. ¿Te parece que cometió un error al citar esta dirección de correo? ¿Qué impresión causará en el empleador?

❧ Tema de composición

Elige uno de los avisos de la **p. 164** y escribe una carta de presentación para solicitar el puesto de trabajo. Si prefieres usar otro aviso, agrégalo al comienzo de la carta.

■ Antes de escribir

La carta de presentación debe responder a varias convenciones:

- Las de la carta en sí: relee la organización básica para tener claro las partes que debes respetar y prepara una plantilla (*template*) que te ayude a distribuir el contenido sin pasar nada por alto.

- Las del aviso de búsqueda: debes prestar atención a cada uno de los requisitos y responsabilidades que aparecen en el aviso, y pensar cómo puedes demostrar que estás capacitado/a para cumplir con ellos.

Puedes armar la carta respondiendo uno a uno a los requisitos o presentar una imagen general de tus capacidades y experiencia como compatibles con lo que se pide en el aviso. La carta debe destacar tu personalidad, pero también debe caracterizarse por la brevedad y la concisión, como todo buen texto argumentativo.

■ Escribir el borrador

La carta de presentación tiene que convencer de algo al destinatario: escribirla es el primer trabajo para lograr un puesto y, sin duda, es un trabajo de promoción y ventas: el artículo publicitado eres tú. Por lo tanto, todo tu esfuerzo debe concentrarse en lograr el objetivo con argumentos sólidos y atractivos, una expresión formal pero amable y la extensión justa (no debe superar una página impresa o 500 palabras si es un mensaje electrónico).

Como la carta de presentación es la primera entrevista, el primer contacto con tu posible empleador, no debes descuidar ningún detalle de cortesía: el saludo inicial y la despedida, la justificación del texto a la izquierda, el tamaño de la letra y la tipografía, la calidad del papel en que se imprime, la inclusión de todos los datos de contacto, la firma de puño y letra. Estas son algunas de las cosas que, si faltan, pueden arruinar las perspectivas de triunfo, porque denotan falta de cuidado y de seriedad.

Respeta la estructura y organización, y revisa la gramática para que tu carta sea fácil de leer: recuerda que desde el comienzo debes atraer la atención y no te arriesgues a perderla por incluir detalles que ya figuran en el CV o por dejar de lado información valiosa.

■ Escribir la versión final

Relee la carta: ¿has respondido a todos los requisitos mencionados en el aviso? ¿Diste la impresión de que eres capaz de cumplir con la tarea y las responsabilidades del cargo vacante?

¿Lograste incluir detalles personales que atraigan la atención del lector de tu carta? Edita tu carta, corrige la gramática y los errores tipográficos que puedan haberse filtrado y, finalmente, pásala en limpio.

5C El ensayo de refutación

Si bien el ensayo de opinión y el ensayo argumentativo pueden recurrir a la refutación como medio válido para apoyar su tesis; existe una clase de ensayo que se dedica exclusivamente a contradecir un argumento, idea o hipótesis, y se llama **ensayo de refutación**. En este caso, nos dedicamos a probar que la hipótesis opuesta a la nuestra es, en realidad, falsa.

Una refutación eficaz debe llevar a cabo una selección previa para limitarse a un aspecto: no se puede refutar todo lo que dice determinado oponente, ni tampoco basarse en el rechazo de los puntos menos importantes de su argumento, o atacar su mala expresión o sus errores ortográficos.

Algunos de los métodos de refutación que pueden utilizarse son:

- **cuestionar la definición y el análisis** señalando errores de concepto en el punto central o mostrando que el análisis está incompleto

- **minimizar** la argumentación del otro al probar que su valor es ínfimo

- **negar la evidencia** con argumentos

- **demostrar lo opuesto** probando que la conclusión debería ser la contraria a la que se presentó

- **reducir al absurdo**, asumiendo que la afirmación que intentamos refutar es verdadera y aplicándola a distintos casos para llegar de manera lógica a una conclusión ridícula

- **eliminar todas las conclusiones posibles** hasta que queda una que no se pueda eliminar

- **exponer las inconsistencias** en evidencia presentada, ya que cualquier incoherencia puede destruir por completo la hipótesis

- **adoptar argumentos opuestos** y utilizarlos a nuestro favor para demostrar que, en realidad, prueban nuestra tesis

En la refutación siempre existe el gran peligro de las falacias o "sofismas", razonamientos que simulan apelar a nuestra lógica, pero, en realidad, se apoyan en prejuicios, ignorancia, etc. Hay que tener mucho cuidado con esta clase de "prueba" porque tiene todo el aspecto de ser un argumento correcto, pero no lo es.

La organización es fundamental en el ensayo de refutación; sigue cuatro pasos:

Primer paso: Plantear	Se presenta la idea que se quiere atacar. Se deben evitar los ataques personales. Podríamos esquematizar este paso con las palabras: **"Alguien dice que**…".
Segundo paso: Refutar	En esta parte se plantea nuestra objeción a la idea, el "pero" que planteamos para atacar lo que vemos como erróneo en la idea: "Alguien dice que…, **pero**…".
Tercer paso: Probar	Se introduce aquí el peso de la prueba, las evidencias y los razonamientos que apoyan nuestra refutación; esta parte apela al raciocinio de los lectores para que estén de acuerdo con nosotros. "Alguien dice que…, pero…, **porque**…".
Cuarto paso: Concluir	La refutación se cierra con una conclusión constructiva que demuestre nuestra capacidad de razonamiento y cumpla nuestro objetivo: "Alguien dice que…, pero…, porque… **Por lo tanto**…".

Modelo

En el ensayo de refutación que aparece a continuación, ¿te parece que el tema se presta para ser discutido y rebatido? ¿Lo consigue este ensayo? ¿Qué métodos de refutación utiliza el autor?

La felicidad en esta vida

Sigmund Freud afirmó: "Existen dos maneras de ser feliz en esta vida: una es hacerse el idiota y la otra, serlo". Mario Vargas Llosa y Truman Capote han parafraseado esta misma idea, aunque sin citar al austríaco como su autor original. Tal vez porque ese pensamiento surge en muchas personas sin necesidad de plagiar a nadie.

Sin embargo, dejando de lado ahora el análisis de los que "se hacen" (toda una categoría en sí), la aplicación del término "idiota" escapa al significado del diccionario: se dice que el enamoramiento vuelve idiotas a las personas, y también el machismo, el populismo y las rebajas de fin de temporada. En este sentido tan amplio y vago, podría tildarse de idiota a cualquiera que se comporte de manera irracional o insensata.

Por otro lado, la definición de "felicidad" sufre la misma inestabilidad: puede ser la satisfacción de ganar la lotería, conseguir la nariz perfecta o encontrar al príncipe azul. El uso de ambos términos estaría, entonces, sujeto a una variable emocional: de afuera hacia adentro se modifica nuestra realidad. Cuando cambia la situación, la felicidad y la idiotez pueden desaparecer como en marea alta.

Si se le pregunta, por ejemplo, a un monje budista qué es la felicidad, a muchos su definición de meditación y atención puede parecerles idiota; y esto probaría irrefutablemente la tesis de Freud, Vargas Llosa y Capote. Es probable que, para estos grandes de la literatura y el saber, los felices sean idiotas indeseables porque niegan la realidad, o no la ven tal cual aparece a nuestros ojos, esto es, como una realidad marcadamente infeliz.

¿Será que la felicidad no cambia el mundo sino que el mundo anula la felicidad? La Revolución Azafrán de Birmania en 2007 que lanzó a las calles a miles de monjes budistas en protesta contra la dictadura en su país parece decir exactamente lo opuesto. El que tenía razón era Plutarco cuando escribió: "Lo que cambiamos interiormente cambiará el mundo". Como señaló Freud, hay más de una forma de felicidad en esta vida, porque de adentro hacia afuera se modifica la realidad.

Notas al margen:

Plantea la cita con la idea que va a refutar, reafirmada por otros dos autores.

Se introduce la refutación, el "pero", cuestionando la acepción de los términos **felicidad** e **idiota** y su uso en el lenguaje habitual.

Tras desacreditar la definición, se marca el punto débil que se pretende refutar: "de afuera hacia adentro se modifica nuestra realidad". ¿Te parece que puede ser una falsa síntesis?

Se presenta el "porque" de esta refutación: "si se le pregunta a…", y se exagera el razonamiento con ironía acercándolo al absurdo (toda persona feliz es idiota, o es feliz **porque** es idiota).

La refutación se cierra con un hecho que contradice la hipótesis previa (los idiotas son felices porque no se comprometen), y con otra cita, que parece apoyar la tesis de la refutación.

❧ Tema de composición

Elige una de las siguientes afirmaciones para escribir un ensayo de refutación.

1. "Detrás de Harry Potter se oculta la firma del diablo". Gabriele Amoth, exorcista del Vaticano

2. "El nacionalismo, lo mismo el centralista que los periféricos, es una catástrofe en todas sus manifestaciones". Mario Vargas Llosa

3. "Nada es mejor que sentirse flaca". Kate Moss

4. "La Universidad debiera insistirnos en lo antiguo y en lo ajeno. Si insiste en lo propio y lo contemporáneo, la Universidad es inútil, porque está ampliando una función que ya cumple la prensa". Jorge Luis Borges

■ Antes de escribir

La refutación exige manejar muy bien la argumentación, así que recurre a todo lo que aprendiste con los talleres de esta lección para preparar, investigar y organizar el material de tu ensayo de cinco párrafos. Ya tienes el punto de partida (la frase que elegiste) y ahora te toca concentrarte en encontrar la forma de contradecirla y socavarla (*undermine it*): debes desarrollar una "esgrima (*fencing*) verbal" que cuestione la idea planteada. Para eso, marca la zona de desacuerdo que mantienes con esa idea y luego encuentra su punto débil. Finalmente, necesitas establecer tu posición con respecto al tema. Recuerda documentar tus argumentos.

■ Escribir el borrador

En un tono seguro, comienza a escribir tu borrador, desarrollando la estructura básica de la refutación: plantear la idea que quieres contradecir; refutarla; establecer y probar tu propia postura; y finalmente cerrar con una conclusión certera.

Repasa los métodos de refutación y elige los que te parezcan más funcionales a lo que quieres exponer y refutar. Puedes desacreditar a la persona que pronunció la frase (este método se llama "ad hominem"), pero debes evitar a toda costa insultos y prejuicios que nublen los resultados de tus argumentos ante los ojos de los lectores.

En todo ensayo argumentativo es posible que tu desacuerdo con la idea que refutas no sea absoluto; entonces puedes hacer concesiones, es decir, admitir la validez de ciertos argumentos de la posición opuesta mediante el uso de conjunciones como **no obstante, a pesar de, si bien**, etc. Otra posibilidad es ponerte en el lugar del otro y anticipar posibles objeciones que surjan sobre tu punto de vista; esto puede resultar útil para dar contundencia a tus argumentos y, a la vez, darle más credibilidad y seriedad a tu posición.

Como siempre, la introducción y la conclusión deben atrapar al lector: al principio, para que continúe leyendo y, al final, para que se quede con la idea que planteaste en tu ensayo.

■ Escribir la versión final

Aprovecha lo que has aprendido sobre edición en equipo para comprobar que tu refutación sea eficaz, tenga fuerza, estimule el pensamiento lógico en los lectores y se comprenda con claridad de principio a fin. ¿Tu posición sobresale como la mejor frente a la que refutaste? Si es así, has conseguido tu propósito.

Corrige la gramática y la ortografía, presta atención a que las citas aparezcan correctamente documentadas y pasa en limpio tu borrador.

El
ensayo académico

"Todo es arte".

—Marta Minujín

El ensayo académico se asemeja en muchos aspectos a cualquier otro tipo de ensayo: se presenta una tesis original que debe sustentarse con argumentos que llevan a una conclusión. Pero también existen diferencias importantes. El ensayo académico suele estar dirigido a una audiencia especializada que está familiarizada con el tema del ensayo, debe usar vocabulario específico de ese tema, y debe utilizar un nivel de lenguaje elevado. Asimismo, debe seguir reglas específicas en cuanto al uso de notas aclaratorias y bibliográficas.

La crítica o reseña, también presentada en esta lección, comparte con el ensayo académico el uso de vocabulario especializado (por ejemplo, vocabulario específico sobre cine, literatura, arquitectura, etc.). La crítica puede ser un texto informal, pero puede ser también un ensayo académico.

¿Qué opinas del estilo arquitectónico de este edificio? ¿Y de la escultura? ¿Qué palabras usarías para describirlos?

EXPANSIÓN
A Handbook of Contemporary Spanish Grammar
Chapters 26, 27, 29, 31

125 elegir las palabras con que la contó, al frasearla y musicalizarla, es el fascinante y peligrosísimo de la cursilería[75]. En la novela los músicos no interpretan sino "enturbian"[76] el Verano, de Vivaldi; "desmigajan"[77] el Ave María, de Schubert, los pacientes no son sometidos a sino "afrontan[78] cirugías consecutivas", y un guionista[79] describe el rugido[80] de una multitud con estas efusiones retóricas: "El incontinente

130 «ahora» despliega sus alas[81] de murciélago[82], de mariposa, de nomeolvides. Zumban[83] los «¡ahora!» de los ganados[84] y las mieses[85]; nada detiene su frenesí[86], su lanza[87], su eco de mego[88]". Y, para describir un día sin sol y con frío, el narrador estampa[89] esta locura futurista: "Por las calles desiertas se desperezaban[90] las ovejas[91] de la neblina[92] y se las oía balar[93] dentro de los huesos". (Por alegorías menos pastoriles llamó

135 D'Annunzio a Marinetti "poeta cretino con relámpagos[94] de imbecilidad".)

Ahora bien, si separadas de su contexto estas y otras frases similares dan escalofríos[95], dentro de él son insustituibles[96] y funcionan a la perfección, como ocurre con ciertas cursilerías geniales de García Márquez o Manuel Puig. Tengo la certeza de que, narrada con una lengua más sobria, menos pirotécnica, sin los

140 excesos sensibleros[97], las insolencias melodramáticas, las metáforas modernistas y los chantajes sentimentales[98] al lector, esta historia truculenta y terrible sería imposible de creer, quedaría aniquilada a cada página por las defensas críticas del lector. Ella resulta creíble —en verdad, conmovedora e inquietante[99]— por la soberbia adecuación[100] del continente al contenido, pues su autor ha encontrado

145 el preciso matiz de distorsión verbal y estética necesario para referir una peripecia[101] que, aunque congrega[102] todos los excesos del disparate[103], el absurdo, la extravagancia y la estupidez, resuelta por todos sus poros una profunda humanidad.

La magia de las buenas novelas soborna[104] a sus lectores, les hace tragar gato por

150 liebre[105] y los corrompe a su capricho. Confieso que ésta lo consiguió conmigo, que soy baqueano viejo en lo que se refiere a no sucumbir fácilmente a las trampas de la ficción. *Santa Evita* me derrotó[106] desde la primera página y creí, me emocioné, sufrí, gocé y, en el curso de la lectura, contraje vicios nefastos y traicioné[107] mis más caros[108] principios liberales, esos mismos que iba explicando esta semana, entre las llamas y la

155 lava del verano, a los amigos rosarinos, porteños, tucumanos y mendocinos.

Yo, que detesto con toda mi alma a los caudillos[109] y a los hombres fuertes y, más que a ellos todavía, a sus séquitos[110] y a las bovinas muchedumbres[111] que encandilan[112], me descubrí de pronto, en la madrugada[113] ardiente de mi cuarto con columnas dóricas —sí, con columnas dóricas— del Gran Hotel Tucumán,

160 deseando que Evita resucitara y retornara a la Casa Rosada a hacer la revolución peronista regalando casas, trajes de novia y dentaduras postizas[114] por doquier[115], y, en Mendoza, en las tinieblas[116] de ese hotel Plaza con semblante[117] de templo masónico, fantaseando —¡horror de horrores!— que, después de todo, ¿por qué un cadáver exquisito —luego de inmortalizado—, embellecido y purificado por las

165 artes de ese novio de la muerte, el doctor Arano, podía ser deseable? Cuando una ficción es capaz de inducir a un mortal de firmes principios y austeras costumbres a esos excesos, no hay la menor duda: ella debe ser prohibida (como hizo la Inquisición con todas las novelas en los siglos coloniales por considerar el género de extremada peligrosidad pública) o leída sin pérdida de tiempo. ∎

El argumento final es la afirmación personal del crítico de que no solo la obra lo atrapó a él, sino también (lo más importante) que le gustará igualmente a todo el mundo.

En la conclusión, vuelve a ubicar al lector en el escenario del comienzo y retoma su experiencia para subrayar su recomendación. ¿Qué grado de ironía utiliza? ¿Resulta eficaz en esta crítica? ¿El humor hace más entretenida la lectura o más bien responde al estilo del autor?

[75]vulgarity, tackiness [76]muddle [77]crumble [78]face [79]scriptwriter [80]roar [81]spreads its wings [82]bat [83]resound [84]cattle [85]cornfields [86]frenzy [87]spear [88]meek, mild, gentle [89]prints [90]stretched [91]sheep [92]mist [93]bleating [94]flash of lightning [95]shivers [96]irreplaceable [97]corny, maudlin [98]emotional blackmail [99]disturbing [100]suitability [101]adventure [102]gathers [103]nonsense [104]bribes [105]**les hace...** fools, dupes [106]defeated me [107]betrayed [108]cherished [109]leaders [110]entourage [111]crowds [112]dazzle [113]dawn [114]false teeth [115]everywhere [116]darkness [117]countenance

Después de leer

1 Comprensión Contesta estas preguntas con oraciones completas.

1. ¿Qué tema trata este ensayo?
2. ¿Qué estaba haciendo Vargas Llosa en Buenos Aires mientras leía la novela?
3. ¿Cuándo conoció a Tomás Eloy Martínez y cómo lo volvió a encontrar?
4. ¿Quién entregó el cadáver de Eva Perón para que fuera embalsamado?
5. ¿Dónde está el cuerpo en la actualidad?
6. ¿El peronismo es una bendición o una catástrofe para la Argentina?
7. ¿Cuáles son las historias que se mezclan en la novela?
8. ¿Qué opina Vargas Llosa de los caudillos y sus seguidores?

2 Análisis En parejas, respondan estas preguntas.

1. ¿Qué sensación dice tener Vargas Llosa durante esa semana de conferencias? ¿Por qué la novela que lee agudiza esa sensación?
2. ¿En qué sentido la construcción de esta novela puede compararse con el procedimiento para embalsamar un cuerpo? ¿Por qué? ¿Les parece una comparación adecuada?
3. Según Vargas Llosa, ¿qué hacen las buenas novelas? ¿Están de acuerdo?
4. ¿Le gustó *Santa Evita* al crítico? ¿Por qué?
5. ¿Pueden encontrar una relación entre la historia de la novela (Eva Duarte y el peronismo) y la postura política del autor de la crítica? ¿Por qué dice que la novela lo "derrotó" y traicionó sus "más caros principios liberales"?
6. ¿Qué imagen les quedó de la novela al leer la crítica? ¿Los convencieron sus argumentos? ¿Por qué? ¿Cuáles de ellos podrían llevarlos a leerla?

3 Discusión En grupos de cuatro, contesten estas preguntas.

1. Busquen en el texto todas las palabras que se refieren a Argentina y hagan una lista. ¿Qué imagen dan del país donde se desarrolla la novela? ¿Coincide con la historia que se cuenta en ella? ¿Por qué?
2. ¿Creen que la realidad supera la ficción? ¿En qué circunstancias puede ser lícito usar la ficción para mostrar algo de la realidad? ¿Por qué? ¿Les parece que esto puede resultar "de extrema peligrosidad pública" o útil para "descubrir la realidad con la imaginación"?
3. Piensen en estos u otros ejemplos en los que la ficción invadió la realidad. ¿Les parece irresponsable "ficcionalizar" la realidad o presentar la ficción como realidad, o consideran que es una elección artística válida? ¿Por qué?

   - la transmisión de radio de Orson Wells que fingió una invasión extraterrestre
   - las películas que reconstruyen eventos históricos a partir de la ficción: *JFK* de Oliver Stone sobre el asesinato de Kennedy, la película alemana *La caída* (*Downfall*) sobre los últimos días de Hitler, etc.

4 Composición Escribe un párrafo con una breve crítica sobre uno de los siguientes temas:

   - el programa de televisión más importante para tu generación
   - el libro que te llevarías contigo en un largo viaje

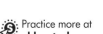
Practice more at
vhlcentral.com.

TALLER DE LENGUA

Léxico

6.1 Verbos y expresiones para indicar cambios

- Hay muchas formas de indicar transformación o cambio de acción mediante el uso de diferentes verbos y expresiones.

- Los verbos pueden dividirse en aquellos que expresan un estado físico o psicológico, temporal o permanente, y aquellos que expresan un cambio de estado o transformación.

> Miguel Ángel ya **está** harto de tanto viajar.
>
> estado

> **Ha llegado a ser** un director bastante famoso.
> transformación

- La voz pasiva con **ser** tiene un sentido de transformación activo y voluntario, y es equivalente a la pasiva del inglés con *to be* o *to get*. Por el contrario, **estar** + *participio* expresa resultado, estado y permanencia.

> Las casas vacías **fueron ocupadas** por los estudiantes.
> cambio

> Las casas vacías **están ocupadas** por los estudiantes.
> resultado

- El verbo **ser** en presente o pretérito imperfecto tiene un sentido de estado y permanencia, mientras que su uso en pretérito perfecto simple expresa cambio y suele traducirse al inglés con el verbo *to become*.

> La situación **es** imposible de entender.
> *The situation is impossible to understand.*
> La situación **era** imposible de entender.
> *The situation was impossible to understand.*
> La situación **fue** imposible de entender.
> *The situation became impossible to understand.*

- Los verbos que expresan cambios climatológicos (**ponerse, hacerse, volverse, amanecer, anochecer**) también indican transformación. Estos se suelen traducir al inglés por *to become, to get* o *to turn*.

> Íbamos a salir a caminar, pero **se puso** muy nublado.
> *We were going to leave for a walk, but it got very cloudy.*
> En invierno, **se hace** de noche muy temprano.
> *In the winter, it gets dark very early.*
> Por favor, vuelve a casa en cuanto **anochezca**.
> *Please, return home as soon as it gets dark.*

- Cuando **volverse** se utiliza con un sustantivo, se debe utilizar un artículo.

> El sol se puso y el cielo **se volvió un** mar de estrellas.
> *The sun set and the sky became a sea of stars.*

- Algunos verbos siempre expresan cambio y transformación.

Verbo	Expresa	Ejemplo
volverse + *adj./ art* + *sust.*	cambio permanente de cualidad o clase	**Se ha vuelto** insoportable. *He has become unbearable.* **Te has vuelto** una persona trabajadora. *You have turned into a hard-working person.*
quedarse + *adj.*	cambio de estado como resultado de un proceso	María **se quedó** sin dinero. *María went broke.*
ponerse + *adj./ adv.*	cambio de situación momentáneo en el estado de salud o de ánimo, color o aspecto físico, o comportamiento	**Se puso** muy enfermo. *He became very sick.*
hacer(se) + *adj.*	cambio de estado, cualidad o situación, con participación activa del sujeto	Pablo **se hizo** rico. *Pablo became rich.*
hacer(se) + *sust.*	cambio de cargo, profesión o situación personal, precedido de un proceso largo	Después de mucho esfuerzo, **se hizo** médica. *After a lot of effort, she became a doctor.*
llegar a ser + *sust.*	cambio de cargo, profesión o situación personal, precedido de un proceso largo	Después de mucho esfuerzo, **llegó a ser** médica. *After a lot of effort, she became a doctor.*
convertir(se) en + *sust.* o *adj. sustantivado*	cambio, transformación profunda	**Se ha convertido en** la actriz más famosa de España. *She has become the most famous actress in Spain.*
caer + *sust./adj.*	cambio abrupto, repentino, generalmente con un sentido negativo	Lo delataron y **cayó** prisionero. *He was reported and was imprisoned.* Mi padre **cayó** enfermo. *My father got sick.*
cambiar de + *sust.*	cambio definitivo	No lo comprendo; **cambia de** opinión cada vez que le pregunto. *I don't understand; he changes his mind every time I ask him.*

- En español hay una larga lista de verbos reflexivos de cambio formados a partir de adjetivos.

agrandarse	empacharse	enfurecerse	oxidarse
alegrarse	enamorarse	enrojecerse	refrescarse
apaciguarse	enemistarse	ensuciarse	ruborizarse
bajarse	enfadarse	llenarse	sonrojarse
calentarse	enfermarse	maquillarse	subirse
cansarse	enfriarse	marchitarse	tranquilizarse

Se enriqueció gracias al trabajo y a la generosidad de los demás.
She became rich thanks to everyone's work and generosity.

Cada vez que leo las noticias, **me entristezco**.
Every time I read the news, I get sad.

Práctica

1 Reescribe estas oraciones usando verbos que indiquen cambio o progresión.

1. Juan recibió una mala noticia y ahora está enojado.
2. Después de tantos años de estudio, Teresa ya es jueza.
3. Alejandra no ha venido a trabajar porque está enferma.
4. Cada vez que le pregunto, siempre tiene una opinión diferente.
5. A base de trabajo y dedicación, ahora es un escritor muy famoso.
6. Parece mentira; ahora ya es todo un caballero.
7. Desde que ganó la lotería está insoportable.
8. En los años 70, los pantalones de campana estaban de moda.
9. Siempre que veo una película dramática, estoy triste.
10. Enrique ya no me cae bien; es un antipático.

2 Para cada una de estas ilustraciones, escribe una pequeña descripción utilizando verbos o expresiones que indiquen cambio.

1.   2.   3.   4.

3 Traduce estas oraciones al español utilizando expresiones que indiquen cambio o progresión. Después compáralas con las de un(a) compañero/a.

1. As she heard the news, her eyes became bigger and bigger.
2. You have never been interested in politics, and now you want to become the mayor of our town? That's just ridiculous!
3. He was taken prisoner.
4. After they ran out of water, the trip became unbearable.
5. Big Band music became fashionable in the 30's and 40's.
6. After being in the sun all day, I jumped in the pool to cool off.
7. She became very upset and told me that she would never let me use her car again.
8. Over the years, he has become very liberal.
9. It's getting dark; let's go back home.
10. Carlos has become an advocate (**defensor**) for animal rights.

4 Escribe un párrafo utilizando cinco de las palabras y expresiones de la siguiente lista.

alegrarse	hacerse	amanecer	ponerse
llenarse	volverse	quedarse	llegar a ser

Léxico

6.2 El lenguaje académico

- El lenguaje, tanto oral como escrito, puede utilizarse con diferentes niveles de formalidad, dependiendo del contexto y del propósito de comunicación. En un extremo tenemos el **lenguaje común oral**, caracterizado por la alta complejidad gramatical, el vocabulario reducido, la subjetividad y el uso de coloquialismos. En el otro, tenemos el **lenguaje académico escrito**, caracterizado por la simplicidad gramatical, el vocabulario extenso y especializado, y el tono personal.

Lenguaje común oral	Lenguaje académico escrito
Oye, ¿podemos juntarnos y ver si hay algún trabajo para mí?	Solicito a usted la oportunidad de concederme una entrevista de trabajo.
Te decía que lo que queremos es hablarte del proyecto político que estamos planeando y que hemos estado preparando desde que llegó el presidente el otro día.	Nos dirigimos a usted con la finalidad de comunicarle nuestro proyecto político. Este se inició con la llegada del señor presidente.
Quería avisarle que le vamos a dar el crédito que solicitó para su empresa a fines de marzo.	Por la presente, le comunicamos la concesión del crédito empresarial que solicitó el día 23 marzo del presente año.
¿Por qué en este mundo que dicen que es tan libre, donde dicen que se puede ir a cualquier lado y donde se pueden comprar cosas de todos lados, no dejan que la gente viaje a donde quiera?	¿Por qué, en un mundo de inmediato trasiego de mercancías y valores, se impide el libre movimiento de las personas?
Quieren que a los hijos les vaya bien en el colegio y que puedan ir a la universidad y se adapten y se incorporen a la vida normal de la gente de clase media de los Estados Unidos.	Desean que sus hijos tengan éxito académico y se incorporen a las corrientes centrales de la vida en los Estados Unidos.
Lo que dice Fuentes para apoyar su tesis tiene mucho sentido.	Cabe señalar la autoridad de los argumentos aducidos por Fuentes para apoyar su tesis.

- Tanto el lenguaje común como el lenguaje académico presentan distintos **registros**, es decir, en función de los destinatarios y de las circunstancias, se adopta una forma de expresarse u otra. Los registros pueden ser **formales** o **informales**. Una carta familiar, por ejemplo, tiene un tono distinto que la dirigida al director del colegio en el que estudiamos. De igual forma, un representante de productos médicos no habla igual con sus colegas en una reunión interna de la empresa que cuando explica a un médico las propiedades de un nuevo dispositivo médico.

- Un buen dominio del idioma requiere el manejo correcto de distintos registros. Por ejemplo, al solicitar trabajo al director de una empresa, no sería adecuado decir algo como: **Amigo, ¿por qué no me buscas un carguito, allá en tu oficina?** Sin embargo, este registro puede resultar adecuado cuando uno habla con un buen amigo.

- La utilización de un registro elevado en una situación informal también resulta inadecuada y, en ocasiones, pedante, o incluso graciosa o sarcástica.

    Mamá, deseo informarte que disfruto con el noticiario vespertino.

- La principal función del lenguaje académico es transmitir ideas de forma objetiva, rigurosa, concisa y precisa. Estas son sus características principales:

    Densidad léxica La riqueza y variedad en el uso del vocabulario hace que la exposición de conceptos e ideas sea más precisa.

    Los elefantes, rinocerontes e hipopótamos son mamíferos de piel muy gruesa y dura. Algunos comen solo plantas. Otros comen plantas y carne. Tienen pezuñas en los pies. (*Definición en un diccionario para niños*)

    Paquidermo: Se dice de los mamíferos artiodáctilos, omnívoros o herbívoros, de piel muy gruesa y dura. (*Definición en un diccionario académico*)

    Condensación de la información Se eligen frases y expresiones cargadas de información. En particular, se recurre a nominalizaciones que permiten condensar la información y hacerla más impersonal y abstracta.

Información no condensada	Información condensada
El juez **le permitió independizarse de sus padres**.	El juez **autorizó su emancipación**.
Tras las negociaciones, **los trabajadores lograron que les pagaran más dinero**.	Las negociaciones tuvieron como resultado un **incremento salarial**.

    Objetividad Se evita el uso de la primera persona y de verbos de opinión. Se recurre a construcciones impersonales en las que se omite el agente.

Versión personalizada	Versión impersonal
La gente relaciona a los inmigrantes con personas que trabajan en fábricas.	Es importante notar la tradicional vinculación de los inmigrantes con la clase trabajadora.
Versión subjetiva	**Versión objetiva**
Las políticas migratorias del siglo pasado me parecen absurdas.	Las políticas migratorias del siglo pasado no se adaptan a la realidad contemporánea.

    Vocabulario especializado Se elige el vocabulario apropiado al tema sobre el que se escribe.

Vocabulario no especializado	Vocabulario especializado
El personaje más importante compara implícitamente a su hermano con un perrito muerto de hambre.	El protagonista se refiere a su hermano con una metáfora sobre un perro famélico.
El autor dice que el costo de la batalla fue tal que al final no valió la pena.	El autor define el enfrentamiento como una batalla pírrica.

Simplicidad gramatical, rigor y concisión La espontaneidad del lenguaje común, especialmente el lenguaje oral, lleva a estructuras más largas y más complejas gramaticalmente. El lenguaje académico se planea cuidadosamente, por lo que el resultado son estructuras sencillas y organizadas lógicamente.

> En la página 57 tienes mucha información actual sobre los temas del programa, y también pusimos ahí unos resúmenes de los trabajos; ah, y no te olvides de mirar también en esa página la lista de los materiales que consultamos.
>
> La información actual sobre los temas del programa, los resúmenes de los trabajos y las fuentes utilizadas se exponen en la página 57.

Práctica

1 Indica si estas oraciones usan vocabulario especializado o vocabulario no especializado.

1. El recuento de leucocitos se encuentra fuera del rango de referencia.
2. Mi hermano no fue a la reunión del trabajo porque estaba enfermo.
3. En este barrio hay mucha gente inmigrante que busca trabajo.
4. El narrador omnisciente se expresa en la primera persona con complejas metáforas.
5. Perro: animal doméstico que es el mejor amigo del hombre.
6. El desempleo se encuentra en aumento entre las comunidades de inmigrantes.
7. Felino: animal perteneciente a la familia de los félidos.
8. El informe se realizó a partir de datos provenientes de una base de datos georreferenciada de la Unión Europea.

2 Reescribe estas oraciones para que resulten adecuadas en un contexto académico escrito.

1. La conclusión que saca el escritor me parece una barrabasada que no tiene nada que ver con las razones que explica antes.
2. Los gatitos y los leones son como primos lejanos.
3. Cuando te duela la barriga, tómate esta pastilla y echa una cabezadita (*nap*).
4. Mire, profe, mañana no puedo tomar el examen, así que ¿por qué no me lo cambia para la próxima semana?
5. Los grillos son unos bichitos negros que hacen un ruido muy molesto.
6. El ecuador es algo así como una línea inventada que rodea el centro del planeta.
7. José Zorrilla escribió todo tipo de poemas.
8. A Vargas Llosa acaban de darle el Premio Nobel de los escritores.
9. El presidente anda diciendo por ahí que el cambio del sistema financiero es muy bueno.
10. Al gobierno no le gusta nada la violencia de la calle.

3 Escribe dos mensajes de correo electrónico en los que solicitas trabajo en una empresa. El primer mensaje lo escribes a una amiga que trabaja allí; el segundo está dirigido al director de la empresa.

Léxico

6.3 Los anglicismos

- Es frecuente que las lenguas se influencien unas a otras y que, al entrar en contacto por diversos motivos (cercanía entre dos países, comercio, inmigración, etc.), se modifiquen y "se presten" términos entre sí. Este fenómeno ha ocurrido desde la antigüedad, pero se ha multiplicado últimamente por la velocidad de las comunicaciones y por el mayor movimiento de personas entre unas naciones y otras.

- El español ha incorporado palabras de varios idiomas (**extranjerismos**), entre ellos del inglés. A las palabras provenientes del inglés se las denomina **anglicismos**. Estos préstamos lingüísticos llegan al español por diferentes motivos: por avances tecnológicos desarrollados en países de habla inglesa, por influencia de la moda o de los medios de comunicación, o por simple "contagio" entre los hablantes. Compara las siguientes oraciones.

  > Vamos al **mall** a comprar unos **blue jeans**.
  > Vamos al **centro comercial** a comprar unos **vaqueros**.

- Algunos anglicismos permanecen sin modificar, como es el caso de *flash* o *boom*; otros adaptan su escritura y entran a formar parte del léxico de la lengua, como **champú** o **fútbol**; y muchos otros conviven con sus equivalentes en español, como *software* y **programa(s) de computación**, o *mouse* y **ratón**.

- La mayor parte de los anglicismos se encuentran en áreas como la tecnología, la administración, los deportes o la alimentación.

Área	Anglicismo	Equivalente en español (si lo hay)
Tecnología	*software* *hardware* *mouse* *blog*	programa(s) (de computación) equipo(s) (de computación) ratón bitácora*
Administración y negocios	*marketing* *outsourcing* eslogan *mall*	mercadeo o mercadotecnia subcontratación/tercerización (de servicios) lema o consigna centro comercial
Deporte	fútbol basquetbol/básquetbol *spinning*	balompié* baloncesto ---
Moda y belleza	*(blue) jeans* *short* *light* champú	vaqueros/tejanos pantalón corto ligero/liviano/bajo en calorías champú
Recreación	*resort* chatear *show* *hobby*	centro turístico/centro vacacional --- espectáculo pasatiempo/afición
Alimentos y bebidas	sándwich bistec (de *beefsteak*) beicon o bacón cóctel o coctel	emparedado/bocadillo (Esp.) --- panceta (ahumada)/tocino ---

*Algunos equivalentes en español son de uso muy poco común. En esos casos, se recomienda usar el anglicismo.

- Se recomienda escribir en cursiva los extranjerismos no adaptados como *flash* o *boom* porque no siguen los tratamientos ortográficos del español y todavía no han sido incorporados al diccionario como palabras propias del español, sino como voces inglesas. Por el contrario, palabras como **eslogan** (de *slogan*) o **cheque** (de *check*), adaptadas al diccionario como palabras propias y que siguen la ortografía del español, no deben escribirse en cursiva.

  > Después de mi clase de **spinning**, siempre me tomo alguna bebida **light**. De esa manera me mantengo en forma y me quedan mejor los **jeans**.
  >
  > Ayer fui al **mall** a comprar un **software** que necesitaba y después fui a mi restaurante favorito, donde me comí un **sándwich** delicioso.

- Algunas expresiones inglesas se han vuelto comunes en el habla cotidiana de los hispanoparlantes, como *OK*, *bye* o *full*: "Tener la agenda *full*", "Estar *in/out*". Si bien esto es aceptable en el lenguaje informal oral, estos anglicismos deben evitarse en el lenguaje formal o escrito.

- El comportamiento de los anglicismos varía en cada país hispanoparlante. Por ejemplo, en Colombia la expresión *blue jean* (o incluso **bluyín**) está muy extendida, mientras que en otros países no se usa, sino que se dice **vaqueros**, **tejanos** (o, en Puerto Rico, **mahones**). En muchos países se dice únicamente *mouse* (de la computadora), mientras que en España se usa también su traducción al español, **ratón**. Excepto en casos específicos en los que el anglicismo es la mejor opción, se recomienda usar el equivalente en español.

- El español ha tomado palabras de otras lenguas como el francés (**galicismos**), el italiano (**italianismos**), el árabe (**arabismos**), etc.

Galicismos	bulevar, cabaré, chalet, chef, matiné, *tour*
Italianismos	acuarela (*watercolor*), batuta (*baton*), góndola, grafiti, tempo
Arabismos	ajedrez (*chess*), almohada (*pillow*), guitarra, ojalá

¿Te gustó el **tour** de Boston?   ¿Te gustó la visita guiada de Boston?

¡ATENCIÓN!

Los hispanohablantes que viven en Estados Unidos suelen ser más propensos (*prone*) a utilizar anglicismos por el contacto natural que tienen con la lengua inglesa todos los días.

Práctica

1 Empareja los anglicismos con sus palabras equivalentes en español.

1. bluyín	6. *marketing*	a. centro comercial	f. mercadeo
2. *hardware*	7. *mouse*	b. centro vacacional	g. ratón
3. *beicon*	8. *outsourcing*	c. equipo(s)	h. panceta ahumada
4. *light*	9. *parking*	d. estacionamiento	i. subcontratación
5. *mall*	10. *resort*	e. ligero/liviano	j. vaqueros

2 Reemplaza los nueve anglicismos por palabras del español.

1. Me compré unos *jeans* muy bonitos, pero como estoy un poco gordito, no me van bien. Por eso estoy comiendo comida *light* y jugando basquetbol.

2. Estoy planeando unas vacaciones con mis amigos. Ayer fuimos a la agencia de viajes y nos ofrecieron un plan buenísimo en un *resort* en el Caribe, con un *show* diferente cada día.

3. Ayer fui al *mall* a comprar un *software* que necesitaba y después fui a mi restaurante favorito, donde me comí un sándwich delicioso con mucho beicon.

Estructuras

6.4 Verbal periphrases and modal verbs

- Verbal periphrases (**perífrasis verbales**) are combinations of two verbs, an auxiliary verb (**verbo auxiliar**), and a main verb (**verbo principal**) in a single verb phrase.

> Vargas Llosa **lleva ganados** muchísimos premios, incluyendo el Nobel de Literatura.
> En este ensayo, Vargas Llosa **se pone a describir** un viaje que hizo a Argentina.
> Durante el viaje, **empezó a leer** una novela titulada *Santa Evita*.
> Al cabo de la semana, **terminó enamorándose** de la obra y de su protagonista.

- In a verbal periphrasis, the auxiliary verb is conjugated. The main verb can be an infinitive (**infinitivo**), a present participle (**gerundio**), or a past participle (**participio**).

> **Trataré de resumir** el ensayo de Vargas Llosa. *(infinitive)*
> **Estuvo viajando** por Argentina por una semana. *(present participle)*
> **Tengo leídos** cinco libros de Vargas Llosa. *(past participle)*

- A verbal periphrasis depends on both the auxiliary verb and the main verb for its meaning. However, the main verb carries the principal meaning of the verb phrase. Often the main verb and auxiliary verb are joined by a preposition or a conjunction.

> Tardó unos días **en** leer la novela *Santa Evita*.
> Opina que hay **que** leerla y disfrutarla.

¡ATENCIÓN!

A verbal periphrasis can contain more than one embedded verb phrase.

Voy a tratar de resumir el ensayo.

Modal auxiliary verbs

- Modal verbs (**verbos modales**) are a type of auxiliary verb. These verbs are called *modals* because they express the mood or attitude of the speaker towards the action of the main verb. Some of the attitudes expressed by modals include obligation or necessity, intention, possibility, and repetition. The following chart shows the most common modal auxiliary verbs in Spanish and their uses.

Verb	Attitude	Example
deber	obligation	**Debemos terminar** de leer el ensayo para la próxima clase.
deber de	probability, supposition	Vargas Llosa **debe de ser** muy inteligente.
haber de	obligation, intention	**Has de conocer** Buenos Aires algún día.
haber que	necessity (used only in the third-person singular)	Para entender a los argentinos, **hay que saber** qué es el peronismo.
pensar	intention	**Pienso ver** la película *Evita* este fin de semana.
poder	possibility, suggestion, to be able/allowed to	¿**Puedes explicarme** qué significa *peronismo*? **Podemos ir** al cementerio de la Recoleta mañana si quieres.
querer	necessity, desire	**Quiero saber** más sobre la vida de Eva Perón.

Verb	Attitude	Example
saber	skill	Está claro que Vargas Llosa **sabe escribir** muy bien.
soler	repetition	En general, **suelo leer** libros en línea.
tener que	obligation	**Tengo que reconocer** que la historia del cadáver de Eva Perón es increíble.

- Remember that the meanings of **tener que, poder, querer,** and **saber** all change when used in the preterite (see **p. 47**).

  Al final, ella **pudo** lograr su meta de hacerse actriz famosa.
  At the end, she achieved her goal of becoming a famous actress.
  Él nunca **supo** dónde estaba enterrada.
  He never found out where she was buried.

Verbal periphrases with infinitives

- Spanish, like English, has numerous *verb + infinitive* constructions. In addition to modal verbs, here are some other frequent verbs that combine with infinitives to form verbal periphrases. See the lists on **pp. 149–150** for some other common verbs followed by an infinitive.

Verb	Meaning	Example
acabar de	*to have just done sth.*	Este verano, **acabo de empezar a leer** una novela de Junot Díaz.
acabar por	*to end up doing sth.*	La discusión no había sido tan seria y **acabaron por reconciliarse**.
comenzar a, entrar a, ponerse a	*to start or begin to do sth.*	**Comencé a leer** las novelas de Vargas Llosa el verano pasado. Barack Obama **entró a gobernar** en 2009. Después de reunir todos los temas, **nos pusimos a escribir**.
dejar de	*to stop doing sth.*	El público **dejó de aplaudir** súbitamente.
empezar por	*to start by doing sth.*	Alumnos, **empiecen por definir** el tema del ensayo.
estar por	*to be about to*	Los autores **están por firmar** los autógrafos.
ir a	*to urge (sb.) to do sth.*	**¡Vamos a leer!**
pasar a	*to proceed to do sth.*	Después de un breve aperitivo, los invitados **pasarán a almorzar** al salón principal.
soler, acostumbrar (a)	*to be in the habit of doing sth.*	**Suelo elegir** un autor nuevo cada verano. Los escritores **acostumbraban usar** pluma.
venir a	*to finally do/happen*	Después de una larga carrera, **vino a ganar** el Premio Nobel.
volver a	*to do sth. again*	**Vuelvo a pedírtelo**: devuélveme el libro.

Verbal periphrases with past participles

- In verbal periphrases with past participles, the participle agrees in gender and number with the noun it describes or refers to. These periphrases focus on the result of an action or process.

Verb	Examples
dejar	Este ensayo nos **dejó sorprendidos**.
encontrarse	El cadáver de Eva Perón **se encontraba escondido** en un cementerio italiano.
estar	El ensayo **está escrito** en un tono muy característico de Vargas Llosa.
ir	El nombre que **iba tallado** en la tumba italiana no era el verdadero.
llevar	Ya **llevamos ahorrados** casi mil dólares para nuestro viaje a Argentina.
quedarse	Todos **se quedaron horrorizados** ante el escándalo del secuestro del cuerpo.
resultar	La conferencia que dio Vargas Llosa **resultó grabada** y **publicada** en Internet.
seguir	Eva Perón **sigue venerada** por miles de argentinos.
tener	**Tengo entendido** que Eva Perón es parte de la mitología argentina.
venir	Nadie sabía que era el cuerpo de Perón, porque **venía escondido** bajo otro nombre.
verse	A causa del cáncer, Eva Perón **se vio obligada** a retirarse de la vida pública.

Verbal periphrases with present participles

- These periphrases are used to refer to actions in progress.

  Andaba viajando por Argentina cuando empezó a leer *Santa Evita*.

- The periphrases formed with **estar** + *present participle* are commonly referred to as *progressive* or *continuous tenses*. The following chart shows other auxiliary verbs that also combine with the present participle.

Verb	Meaning	Examples
acabar	*to end up* + -ing	Dos maestras **acabaron publicando** sus memorias.
andar	*to go around* + -ing	¿Por qué **andas diciendo** que esta novela es fácil?
ir	*to be* + -ing *gradually over a period of time*	Ya **voy viendo** que la historia de Eva Perón es bastante complicada.
llevar	*to be* + -ing *for a certain period of time*	**Llevo una semana tratando** de terminar esta novela.
quedarse	*to continue* + -ing *something*	**Me quedé pensando** en la extraña historia de Eva Perón por varios días.
salir	*to wind up or end up* + -ing	Después de leer el ensayo, todos **salimos queriendo** saber más de esta historia.
seguir, continuar	*to keep on* + -ing	**Seguimos pensando** en ir a Argentina el año que viene.
venir	*to be* + -ing *something over a period of time*	Carlos, mi amigo argentino, **viene diciéndome** que debemos ir a Argentina.
vivir	*to be constantly* + -ing *something*	Como Carlos es de Buenos Aires, **vive diciéndome** que es la mejor ciudad del mundo.

Práctica

1 Completa el pasaje sobre Mario Vargas Llosa con la forma correcta del verbo entre paréntesis.

Hay que (1)_____ (saber) algo de la vida de Mario Vargas Llosa para entender mejor su obra. Él ha sabido (2)_____ (combinar) elementos autobiográficos y ficticios en varias de sus obras. Por ejemplo, se vio (3)_____ (obligar) por su padre a (4)_____ (asistir) a un colegio militar. A la edad de 19 años, y en contra de la voluntad de su padre, quiso (5)_____ (casarse) con una tía política y lo hizo. La historia de sus amores con su tía llegaría a (6)_____ (ser) un tema principal de su novela *La tía Julia y el escribidor*. Apenas había acabado de (7)_____ (graduarse) del colegio militar cuando comenzó a (8)_____ (trabajar) como columnista para varios periódicos. Quería (9)_____ (vivir) en París y se fue a vivir allí a la edad de 22 años. Se quedó seis años (10)_____ (escribir) en esa ciudad. Acabó (11)_____ (divorciarse) de su tía y volvió a (12)_____ (instalarse) en Lima. Decidió presentarse como candidato a la presidencia de Perú en 1990. Perdió las elecciones, pero para muchos sigue (13)_____ (ser) uno de los escritores más admirados de América Latina. En octubre de 2010 resultó (14)_____ (ser) el ganador del Premio Nobel.

2 ¿Qué hicieron estas personas durante un viaje a Argentina? Combina los elementos dados para formar ocho oraciones con perífrasis verbales usando el infinitivo.

Modelo   *La profesora de español empezó a planear una excursión a las pampas.*

yo	comenzar a	tomar una clase de tango
la profesora de español	continuar	asistir a un partido de polo
los turistas	dejar de	ver el mausoleo de Eva Perón
mis compañeros de clase	estar por	hacer una excursión a las pampas
mi compañera de cuarto	ir a	quedarse en un rancho y montar a caballo
todos nosotros	pasar a	pasear por la Avenida 9 de Julio
los guías argentinos	ponerse a	recorrer el barrio de La Boca
tú	tener que	explorar la Patagonia
	volver a	esquiar en los Andes

present participle/gerundio

3 Para cada situación, escribe por lo menos dos oraciones. En la primera, utiliza una perífrasis verbal con un participio. En la segunda, utiliza una perífrasis verbal con un gerundio. Usa una variedad de modos y tiempos verbales en tus oraciones.

Modelo   tu clase más difícil este semestre
Mi clase más difícil este semestre es física; ahora estoy trabajando con un experimento que tengo medio acabado. Anoche me quedé trabajando en el laboratorio hasta muy tarde.

- un conflicto que tienes (o tuviste) con tu novio/a
- la próxima fiesta que vas a dar (o la última que diste)
- tus planes para las próximas vacaciones
- tus planes después de graduarte
- los exámenes finales

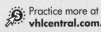

Estructuras

6.5 Reported speech

- In Spanish, as in English, there are two ways to report what someone said. One way is to use direct speech (**discurso directo**), in which the person's exact words are set off in quotation marks.

direct speech ▼

> Mario Vargas Llosa escribe: "… detesto con toda mi alma a los caudillos…".
> *Mario Vargas Llosa writes, "…I hate leaders with all my heart…"*

- Another way is to use reported speech, also known as indirect discourse (**discurso indirecto**). Indirect discourse reports a person's words without repeating them verbatim or setting them off in quotation marks. Instead, what the person said is transformed into a subordinate clause, grammatically matching the main clause and joined by **que**.

reported speech ▼

> Mario Vargas Llosa escribe **que** detesta con toda su alma a los caudillos.
> *Mario Vargas Llosa writes **that** he hates leaders with all his heart.*

- Verbs commonly used in Spanish to introduce reported speech include:

agregar	comentar	escribir	notar	reiterar
anunciar	contestar	explicar	opinar	repetir
añadir	decir	informar	preguntar	responder

- When you take direct speech and change it to reported speech, a number of changes may be required, such as verb subject and tense, pronouns, possessive and demonstrative adjectives, and adverbs.

> Vargas Llosa dice: "Desde entonces **me lo he encontrado** muchas veces".
> Vargas Llosa dice que desde entonces **se lo ha encontrado** muchas veces.

> La profesora dijo: "**Vamos a ver** la película *Evita* **esta** semana".
> La profesora dijo que **íbamos a ver** la película *Evita* **esa** semana.

> Elena comentó: "No **creo** que **pueda** terminar de leer la novela de Vargas Llosa para **mañana**".
> Elena comentó que no **creía** que **pudiera** terminar de leer la novela de Vargas Llosa para **el día siguiente**.

- When the verb introducing the reported speech is in the present or future, the verb tense containing the reported speech does not need to change (though the form may change to match the grammatical subject).

Direct speech	Reported speech
Comenta Vargas Llosa: "Lo **sé** porque yo era el demente que las daba… ". *(present indicative)*	**Comenta** Vargas Llosa que lo **sabe** porque él era el demente que las daba. *(present indicative)*
Vargas Llosa **explica**: "**Conocí** a su autor a mediados de los sesenta, en mi primer viaje a Buenos Aires". *(preterite)*	Vargas Llosa **explica** que **conoció** a su autor a mediados de los sesenta, en su primer viaje a Buenos Aires. *(preterite)*

- When the verb introducing the reported speech is in the past, and the verb in the original direct speech is in the imperfect or past perfect, no tense change is needed.

Direct speech	Reported speech
Vargas Llosa **explicó**: "[Eloy Martínez] **enseñaba** en la Universidad de Rutgers". *(imperfect indicative)*	Vargas Llosa **explicó** que Eloy Martínez **enseñaba** en la Universidad de Rutgers. *(imperfect indicative)*
La profesora **preguntó**: "¿**Sabían** ustedes que el cadáver de Eva Perón **había sido embalsamado**?". *(imperfect indicative, past perfect indicative)*	La profesora nos **preguntó** si **sabíamos** que el cadáver de Eva Perón **había sido embalsamado**. *(imperfect indicative, past perfect indicative)*

- In other cases, when changing reported speech to the past, the tense used in the reported speech will change, depending on the tense used in the original direct speech.

Direct speech	Reported speech
Vargas Llosa dijo: "Todo **puede** ser novela". *(present indicative)*	Vargas Llosa dijo que todo **podía** ser novela. *(imperfect indicative)*
Afirmó Vargas Llosa: "No **es** de extrañar que Tomás Eloy Martínez **sea** capaz de cualquier cosa". *(present indicative, present subjunctive)*	Afirmó Vargas Llosa que no **era** de extrañar que Tomás Eloy Martínez **fuera** capaz de cualquier cosa. *(imperfect indicative, imperfect subjunctive)*
Escribió: "Esta historia **ha sido contada** muchas veces". *(present perfect indicative)*	Escribió que esa historia **había sido contada** muchas veces. *(past perfect indicative)*
Agregó Vargas Llosa: "*Santa Evita* me **derrotó** desde la primera página...". *(preterite)*	Agregó Vargas Llosa que *Santa Evita* lo **había derrotado** desde la primera página. *(past perfect indicative)*
La profesora dijo: "**Vamos a terminar** de leer el ensayo mañana". *(present indicative of **ir** + infinitive)*	La profesora dijo que **íbamos a terminar/terminaríamos** de leer el ensayo al día siguiente. *(imperfect indicative of **ir** + infinitive or conditional)*
Agregó: "**Espero** que no **se olviden** de traer sus artículos pasados a máquina". *(present indicative, present subjunctive)*	Agregó que **esperaba** que no **nos olvidáramos** de traer nuestros artículos pasados a máquina. *(imperfect indicative, imperfect subjunctive)*

- Past perfect tenses do not undergo tense changes.

Direct speech	Reported speech
La profesora dijo: "Si **hubiéramos tenido** tiempo, **habríamos visto** el resto de *Evita*". *(past perfect subjunctive, conditional perfect)*	La profesora dijo que si **hubiéramos tenido** tiempo, **habríamos visto** el resto de *Evita*. *(past perfect subjunctive, conditional perfect)*

- When reporting questions, the interrogative pronouns keep the accent.

Direct speech	Reported speech
El estudiante preguntó: "¿**Cuándo** murió Juan Domingo Perón?"	El estudiante preguntó **cuándo** había muerto Juan Domingo Perón.

REPASO

To review **si** clauses, see **pp. 155–156**.

- When reporting commands, use the subjunctive. The choice of tense (present or imperfect subjunctive) depends on the tense of the reporting verb.

Direct speech	Reported speech
"**Lee** *Santa Evita*".	Mi compañero me **recomienda** que **lea** *Santa Evita*. Mi compañero me **recomendó** que **leyera** *Santa Evita*.

- When changing reported speech to the past, some common changes in demonstratives and adverbs include the following.

este	→ ese	ahora mismo	→ **en aquel momento, en ese mismo momento**
ese	→ aquel		
hoy	→ ese (mismo) día	mañana	→ **el día siguiente**
ayer	→ el día anterior		

- However, note that these changes are not automatic; context will indicate when a change needs to be made.

  Rafael me preguntó: "¿Puedes ayudarme **esta tarde** con el ensayo?".

  Rafael me preguntó si podía ayudarlo **esa tarde** con el ensayo.
  (the afternoon is in the past)

  Rafael me preguntó si podía ayudarlo **esta tarde** con el ensayo.
  (the afternoon is still in the future)

Práctica

1 Estás haciendo una visita a la tumba de Eva Perón en Buenos Aires. Después de la visita, explícale a tu amigo/a qué dijo el guía durante la visita.

> Modelo   Eva Ibarguren fue hija ilegítima de Juan Duarte y Juana Ibarguren.
> *El guía dijo que Eva Ibarguren había sido hija ilegítima de Juan Duarte y Juana Ibarguren.*

1. Se crio en Los Toldos, un pequeño pueblo de Buenos Aires.
2. Desde joven soñaba con ser actriz y, cuando tenía solo 15 años, se mudó a la ciudad de Buenos Aires.
3. No era común que una joven de las provincias fuera a la capital.
4. En 1944, cuando tenía 22 años, conoció a Juan Perón.
5. En aquel momento, las mujeres de Argentina no tenían derechos políticos.
6. Evita se destacó por su interés en la justicia social.
7. A algunos no les gustaba que ella quisiera desempeñar un papel político.
8. Más tarde, como esposa del presidente, Eva Perón promovería leyes en contra de la discriminación de los hijos ilegítimos.
9. Eva Perón murió de cáncer en 1952, a la edad de 33 años.
10. Es increíble que su cuerpo fuera robado y que desapareciera.
11. En 1957 el cuerpo fue trasladado a Milán y enterrado en una tumba secreta.
12. Fue devuelto en 1971 y en 1974 se construyó un mausoleo en Buenos Aires para sus restos.
13. Hoy la tumba de Evita se encuentra en el Cementerio de la Recoleta.
14. ¿Quieren saber más acerca de Evita?
15. ¡Vengan mañana a la visita guiada especial sobre "los secretos de Evita"!

2 Mi compañero dijo que...

A. Pregúntale a un(a) compañero/a sobre estos temas. Anota sus respuestas.

> Modelo sus planes para el fin de semana
> —¿Qué vas a hacer este fin de semana?
> —Voy a ir a Boston para visitar a mi amigo Greg. Vamos a...

- sus planes para el fin de semana

- la mejor clase de la universidad

- la peor clase de la universidad

- el último examen de la clase de español

- la última película que vio

- el último libro que leyó

- lo último que compró

- algo que hace su compañero/a de casa que no le guste

- las próximas vacaciones

- sus planes de futuro

B. Resume las respuestas de tu compañero/a y explica qué dijo.

> Modelo *Mi compañero/a me contó que iba a ir a Boston para visitar
> a su amigo Greg. Dijo que ellos iban a...*

3 Imagina que estás en casa de tus padres durante las vacaciones universitarias. Tus padres te están volviendo loco/a. Lee lo que te dicen y, después, escribe un correo electrónico a tu mejor amigo/a para quejarte de la situación. Explícale todo lo que te dijeron tus padres.

Tus padres dijeron:

"No puedes usar mi coche hoy porque lo necesito para ir al trabajo".

"No voy a lavar tu ropa. Ya sabes lavarla tú".

"No te puedo prestar $50.00. Te mandé dinero la semana pasada".

"Si sales esta noche con tus amigos, tendrás que volver antes de las doce".

"Limpia el garaje, corta el pasto y riega las plantas".

"Bueno, el mes pasado convertimos tu habitación en una oficina. ¿No te importa, verdad?".

"Mañana vamos a cenar a casa de la tía Berta. Tienes que ponerte algo formal y ser puntual".

"No dejes las toallas mojadas y la ropa sucia en el baño o las voy a tirar a la basura".

4 Ahora ponte en el lugar de tu padre o madre en la situación de la **actividad 3**. Llamas por teléfono a un(a) amigo/a y hablas con él/ella sobre la visita. Explica qué le dijiste a tu hijo/a y qué te dijo él/ella.

> Modelo *¡Mi hija está insoportable! Cuando le dije hoy que no podía usar mi
> coche porque lo necesitaba, ella me contestó que no era justo...*

Ortografía y puntuación

6.6 Notas y referencias bibliográficas

- A menudo, es necesario utilizar notas en los ensayos, que pueden ser de dos clases: notas aclaratorias o notas bibliográficas. Las **notas aclaratorias** se introducen para ampliar un tema, aclarar alguna cuestión, presentar la traducción de algún texto, exponer la opinión de otro autor, etc. Deben ser breves y es recomendable limitar su número, pues un texto recargado de notas puede desorientar y aburrir al lector.

- Las **notas bibliográficas** se utilizan para especificar las fuentes. Remiten al lector a otras obras que tratan los temas discutidos mediante expresiones como "Con relación a este tema, puede consultarse…" o "El autor *x* opina lo contrario en su obra…"; o directamente se señalan las fuentes, tal como se indicará más adelante.

- Tanto las notas aclaratorias como las bibliográficas pueden ir al pie de página (*footnotes*) o al final del ensayo (*endnotes*). En general, son más utilizadas las notas al pie de página porque le facilitan al lector su trabajo, pero, en caso de que el ensayo lleve muchas notas, es mejor poner las notas al final.

- Al usar citas (**pp. 90–91**), ya sean directas o indirectas, se debe especificar la fuente mediante notas bibliográficas, que son señaladas con números superíndices (*superscript*) inmediatamente después del texto parafraseado o de la cita textual.

- Las citas bibliográficas deben ir completas, es decir, en ellas se deben consignar todos los datos que le permitan al lector ubicar la fuente a la que se remite. Las fuentes más comúnmente citadas son los materiales impresos (libros y publicaciones periódicas).

- Al igual que en inglés, en español existen diferentes maneras de escribir una cita bibliográfica. Esta es una de las más corrientes:

  Estructura:
  Apellido, Nombre. "Título de la sección", en: *Título de la obra*, Ciudad de publicación: Editorial, año, pp. xxx–xxx.

  Ejemplos:
  Eco, Umberto. *Cómo se hace una tesis*, Barcelona: Gedisa, 1975, pp. 188–214.
  Cassany, Daniel. "Párrafos", en: *La cocina de la escritura*, Barcelona: Anagrama, 1993, pp. 82–93.

- Este es uno de los formatos estándar en español para citar una publicación periódica:

  Estructura:
  Apellido, Nombre. "Título del artículo". *Título de la revista o periódico* vol. # (año): pp. xxx–xxx.

  Ejemplos:
  Bushnell, David. "Las independencias comparadas: las Américas del Norte y del Sur". *Historia crítica* vol. 41 (2010): pp. 20–37.
  Martín, Pedro. "La poesía cubana no está bloqueada". *El Colombiano*, Medellín, 13 de febrero de 1993: 12B.

- Para citar una página web, además de los datos anteriores, se debe indicar que se trata de un artículo en línea. Hasta hace poco se recomendaba dar la dirección completa de la página, pero ahora se recomienda solamente indicar que la información se encuentra en línea, e incluir la fecha en la que se accedió a la misma.

  > Murueta, Marco Eduardo. "Subjetividad y praxis: la diversidad de los contextos culturales" [en línea]. Acceso: 2 de enero de 2011.

- Al final del ensayo se debe incluir un listado con todas las obras citadas. El listado bibliográfico debe ir en estricto orden alfabético, según los apellidos de los autores, y debe contener los datos completos.

- Dado que las referencias bibliográficas deben ser indicaciones claras y breves, en ellas se usan varias abreviaturas que sintetizan la información; casi todas ellas provienen del latín.

Ídem (o **Íd.**)	Se utiliza para indicar que se cita al mismo autor de la nota previa. Eco, Umberto. *Cómo se hace una tesis*, Barcelona: Gedisa, 1975, pp. 188–214. *Íd. El nombre de la rosa*, Buenos Aires: Lumen, 1980. (mismo autor, diferente obra)
Ibídem (o **Ibíd.**)	Se usa para indicar que una nota es exactamente igual a la anterior. Eco, Umberto. *Cómo se hace una tesis*, Barcelona: Gedisa, 1975, pp. 188–214. *Ibíd.*, p. 90. (mismo autor y misma obra, pero diferente página).
et al.	Significa "y otros" y se usa en casos de obras escritas por varios autores (más de tres). En este caso se pone el apellido del primer autor y después la abreviatura *et al.*

Práctica

1 Organiza los elementos que se presentan en cada recuadro para elaborar una referencia bibliográfica adecuada. Incluye los signos de puntuación necesarios.

> Modelo   (1997) / "Azar, necesidad y arte en los atomistas y en Platón" / pp. 21–70 / Rodríguez, Marcelino / 30.1 / *Anuario filosófico*
>
> Rodríguez, Marcelino. "Azar, necesidad y arte en los atomistas y en Platón", *Anuario filosófico* 30.1 (1997): pp. 21–70.

1. "Juan Ramón Jiménez y Rubén Darío: naturaleza e intimidad en 'Arias tristes'" / pp. 237–247 / (1994) / *Anales de literatura hispanoamericana* / 1.23 / Martínez Domingo, José María

2. Bogotá / en / "La novela colombiana después de García Márquez" / tomo 2 / Cano Gaviria, Ricardo / pp. 351–408 / *Manual de literatura colombiana* / Editorial Planeta

3. 2001 / Alfaguara / *El lenguaje de la pasión* / Vargas Llosa, Mario / Madrid / pp. 15–30

2 En parejas, tomen al menos tres materiales bibliográficos diferentes (libros, revistas, sitios web) y seleccionen capítulos o artículos de los mismos. Anoten las referencias bibliográficas como aparecerían al final de un trabajo de investigación.

TALLER DE ESCRITURA

6A La crítica cinematográfica

Luis Buñuel, director español de cine, dijo: "En el fondo, el cine es fácil; hay que estar vivo". Esta frase se puede aplicar tanto a hacer como a mirar cine y también a escribir una crítica cinematográfica. Las películas son entretenimiento, pero también medio para la trasmisión de valores, ideologías y realidades. Es posible encontrar multitud de críticas de cine en periódicos, blogs de aficionados, sitios web y también en trabajos más académicos para publicaciones especializadas.

Analizar una película no es contar lo que pasó en ella. Para hacer una crítica o reseña, debes pensar en la película, examinarla e interpretarla.

La crítica incluye una opinión personal, pero no se limita a eso. Expresiones del tipo "es magnífica", "es rara" o "me encantó" pueden tener determinado significado para ti y otro completamente distinto para el lector. La reseña debe trasmitir la valoración de la película a partir de argumentos que se prueben con ejemplos de escenas, diálogos, encuadres, etc. Debe analizar qué elementos la conforman, cómo funcionan y qué efecto provocan en el espectador. A partir de las emociones y los sentimientos que la película le genera, el crítico puede encontrar un eje de interés personal para su análisis.

Es preciso tener en mente a qué público se va a dirigir para evitar el lenguaje técnico o académico que pueda nublar la claridad del texto. Una reseña pretende guiar e informar el pensamiento del lector, no decirle lo que tiene que pensar. Se trata más bien de compartir una opinión, nunca de imponer. Para el análisis puede ser útil investigar los siguientes aspectos:

- La filmografía del director y su evolución
- El guion: si es original o una adaptación
- La historia de la película: antecedentes de la producción
- El género: si fue una tendencia en la época o es la especialidad del director
- Los aspectos de vestuario, escenografía, maquillaje, fotografía, efectos especiales, música y sonido, iluminación, edición

El lenguaje del cine tiene términos propios que se deben incluir en una crítica.

Angulación	Eje de la cámara con respecto al objeto o figura que filma
Plano	Conjunto de imágenes que constituyen una misma toma; cambia según el ángulo de la cámara
Corte	Forma para pasar de un plano a otro
Campo	Espacio en el que entran todos los personajes y objetivos visibles en la pantalla, según el punto de vista y ángulo del encuadre
Encuadre	Selección del campo que abarca el objetivo de la cámara
Banda sonora	Conjunto de sonidos de la película, que se graba en bandas separadas: diálogos, efectos, música

La crítica tiene que elegir un tema, proponer una tesis y estructurar el texto en introducción, cuerpo o desarrollo y conclusión. Fundamentalmente debe ser entretenida y de exposición clara, como todo texto que pretende atrapar al lector y mantener su atención hasta el final.

Modelo

Lee esta crítica de cine. ¿Logra desarrollar eficazmente el tema que presenta?
¿Transmite con claridad su opinión de la película?

Los monstruos de Guillermo del Toro

Corre el año 1944: España está bajo la dictadura del General Franco y una niña llega a los dominios de su padrastro, donde deberá enfrentar el mal, tratar con monstruos y recuperar su reino. *El Laberinto del fauno* (2006) es una obra maestra que presenta la lucha eterna de la inocencia contra el mal a partir de la estructura del cuento de hadas.

Su director y guionista, el mexicano Guillermo del Toro, siente pasión por los monstruos desde que era niño, lo que provocó que su abuela intentara exorcizarlo dos veces. Reconoce a su película *El espinazo del diablo* (2001) como "el hermano" de *El laberinto del fauno* porque está ubicada en el mismo contexto histórico, presenta la oscilación entre el mundo de la fantasía y el de la realidad y funciona también como parábola de la Guerra Civil Española.

La película comienza cuando Ofelia viaja con su madre embarazada y débil a encontrarse con su nuevo padrastro, el cruel capitán Vidal, encargado de la lucha contra los republicanos que todavía resisten en las montañas. En un laberinto de piedra, un extraño fauno le revela que es una princesa: si quiere regresar a su reino, deberá superar tres pruebas. Este laberinto refleja otro laberinto, el de la España atrapada en la dictadura franquista. Y Ofelia, al igual que España, ha olvidado su origen y debe probar de qué está hecha su alma para recuperar su verdadera identidad.

Los monstruos reales del mundo de arriba son tan temibles que el laberinto, con sus criaturas subterráneas y oscuras, se convierte en un refugio para Ofelia y también para el espectador. Los efectos especiales, siempre asombrosos en las películas de Del Toro, presentan aquí monstruos inolvidables como el "hombre pálido", con ojos como estigmas en las manos. La actuación de Sergi López, que interpreta a Vidal, es estremecedora y logra crear, sin necesidad de maquillaje, el segundo gran monstruo de la película.

"Inventamos monstruos para entendernos a nosotros mismos", sostiene Del Toro. *El laberinto del fauno* da con una clave profunda de esa comprensión, y se convierte en una de las películas más memorables de la primera década del siglo XXI.

La introducción presenta la obra a partir de los elementos básicos que va a desarrollar la crítica. Incluye ya la apreciación valorativa de la película y destaca el tema.

Dedica un párrafo a presentar al director desde el punto de vista que abordará, y menciona los antecedentes de *El laberinto del fauno* en su filmografía.

Resume la trama y señala el juego de espejos que estructura la fusión de la realidad y la fantasía.

Elogia los aspectos técnicos y de actuación que se relacionan con el tema que eligió para su crítica (los monstruos).

La conclusión vuelve a subrayar la calidad de la película. La cita del director sobre el tema de los monstruos le da autoridad al cierre de la reseña.

🌱 Tema de composición

Elige una película que te haya gustado y escribe una crítica.

◾ Antes de escribir

Para poder analizar una película, necesitas mirarla con atención, si es posible, más de una vez. Mientras la miras, toma notas sobre secuencias, frases y elementos que te parezcan importantes. Vuelve a ver esas partes las veces que sea necesario para comprenderlas mejor. Analiza los recursos que te producen emociones y trata de entender cómo lo hacen. Recuerda que escribir sobre una película no es lo mismo que analizar una obra literaria, donde los personajes, la trama y el tema son los aspectos más importantes. Una película está compuesta también por la iluminación, el sonido, la edición, etc.

Concéntrate en uno o dos de los componentes que más te interesen. Busca información sobre el género, el director, el escritor del guion. Puede serte útil el material adicional del DVD, con entrevistas a los protagonistas, el storyboard, etc. Presta atención a la relación entre el guion y los aspectos técnicos porque resulta esencial tanto para el tono de la película como para su forma o estructura; concéntrate en cómo el director trata de crear el ambiente, si consigue hacerlo eficazmente, si se mantiene en toda la película. También es importante observar la evolución y caracterización de los personajes.

◾ Escribir el borrador

Comienza estableciendo tu impresión general de la película; menciona al director, tema, año de filmación o de lanzamiento, etc. Analiza el aspecto que elegiste y desarrolla una exposición lógica a partir de ejemplos que el lector pueda comprender al leer la reseña y reconocer cuando vea la película.

Si sientes que te falta el vocabulario técnico adecuado, busca glosarios especializados con términos de cine.

En la escritura, evita frases que comiencen con "Yo…", y también los anuncios de intención al estilo: "Voy a analizar", "Pretendo describir", etc. No desperdicies espacio con frases que no agregan nada; no repitas conceptos o escenas ni te excedas en el uso de adjetivos. La presentación de la película puede incluir un breve resumen, pero solo acerca de lo más importante. Cualquier fuente que hayas consultado e incluyas en tu crítica debe aparecer citada como corresponde.

◾ Escribir la versión final

Organiza el texto en introducción, cuerpo o desarrollo y conclusión (repasa los talleres previos si es necesario). Trata de que el título, la introducción y la conclusión estén claramente relacionados. Procura que atraigan la atención, agreguen algo a la visión de la película y dejen una idea instalada en el lector de tu reseña.

¿Se entiende tu opinión? ¿Lograste probarla con los elementos que mencionaste? Y lo más importante: ¿Despiertas en el lector el deseo de ver la película? Recurre a la corrección en equipo para comprobar la eficacia de tu crítica y modificar lo que no funcione adecuadamente. Luego, pasa en limpio tu borrador.

6B La crítica literaria

¿Cuál es el sentido de escribir una crítica sobre un libro? No se trata de diseccionar la obra, al estilo de una autopsia, para saber qué la generó y cómo se formó; ese no es el objetivo. Tampoco se trata de resumir la historia en introducción, medio y final, como en una colección de notas para quienes no quieren leer la obra entera.

La crítica literaria es un texto que se escribe acerca de otro texto, pero lo más importante es que es un texto nuevo. Intenta hacer una lectura personal y crítica de una obra. Por eso, debe organizarse de manera independiente del libro del que se ocupa. El trabajo del crítico es parecido al de un detective: tiene que recorrer la obra y analizarla, encontrar datos, pistas, e interpretarlos para llegar a una conclusión personal. Cada obra tiene múltiples niveles de análisis y significado que cada lector descubrirá de una forma u otra.

Se puede hacer crítica sobre un libro en particular o sobre toda la obra de un autor; también se pueden comparar distintas obras que tengan algo en común (nacionalidad, género, tema, periodo histórico, etc.). La crítica puede escribirse en forma de ensayo académico o de reseña breve (por ejemplo, para publicarse en un periódico). La principal diferencia es que la reseña tiene como objetivos tanto la crítica literaria como la divulgación: generalmente se dirige a lectores que no han leído el libro y por eso debe informarles de qué se trata, siempre evitando el exceso de abstracción o un vocabulario demasiado académico que entorpezca la lectura.

La función principal de una reseña o crítica literaria es comunicar si vale la pena o no leer ese libro. Esta función se lleva a cabo expresando una reacción personal (básicamente, si le gustó o no), pero para eso tiene que presentar argumentos objetivos, basados en observaciones concretas, con citas de pasajes específicos que se puedan reconocer. Decir que la obra "es muy buena" no es una crítica. En cambio, sí lo es señalar: "El aspecto más interesante de esta novela es su tratamiento de las relaciones familiares". Una buena crítica literaria debe ayudar al lector a comprender mejor la obra y también puede guiarlo para encontrar nuevos significados. Un ensayo literario académico, por el contrario, suele estar dirigido a personas que conocen la obra del autor.

Al escribir una crítica literaria es preciso conocer bien al escritor:

- quién es

- qué otros libros escribió

- eventos de su vida que puedan agregar algo a la comprensión de la novela o a nuestra postura con respecto a ella

La crítica debe hacer, en lo posible, que el autor sea para el lector algo más que un nombre.

- Si es alguien muy conocido, se usa solo su apellido:

  "*Don Quijote* es la obra más famosa de Cervantes".

- Si es menos conocido, se usa su nombre completo la primera vez que se lo menciona y de ahí en adelante su apellido:

  "Vicente Huidobro es uno de los grandes poetas latinoamericanos del siglo XX [...] En su poema "Altazor", Huidobro explora...".

También es necesario tomar en cuenta el periodo histórico, las circunstancias y el lugar donde se escribió la obra, tener en mente tanto su forma como su contenido y reconocer su género. Además, se deben considerar los temas que trata el autor, pero también sus decisiones técnicas y estilísticas. Repasa el taller 2A sobre la narración (**pp. 58–60**), donde se mencionan sus elementos básicos.

Al escribir una crítica literaria, hay que prestar atención a estos componentes.

Personajes	Los personajes son creaciones ficcionales del autor. Incluso cuando los personajes están basados en personas reales, la descripción de ellos es una "recreación" del autor.
	Algunos son personajes simples y otros complejos. No basta con mencionar sus nombres; hay que analizar la profundidad de las caracterizaciones, si son realmente creíbles, qué relaciones se establecen entre ellos, si representan arquetipos o estereotipos, etc.
	El crítico debe reunir datos a partir de la descripción física y de su forma de actuar, relacionarse, etc.; luego, como en un rompecabezas, arma su "retrato". Es fundamental que reflexione acerca de la relevancia de los personajes dentro de la historia y para él como lector.
Trama/tema/ estructura	Una distinción importante: trama y tema no son lo mismo. El tema es de qué se trata la obra. La trama es la secuencia de eventos que se organizan con el objetivo de lograr cierto efecto; es la forma en que el autor aborda el tema. La historia debe resultar plausible y los eventos tienen que estar relacionados de manera lógica.
	La estructura es la organización y no tiene por qué darse en orden cronológico, pero puede resultar útil reorganizar los eventos en principio, medio y final para analizar la obra.
Punto de vista	Alguien cuenta la historia: puede ser una voz o más de una, puede ser un personaje que narra en primera persona, un narrador que utiliza la segunda persona o un narrador omnisciente (que utiliza la tercera persona y que sabe todo sobre la historia), etc.; también se puede dar una combinación de puntos de vista que agregue complejidad a la obra. La elección del tipo de narrador no es casual y tiene mucha importancia, al igual que el tiempo verbal en que se narra.
Estilo	El estilo muestra la forma en que el autor ve la experiencia que relata: es la elección de palabras y expresiones que utiliza, la sintaxis, las imágenes, etc. Debe darse una relación entre el estilo y la historia que cuenta la obra; de eso dependerá que el estilo resulte adecuado o no.

Modelo

Lee la siguiente crítica literaria y observa cómo se presenta la obra analizada con argumentos objetivos, pero a partir de una opinión personal: ¿qué le pareció el cuento al crítico? ¿Logra presentar los aspectos más importantes para despertar el interés del lector en la obra?

El soñador soñado según Cortázar

El tema del soñador soñado, típico de Borges, llega a las manos de otro argentino, Julio Cortázar, en el cuento *La noche boca arriba*. Aquí, el foco se desplaza de un motociclista accidentado a un guerrero moteca[1]: dos personajes o uno solo desdoblado en una historia que, como otros cuentos de este escritor, trata sobre el movimiento constante en la huida de la muerte o en un viaje a ninguna parte.

Cortázar, miembro fundador del *boom* latinoamericano, crea una sensación vertiginosa con una técnica cinematográfica, describiendo detalles reales tanto de la ciudad del siglo XX como de la selva mexicana.

El cuento se inicia con un epígrafe: "Y salían en ciertas épocas a cazar enemigos; le llamaban la guerra florida". Inmediatamente nos sitúa en un espacio urbano, donde un motociclista sin nombre sufre un accidente que lo deja malherido. Los olores, las luces y voces logran transmitir la vigilia entredormida del desconocido, con esa mezcla de malestar y sumisión que los hospitales producen en casi todos los mortales. Entonces, el quirófano y la anestesia, como una máquina del tiempo, provocan el salto hacia el otro personaje, el guerrero. De pronto, caemos en el escenario del epígrafe, en plena huida, aunque nunca demasiado lejos del sueño.

Cortázar acerca los planos para darnos pistas del desdoblamiento que articula el relato: cuando el guerrero corre, es el paciente el que tiene sed "como si hubiera estado corriendo kilómetros". Se alternan así fragmentos perfectamente ajustados de los dos relatos, donde la inmovilidad y la huida son obligadas y, a la vez, naturales para esos personajes que aguardan el desenlace del sueño boca arriba en sus noches distintas o una única noche. La historia contada desde un narrador y el protagonista (el moteca y el motociclista) es la forma ideal de acercar al lector a lo que sucede, pero manteniendo cierta distancia para hacerlo dudar: ¿quién es el que sueña y quién es el soñado?

En *La noche boca arriba*, Cortázar explora el enigma del sueño y prueba por qué es uno de los escritores de lectura fundamental en cualquier antología del cuento latinoamericano.

La introducción presenta la obra, el tema, el autor y los personajes, resaltando el recurso del desdoblamiento, esencial en este cuento.

Para describir los aspectos de la obra, debe utilizarse el tiempo presente.

Destaca la creación del escenario y el ambiente a partir del recurso de la descripción.

Señala que la estructura y el punto de vista funcionan perfectamente con el contenido del cuento.

La conclusión es la recomendación de lectura junto con la alabanza de la calidad del texto y su autor.

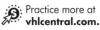 Practice more at **vhlcentral.com.**

[1]*Palabra inventada por Cortázar. Es la combinación de las palabras "motociclista" y "azteca".*

✍️ Tema de composición

Elige una de las siguientes opciones y escribe una breve reseña literaria:

1. Una de las obras de ficción presentadas en este libro
2. Un cuento en español que hayas leído
3. Una novela en español que hayas leído

■ Antes de escribir

Lo fundamental para escribir una crítica es leer la obra sin cargarse previamente de comentarios, resúmenes u opiniones ajenas. Tu lectura personal es lo que importa: lee con atención y con autoridad. Analiza el sentido del título, marca los pasajes que encuentres más importantes o reveladores, recorre los aspectos mencionados en las **pp. 199–200** para no olvidar ninguno.

Relee el texto hasta que te sientas seguro/a de tener una opinión formada. ¿Cuál consideras que es el tema fundamental? ¿Cómo se organiza la trama? ¿Te atrapó la historia? ¿Te pareció interesante y bien narrada? ¿El autor mantuvo su estilo y la voz narradora a lo largo del texto? ¿Funciona bien el final? ¿Qué es lo que más te impresionó? ¿Se trata de una obra memorable?

Busca los datos biográficos del autor, la época en la que escribió, el género de la obra y todo lo que pueda resultar relevante para la comprensión del texto. Cuando ya tengas una opinión personal, entonces puedes mirar algunas críticas sobre el texto para aclarar ideas. Si utilizas citas, tienes que hacerlo correctamente, señalando la fuente.

■ Escribir el borrador

Organiza tus ideas, tus notas y los fragmentos que marcaste en el texto original: revísalos en conjunto para encontrar la tesis que quieres exponer en tu reseña. Recuerda que tu opinión es fundamental, pero debes enfocarte en cómo probarla. No olvides incluir:

- **Datos básicos de la obra analizada:** autor, título, etc.

- **Resumen de la trama:** cuáles son los hechos fundamentales, la perspectiva y el tema que desarrolla el autor.

- **Tu lectura personal y crítica del texto:** qué quieres destacar de la obra y cuál es tu tesis.

- **La recomendación:** qué le parecerá esta obra al lector de tu crítica, ¿debe leerla o no?

■ Escribir la versión final

Recuerda escribir tu reseña en tiempo presente y estructúrala en introducción, cuerpo o desarrollo y conclusión. Sé claro/a con la información, objetivo/a en los argumentos y ordenado/a en la exposición.

La introducción generalmente presenta los datos básicos y la tesis. A continuación debes incluir un resumen breve de la obra; considera que, si presentas bien los argumentos de tu crítica, estos incluirán información sobre los eventos de la historia, así que no repitas datos y reserva el lugar para lo más importante: el análisis de la obra. Por último, la conclusión debe resumir o reafirmar la tesis y hacer la recomendación final.

6C El ensayo académico

En nuestra vida académica nos vemos enfrentados a escribir muchos ensayos, que son necesarios no solo para avanzar en nuestros estudios, sino también para desarrollar nuestra carrera profesional. El ensayo académico (*paper*) va desde los breves trabajos que nuestros profesores nos asignan cada semana, pasando por los ensayos de fin de semestre, hasta las ponencias en congresos y seminarios profesionales, o los artículos en revistas especializadas.

La palabra inglesa *paper* tiene varias traducciones en español. La más común y extendida en la vida universitaria es "trabajo", que es un ensayo corto presentado para una clase sobre un tema particular, o un "trabajo final" (*term paper*), más extenso y profundo, presentado al final de un curso. Una "ponencia" es un ensayo presentado en un congreso, y un "artículo" es el que se publica en una revista especializada.

Las monografías (tratados enfocados en un asunto en particular) y tesis (*dissertations*) de maestría y doctorado también pueden considerarse ensayos académicos, pero más extensos.

Si bien en el ensayo académico podemos hacer uso de muchas de las técnicas estudiadas en talleres previos (la descripción, la argumentación o la refutación), este tiene características propias, que se deben tener en cuenta porque son las que lo diferencian de otro tipo de escritos como los ensayos de opinión, y lo hacen verdaderamente profesional y efectivo. Algunas de estas características son:

- **Objetividad** Contrario a lo que ocurre con un ensayo de opinión personal, en el ensayo académico se debe evitar la subjetividad, es decir, la inclusión de opiniones personales del tipo "yo creo que…" o "me parece que lo mejor es…". Asimismo, se debe evitar el uso de la primera persona y favorecer la redacción impersonal ("en este artículo presentaré una discusión sobre…" *vs.* "en este artículo se discutirá…"). Si bien la redacción impersonal es la más adecuada para los ensayos académicos, a veces se puede usar la primera persona del plural, en lo que se llama el "plural asociativo", como una manera de involucrar al lector en el texto (por ejemplo: "nos encontramos ante una obra que…" o "veamos el siguiente ejemplo:…").

- **Lenguaje académico** En este tipo de ensayo se debe utilizar el lenguaje propio de la academia y evitar, por ejemplo, el lenguaje humorístico o el poético, que es más adecuado para otro tipo de textos (**pp. 181–183**). Asimismo, es conveniente hacer referencias a datos y términos particulares de la disciplina sobre la cual se está escribiendo.

- **Explicaciones y ampliaciones** En un ensayo académico es muy común utilizar notas al margen para ampliar algunos aspectos o para explicar conceptos importantes, pero que son adicionales al tema del ensayo. Para eso se usan las notas al pie de página (**pp. 194-195**). Se debe evitar usarlas en exceso, y es aconsejable limitar su número y extensión para no confundir al lector.

- **Referencias bibliográficas** Un ensayo académico debe estar adecuadamente sustentado en teorías o postulados de la comunidad científica en la que se enmarca el texto. Por eso es necesario presentar las fuentes sobre las que se basa y relacionarlas en un listado al final del ensayo (**pp. 194–195**). Hay varias maneras de citar las fuentes y elaborar el listado bibliográfico. Las más comunes son las normas de MLA, APA, Chicago y Vancouver. Cualesquiera sean las normas que elijamos, es necesario ser coherentes en su utilización. Es muy importante citar adecuadamente las fuentes. Utilizar las palabras o los hallazgos de otra persona sin incluir la fuente de donde se obtuvieron se considera plagio.

Finalmente, es necesario señalar que existe una diferencia entre ensayos de discusión y ensayos de investigación. Los primeros, como su nombre lo indica, se dedican a debatir temas de discusión de una comunidad académica, con el fin de aportar nuevos elementos a la discusión, o para apoyar o refutar las opiniones de otros autores. Los ensayos de investigación, por otro lado, buscan demostrar una hipótesis mediante un sistema de argumentación y una metodología formal, y se sustentan en investigaciones previas.

En general, un ensayo académico consta de tres grandes partes:

Introducción	La introducción es una breve presentación del tema que se tratará y de las ideas que se pretende demostrar. La introducción establece también el contexto en el que se enmarca el ensayo y, en la medida de lo posible, los antecedentes del tema. La introducción debe ser breve y concisa, y debe capturar la atención del lector. En un ensayo de dos o tres páginas, uno o dos párrafos son suficientes para introducir el tema; en un ensayo más extenso, de unas diez páginas, la introducción puede ocupar una página. En ensayos que constan de diversas partes o secciones, es conveniente que en la introducción se explique la manera como está organizado el ensayo y las diferentes partes que lo conforman.
Cuerpo	El cuerpo consta del desarrollo de las ideas en sus respectivos párrafos, cada uno de los cuales debe avanzar en la presentación del tema, agregando nueva información o planteando asuntos nuevos, teniendo cuidado de no alejarse del tema principal y apuntando siempre a la conclusión. En el desarrollo del ensayo es muy importante seguir una secuencia lógica y ordenada, y hacer uso de estrategias de redacción, por ejemplo, la transición.
Conclusión	Es la sección final donde se recogen las ideas que se presentaron desde la introducción y se desarrollaron en el cuerpo del ensayo. Se exponen aquí los aportes que el ensayo hace al tema de estudio y los resultados obtenidos después de analizar el tema. En algunos casos, también es probable que en la conclusión se incluyan recomendaciones para futuros estudios.

Además de estas tres partes, es importante prestar cuidadosa atención a la elección del título. Este también debe ser breve y describir claramente el contenido del ensayo. Un título demasiado ambiguo o muy extenso puede desorientar al lector.

Modelo

Lee este ensayo académico y observa su estructura: un breve párrafo introductorio, cinco párrafos de desarrollo y la conclusión. Presta atención a otros aspectos importantes, como la elección del título, el uso de transiciones, la citación de fuentes y la inclusión de la bibliografía.

Tres recursos narrativos en *La siesta del martes* de Gabriel García Márquez

En este ensayo se analizan tres aspectos básicos presentes en el relato *La siesta del martes* de Gabriel García Márquez: el manejo del tiempo, la descripción de los personajes, y las consideraciones morales, para finalmente relacionar los tres aspectos y proponer una lectura interpretativa del cuento.

En cuanto al tiempo, la historia relatada ocurre entre las once de la mañana y las tres y media de la tarde de un "luminoso martes de agosto" (p. 10). Una mujer y su pequeña hija viajan en un vagón de tercera clase, y llegan a un pueblo caluroso y solitario. El tren llega alrededor de las dos de la tarde, y la mujer tiene la intención de regresar el mismo día en el tren de las tres y media. Situar la narración entre estas horas de la tarde tiene una intención ambiental, pues es una hora que en la costa caribe colombiana está marcada por un sopor aplastante que solo invita a hacer la siesta, y los habitantes del pueblo, como en el Comala de Juan Rulfo, parecerían estar muertos en vida. El tren aparece entonces como uno de los recursos narrativos, pues su llegada y su partida enmarcan el tiempo de la narración.

En lo que se refiere a la condición de los personajes, el autor ofrece abundantes indicaciones sobre su pobreza. Por ejemplo, "ambas guardaban un luto riguroso y pobre" (p. 8). Además, Carlos Centeno, el hijo de la mujer, murió descalzo y con un trozo de soga en lugar de cinturón.

El relato nos expone dos situaciones importantes: una social y otra moral. La cuestión social surge con el personaje de Rebeca, la mujer que dispara su revólver sobre Carlos Centeno. Según Manuel Antonio Arango, Rebeca "representa la familia burguesa, solitaria, histérica y con delirios de persecución, pues vivía bajo 'un terror desarrollado en ella por 28 años de soledad' (p. 14)" (1985: 594). En el lado opuesto aparece su víctima, Carlos Centeno, como un marginado social que se ve obligado a robar por necesidad, para poder conseguir su sustento y el de su familia.

La introducción establece claramente el tema, la obra y el autor.

La introducción también enuncia lo que se pretende con el ensayo y prefigura la conclusión.

Se pueden establecer relaciones con otras obras y otros autores.

Cada párrafo introduce un tema nuevo. Es muy conveniente utilizar transiciones como "en lo que se refiere a…".

El ensayo se sustenta en opiniones de otros autores. Sus palabras textuales se deben poner entre comillas, y se debe especificar claramente el nombre del autor y la referencia bibliográfica.

El conflicto moral aparece en el diálogo que se presenta entre el párroco y la madre de Carlos Centeno: mientras que el cura considera que aquel era un hombre que vivía en el pecado, su madre asegura que él "era un hombre muy bueno", que seguía los preceptos que ella le había inculcado desde pequeño (p. 15). Además, ella considera que robar por necesidad a personas ricas no es un pecado y que él lo hacía por las circunstancias, para calmar el hambre de su familia; por eso no considera que su hijo deba ser juzgado como "ladrón". Como se puede ver, entre el cura y la mujer hay dos apreciaciones morales muy diferentes frente al robo.

En *La siesta del martes* encontramos la preocupación constante del autor por las condiciones de una sociedad en conflicto, que no logra conciliar sus apreciaciones morales y donde la religión es una institución del lado de los intereses burgueses. Según el mismo Arango, con esta obra, García Márquez "ha logrado dar una visión humana universal de un grupo marginado, angustiado, humillado, miserable y sin esperanza alguna de redención" (596).

Mediante los tres recursos narrativos brevemente descritos en este ensayo, el autor señala realidades históricas y sociales que pueden ser universales, pero que él enmarca en un pequeño pueblo caribeño. De manera muy concisa, plantea asuntos que nos atañen a todos, como los conflictos entre clases sociales, las diferencias en los juicios morales o el papel de la religión como institución en nuestras sociedades.

Bibliografía

Arango, Manuel Antonio, "Tema y estructura en el cuento 'La siesta del martes' de Gabriel García Márquez", *Thesaurus*, tomo 1, núm. 3, 1985, pp. 591–604.

García Márquez, Gabriel, "La siesta del martes", en: *Los funerales de la Mamá Grande*, Bogotá: Oveja Negra, 1978, pp. 7–17.

Marginal notes:

Resulta útil establecer conclusiones parciales, sobre todo si es al final de un párrafo.

Es lícito usar el plural asociativo ("encontramos") como una manera de involucrar al lector.

La conclusión también es clara y concisa, e integra los elementos mencionados desde la introducción y desarrollados en los párrafos.

Un buen ensayo académico debe incluir las fuentes que se utilizaron, adecuadamente citadas.

🦋 Tema de composición

Elige uno de los siguientes temas para escribir un ensayo académico.

1. Un ensayo sobre alguna de las lecturas incluidas en este libro
2. Un ensayo sobre alguno de los autores de las mismas lecturas
3. Un ensayo sobre un tema histórico
4. Un ensayo sobre un tema de interés actual (político, económico, científico)

■ Antes de escribir

- **Investigación** El primer paso para escribir un ensayo académico es investigar el tema en profundidad. El autor debe familiarizarse con el tema y manejarlo con seguridad, de modo que pueda enfrentar con competencia todos los aspectos conexos. Las bibliotecas siguen siendo el mejor recurso para una buena investigación. Internet es un buen recurso, pero no es el único. Algunos de los sitios más populares no son recomendados para una investigación profunda, pues la información allí consignada no es siempre fiable. Puedes explorar otros recursos, como bases de datos de tu biblioteca o entrevistas a profesores u otras personas expertas en el tema de tu ensayo.

- **Análisis y formulación del tema** Analiza todos los aspectos que has investigado. Compara las ideas de los diferentes autores y especialistas, y decide cuál es el tema sobre el que quieres escribir. Puedes hacer una "lluvia de ideas" (*brainstorming*) hasta que encuentres una idea original y con la que te sientas cómodo/a. En todo este proceso es muy importante tomar notas, que serán muy útiles para la escritura del borrador y del documento final.

■ Escribir el borrador

Escribe un borrador del ensayo. Puedes escribir oraciones cortas con el contenido de cada uno de los párrafos que contendrá tu ensayo. También puedes elaborar mapas conceptuales o esquemas donde se resuman tus ideas; esto te ayudará a tener una visión general del texto. Aunque te puedes dar mucha libertad en la elaboración del borrador, trata de organizarlo en una secuencia lógica, y ten en cuenta las sugerencias dadas previamente, como evitar la redacción en primera persona, evitar el uso de un lenguaje poco académico, citar las fuentes correctamente y usar comillas para no caer en el plagio.

Escribe la introducción, que será la que te orientará en tu ensayo. Escribe también algunos párrafos, que por ahora pueden quedar inconclusos, pero que después deberás completar. Deja "reposar" tu borrador unas horas, o incluso un día completo, y observarás que al retomarlo lo verás con nuevos ojos y podrás resolver asuntos que quizá te estaban dando dificultad.

■ Escribir la versión final

Una vez hayas escrito tu ensayo con base en el borrador, deberás hacer una revisión de todos los aspectos ortográficos y gramaticales. Presta atención a la acentuación y a la puntuación, y vuelve a verificar que estés usando un lenguaje académico. Revisa aspectos como las transiciones, la citación de las fuentes o las notas al pie de página, si las hay. Lee y relee tu ensayo (incluso en voz alta) hasta que sientas que tiene el tono que le querías dar y las ideas que has querido expresar. Para otros aspectos relacionados con la versión final de un ensayo, repasa las indicaciones dadas en lecciones previas de este libro y en el apéndice de las **pp. 208–209**.

Lista de revisión para ensayos

Para corregir tu propio trabajo, debes tomar distancia de tus ideas y adquirir un buen ojo crítico. Intenta leer tu ensayo como si lo hubiera escrito otra persona. ¿Te convence? ¿Hay cosas que te molestan o te aburren? ¿Qué cambiarías? Esta lista te ayudará a cubrir todos los aspectos del ensayo, desde las características globales hasta los pequeños detalles.

Primer paso: una visión panorámica

Tema	¿Responde el ensayo a la pregunta o al tema asignado?
Tesis	¿Has comunicado claramente tu tesis? • La tesis no es lo mismo que el tema: es un argumento específico que determina la estructura del ensayo. • La tesis debe aparecer en el primer párrafo, no debe perderse de vista en ningún momento del ensayo y debe resumirse, pero no simplemente repetirse, en la conclusión.
Lógica y estructura	Lee el ensayo de principio a fin, concentrándote en la organización de las ideas. • ¿Se relaciona cada idea con la siguiente? Elimina cualquier brecha lógica. • ¿Hay secciones irrelevantes o que debas cambiar de posición? • ¿Has respaldado tu tesis con suficientes argumentos o faltan ejemplos?
Audiencia	El ensayo debe adecuarse al tipo de lector. • Si el lector no está informado sobre el tema, asegúrate de incluir suficiente **contexto** para que pueda seguir tu razonamiento. Explica los términos que puedan confundirlo. • Adapta el **tono** y el **vocabulario** a la audiencia. Siempre ten en mente a un lector inteligente y escéptico que no aceptará tus ideas a menos que lo convenzas. El tono nunca debe ser demasiado coloquial, pretensioso o frívolo.
Intención	Si quieres informar o explicar un tema, debes ser preciso y meticuloso. Un ensayo argumentativo debe caracterizarse por la objetividad; evita las opiniones personales subjetivas. Si buscas persuadir al lector puedes expresar opiniones personales o juicios de valor, siempre y cuando los defiendas con argumentos lógicos.

Segundo paso: el párrafo

Luego concéntrate en cada párrafo con estas preguntas en mente.

Párrafos	
	• ¿Hay una oración tema en cada párrafo? La idea central no solo debe darle coherencia y unidad al párrafo, sino también vincularlo a la tesis principal del ensayo.
	• ¿Cómo es la transición entre un párrafo y otro? Si es clara, el ensayo tendrá fluidez. Si es demasiado abrupta, puede confundir o irritar al lector.
	• ¿Cómo empieza y cómo termina el ensayo? La introducción debe ser interesante y debe identificar la tesis. La conclusión no debe limitarse a repetir lo que ya dijiste: como cualquier otro párrafo, debe presentar una idea original.
	• Lee el párrafo, de ser posible en voz alta, y presta atención al ritmo del lenguaje. Si todas las oraciones son iguales, la lectura se vuelve monótona y aburrida. Trata de variar la longitud y el ritmo de las oraciones.

Tercer paso: la oración

Por último, lee detalladamente cada oración.

Oraciones	
	• Busca la palabra ideal para cada situación. Considera posibles sinónimos. Usa siempre un lenguaje directo, preciso y concreto.
	• Evita la redundancia. Elimina toda oración o palabra que sea una distracción o repita algo que ya dijiste.
	• Revisa la **gramática**. Asegúrate de que haya concordancia entre el sujeto y el verbo, entre los sustantivos y los adjetivos, y entre los pronombres y sus antecedentes. Asegúrate de usar las preposiciones correctas.
	• Revisa la ortografía. Presta especial atención a los acentos.

Evaluación y progreso

Revisión	De ser posible, intercambia tu ensayo con el de un(a) compañero/a y háganse sugerencias para mejorar su trabajo. Menciona lo que cambiarías pero también lo que te gusta.
Correcciones	Cuando tu profesor(a) te devuelva un ensayo, lee sus comentarios y correcciones. En una hoja aparte, escribe el título **Notas para mejorar la escritura** y haz una lista de tus errores más comunes. Guárdala junto con el ensayo en una **Carpeta de trabajos** y consúltala regularmente. Así podrás evaluar tu progreso y evitar caer siempre en los mismos errores.

Verb Conjugation Tables

Pages **214–229** contain verb conjugation patterns. Patterns 1 to 3 include the simple tenses of three model **-ar, -er**, and **-ir** regular verbs. Patterns 4 to 80 include verbs with stem changes, spelling changes, and irregular verbs. Three charts are also provided for the formation of compound tenses (**p. 214**) and progressive tenses (**p. 215**).

Verbs with stem changes, spelling changes, and irregular verbs

In patterns 4 to 80, the superscript numbers in parentheses identify the type of irregularity:

[1] Stem-changing verbs (**pensar → pienso**)

[2] Verbs with spelling changes (**recoger → recojo**)

[3] Verbs with accent changes or verbs that require replacing **u** with **ü** (**reunir → reúno; averiguar → averigüe**)

[4] Verbs with unique irregularities (sometimes in addition to stem or spelling changes) (**poner → puse**)

Note: Any form that deviates from the regular verb patterns is indicated in **bold** font.

Voseo

Voseo conjugations are included in the present indicative and in the second person singular informal imperative.

    tú/vos   hablas/hablás   habla/hablá

Nomenclature

The Spanish names of the verb tenses used in this book correspond to the names used in the *Nueva gramática de la lengua española*, published by the Real Academia Española.

English terminology used in this book	Spanish terminology used in this book	Traditional Spanish terminology
Simple present	Presente	Presente
Imperfect	Pretérito imperfecto	Pretérito imperfecto
Preterite	Pretérito perfecto simple	Pretérito indefinido
Present perfect	Pretérito perfecto compuesto	Pretérito perfecto
Past perfect	Pretérito pluscuamperfecto	Pretérito pluscuamperfecto
Simple future	Futuro (simple)	Futuro (simple)
Future perfect	Futuro compuesto	Futuro compuesto/perfecto
Present conditional	Condicional (simple)	Condicional (simple)
Conditional perfect	Condicional compuesto	Condicional compuesto/perfecto

Tenses not included in the charts

The following tenses are rarely used in contemporary Spanish. They have been excluded from the verb tables.

Pretérito anterior (indicativo)	Cuando **hubo terminado** la fiesta, fuimos a casa.
Futuro simple (subjuntivo)	Adonde **fueres**, haz lo que vieres.
Futuro compuesto (subjuntivo)	"Será proclamado Alcalde el concejal que **hubiere obtenido** más votos…"

Negative imperative

The verb forms for the negative imperative are not included in the verb charts. They coincide with the forms of the present subjunctive.

Verbs with stem changes, spelling changes, and irregular verbs

The list below includes common verbs with stem changes, verbs with spelling changes, and irregular verbs, as well as the verbs used as models/patterns in the charts on **pp. 214–229**. The number in brackets indicates where in the verb tables you can find the conjugated form of the model verb.

abastecer (*conocer* [15])
aborrecer (*conocer* [15])
abstenerse (*tener* [69])
abstraer (*traer* [73])
acaecer (*conocer* [15])
acentuar (*graduar* [37])
acercar (*tocar* [71])
acoger (*proteger* [54])
acontecer (*conocer* [15])
acordar (*contar* [16])
acostar (*contar* [16])
acrecentar (*pensar* [49])
actuar (*graduar* [37])
aderezar (*cruzar* [18])
adherir (*sentir* [65])
adolecer (*conocer* [15])
adormecer (*conocer* [15])
adquirir [4]
aducir (*conducir* [14])
advertir (*sentir* [65])
afligir (*exigir* [35])
ahumar (*rehusar* [57])
airar (*aislar* [5])
aislar [5]
alentar (*pensar* [49])
almorzar [6]
amanecer (*conocer* [15])
amoblar (*contar* [16])
amortiguar (*averiguar* [10])
ampliar (*enviar* [29])
andar [7]
anegar (*negar* [45])
anochecer (*conocer* [15])
apaciguar (*averiguar* [10])
aparecer (*conocer* [15])
apetecer (*conocer* [15])
apretar (*pensar* [49])
aprobar (*contar* [16])
arrepentirse (*sentir* [65])
arriesgar (*llegar* [42])
ascender (*entender* [28])
asentar (*pensar* [49])
asentir (*sentir* [65])
asir [8]
atañer (*tañer* [68])
atardecer (*conocer* [15])
atender (*entender* [28])
atenerse (*tener* [69])
atestiguar (*averiguar* [10])

atraer (*traer* [73])
atravesar (*pensar* [49])
atreverse (*tener* [69])
atribuir (*destruir* [23])
aullar (*rehusar* [57])
aunar (*rehusar* [57])
avanzar (*cruzar* [18])
avergonzar [9]
averiguar [10]
balbucir (*lucir* [43])
bendecir [11]
caber [12]
caer [13]
calentar (*pensar* [49])
cegar (*negar* [45])
ceñir (*teñir* [70])
cerrar (*pensar* [49])
cimentar (*pensar* [49])
cocer (*torcer* [72])
coercer (*vencer* [75])
coger (*proteger* [54])
cohibir (*prohibir* [53])
colgar (*rogar* [61])
comenzar (*empezar* [27])
comer [2]
compadecer (*conocer* [15])
comparecer (*conocer* [15])
competir (*pedir* [48])
complacer (*conocer* [15])
comprobar (*contar* [16])
concebir (*pedir* [48])
concernir (*discernir* [24])
concluir (*destruir* [23])
concordar (*contar* [16])
conducir [14]
confesar (*pensar* [49])
confiar (*enviar* [29])
congregar (*llegar* [42])
conmover (*mover* [44])
conocer [15]
conseguir (*seguir* [64])
consentir (*sentir* [65])
consolar (*contar* [16])
constituir (*destruir* [23])
construir (*destruir* [23])
contar [16]
contener (*tener* [69])
continuar (*graduar* [37])
contradecir (*predecir* [52])

contraer (*traer* [73])
contrariar (*enviar* [29])
convalecer (*conocer* [15])
convencer (*vencer* [75])
convenir (*venir* [76])
converger (*proteger* [54])
convertir (*sentir* [65])
corregir (*elegir* [26])
corroer (*roer* [60])
costar (*contar* [16])
creer [17]
criar (*enviar* [29])
cruzar [18]
dar [19]
decaer (*caer* [13])
decir [20]
deducir (*conducir* [14])
defender (*entender* [28])
degollar [21]
delinquir [22]
demoler (*mover* [44])
demostrar (*contar* [16])
denegar (*negar* [45])
derretir (*pedir* [48])
desafiar (*enviar* [29])
desaguar (*averiguar* [10])
desalentar (*pensar* [49])
desandar (*andar* [7])
desaparecer (*conocer* [15])
desasir (*asir* [8])
descafeinar (*aislar* [5])
descolgar (*rogar* [61])
desconsolar (*contar* [16])
descubrir (*conducir* [14])
desdecir (*predecir* [52])
desentenderse (*entender* [28])
desfallecer (*conocer* [15])
desfavorecer (*conocer* [15])
deshacer (*hacer* [39])
deslucir (*lucir* [43])
desmerecer (*conocer* [15])
desoír (*oír* [46])
despedir (*pedir* [48])
desperezarse (*cruzar* [18])
despertar (*pensar* [49])
desplegar (*negar* [45])
desteñir (*teñir* [70])
destruir [23]
desvestir (*pedir* [48])

detener (*tener* [69])
diferir (*sentir* [65])
digerir (*sentir* [65])
diluir (*destruir* [23])
dirigir (*exigir* [35])
discernir [24]
disentir (*sentir* [65])
disminuir (*destruir* [23])
distender (*entender* [28])
distinguir (*extinguir* [36])
distraer (*traer* [73])
distribuir (*destruir* [23])
divertir (*sentir* [65])
doler (*mover* [44])
dormir [25]
efectuar (*graduar* [37])
ejercer (*vencer* [75])
elegir [26]
embellecer (*conocer* [15])
embestir (*pedir* [48])
emboscar (*tocar* [71])
emerger (*proteger* [54])
empalidecer (*conocer* [15])
emparentar (*pensar* [49])
empequeñecer (*conocer* [15])
empezar [27]
empobrecer (*conocer* [15])
encarecer (*conocer* [15])
encargar (*llegar* [42])
enceguecer (*conocer* [15])
encender (*entender* [28])
encerrar (*pensar* [49])
encontrar (*contar* [16])
endurecer (*conocer* [15])
enfriar (*enviar* [29])
enfurecer (*conocer* [15])
engullir (*zambullir* [80])
enloquecer (*conocer* [15])
enmendar (*pensar* [49])
enmudecer (*conocer* [15])
enriquecer (*conocer* [15])
ensordecer (*conocer* [15])
entender [28]
enterrar (*pensar* [49])
entorpecer (*conocer* [15])
entrelucir (*lucir* [43])
entreoír (*oír* [46])
entretener (*tener* [69])
entristecer (*conocer* [15])
envejecer (*conocer* [15])
enviar [29]
equivaler (*valer* [74])
erguir [30]
errar [31]
escarmentar (*pensar* [49])

esclavizar (*cruzar* [18])
escoger (*proteger* [54])
esforzar (*almorzar* [6])
esparcir [32]
espiar (*enviar* [29])
establecer (*conocer* [15])
estar [33]
estremecer (*conocer* [15])
estreñir (*teñir* [70])
europeizar [34]
evaluar (*graduar* [37])
exceptuar (*graduar* [37])
excluir (*destruir* [23])
exigir [35]
expedir (*pedir* [48])
extender (*entender* [28])
extinguir [36]
extraer (*traer* [73])
fallecer (*conocer* [15])
favorecer (*conocer* [15])
fingir (*exigir* [35])
florecer (*conocer* [15])
fluir (*destruir* [23])
fortalecer (*conocer* [15])
forzar (*almorzar* [6])
fotografiar (*enviar* [29])
fraguar (*averiguar* [10])
fregar (*negar* [45])
freír (*reír* [58])
gobernar (*pensar* [49])
graduar [37]
gruñir (*zambullir* [80])
guiar (*enviar* [29])
haber [38]
habituar (*graduar* [37])
hablar [1]
hacer [39]
helar (*pensar* [49])
hendir (*discernir* [24])
herir (*sentir* [65])
herrar (*pensar* [49])
hervir (*sentir* [65])
homogeneizar (*europeizar* [34])
humedecer (*conocer* [15])
impedir (*pedir* [48])
incluir (*destruir* [23])
inducir (*conducir* [14])
infligir (*exigir* [35])
influir (*destruir* [23])
ingerir (*sentir* [65])
inquirir (*adquirir* [4])
insinuar (*graduar* [37])
instituir (*destruir* [23])
instruir (*destruir* [23])
interferir (*sentir* [65])

introducir (*conducir* [14])
invernar (*pensar* [49])
invertir (*sentir* [65])
investir (*pedir* [48])
ir [40]
judaizar (*europeizar* [34])
jugar [41]
leer (*creer* [17])
liar (*enviar* [29])
llegar [42]
llover (*mover* [44])
lucir [43]
malcriar (*enviar* [29])
maldecir (*bendecir* [11])
malentender (*entender* [28])
malherir (*sentir* [65])
maltraer (*traer* [73])
manifestar (*pensar* [49])
mantener (*tener* [69])
mascar (*tocar* [71])
maullar (*rehusar* [57])
mecer (*vencer* [75])
medir (*pedir* [48])
mentir (*sentir* [65])
merecer (*conocer* [15])
merendar (*pensar* [49])
moler (*mover* [44])
morder (*mover* [44])
morir (p.p. muerto) (*dormir* [25])
mostrar (*contar* [16])
mover [44]
mugir (*exigir* [35])
mullir (*zambullir* [80])
nacer (*conocer* [15])
negar [45]
nevar (*pensar* [49])
obedecer (*conocer* [15])
obstruir (*destruir* [23])
obtener (*tener* [69])
ofrecer (*conocer* [15])
oír [46]
oler [47]
oscurecer (*conocer* [15])
padecer (*conocer* [15])
palidecer (*conocer* [15])
parecer (*conocer* [15])
realizar (*cruzar* [18])
pedir [48]
pensar [49]
perder (*entender* [28])
permanecer (*conocer* [15])
perpetuar (*graduar* [37])
perseguir (*seguir* [64])
plegar (*negar* [45])
poblar (*contar* [16])

poder [50]
poner [51]
poseer (*creer* [17])
predecir [52]
preferir (*sentir* [65])
presentir (*sentir* [65])
prevaler (*valer* [74])
prever (*ver* [77])
probar (*contar* [16])
producir (*conducir* [14])
prohibir [53]
promover (*mover* [44])
proseguir (*seguir* [64])
proteger [54]
proveer (*creer* [17])
provenir (*venir* [76])
provocar (*tocar* [71])
pudrir/podrir [55]
quebrar (*pensar* [49])
querer [56]
recaer (*caer* [13])
rechazar (*cruzar* [18])
recoger (*proteger* [54])
recomendar (*pensar* [49])
recomenzar (*empezar* [27])
reconducir (*conducir* [14])
recordar (*contar* [16])
recostar (*contar* [16])
reducir (*conducir* [14])
reforzar (*almorzar* [6])
refregar (*negar* [45])
regir (*elegir* [26])
rehusar [57]
reír [58]
releer (*creer* [17])
relucir (*lucir* [43])
remendar (*pensar* [49])
remover (*mover* [44])
rendir (*pedir* [48])
renegar (*negar* [45])
reñir (*teñir* [70])
renovar (*contar* [16])
repetir (*pedir* [48])
replegar (*negar* [45])
reproducir (*conducir* [14])
requerir (*sentir* [65])
resarcir (*esparcir* [32])
resolver (p.p. resuelto) (*mover* [44])
restringir (*exigir* [35])
resurgir (*exigir* [35])
retorcer (*torcer* [72])
retrotraer (*traer* [73])
reunir [59]
reventar (*pensar* [49])
revertir (*sentir* [65])

revolcar (*volcar* [78])
robustecer (*conocer* [15])
rociar (*enviar* [29])
rodar (*contar* [16])
roer [60]
rogar [61]
ruborizar (*cruzar* [18])
saber [62]
salir [63]
salpicar (*tocar* [71])
salpimentar (*pensar* [49])
satisfacer (*hacer* [39])
seducir (*conducir* [14])
seguir [64]
sembrar (*pensar* [49])
sentar (*pensar* [49])
sentir [65]
ser [66]
servir (*pedir* [48])
situar (*graduar* [37])
sobrecoger (*proteger* [54])
sobresalir (*salir* [63])
sobreseer (*creer* [17])
sofreír (*reír* [58])
soler [67]
soltar (*contar* [16])
sonar (*contar* [16])
sonreír (*reír* [58])
soñar (*contar* [16])
sosegar (*negar* [45])
sostener (*tener* [69])
subyacer (*yacer* [79])
sugerir (*sentir* [65])
sumergir (*exigir* [35])
suplicar (*tocar* [71])
surgir (*exigir* [35])
sustituir (*destruir* [23])
sustraer (*traer* [73])
tañer [68]
tatuar (*graduar* [37])
temblar (*pensar* [49])
tener [69]
tentar (*pensar* [49])
teñir [70]
tocar [71]
torcer [72]
tostar (*contar* [16])
traducir (*conducir* [14])
traer [73]
transferir (*sentir* [65])
trascender (*entender* [28])
traslucirse (*lucir* [43])
trastocar (*volcar* [78])
trastrocar (*volcar* [78])
trocar (*volcar* [78])

tropezar (*empezar* [27])
uncir (*esparcir* [32])
urgir (*exigir* [35])
valer [74]
valuar (*graduar* [37])
variar (*enviar* [29])
vencer [75]
venir [76]
ver [77]
verter (*entender* [28])
vestir (*pedir* [48])
vivificar (*tocar* [71])
vivir [3]
volar (*contar* [16])
volcar [78]
volver (p.p. vuelto) (*mover* [44])
yacer [79]
zambullir [80]
zurcir (*esparcir* [32])

Regular verbs: simple tenses

48 · pedir (e:i) — Gerundio: **pidiendo** · Participio: pedido

Pronombres personales	INDICATIVO Presente	Pretérito imperfecto	Pretérito perfecto simple	Futuro simple	Condicional simple	SUBJUNTIVO Presente	Pretérito imperfecto	IMPERATIVO
yo	pido	pedía	pedí	pediré	pediría	pida	pidiera o pidiese	
tú/vos	pides/pedís	pedías	pediste	pedirás	pedirías	pidas	pidieras o pidieses	pide/pedí
Ud., él, ella	pide	pedía	pidió	pedirá	pediría	pida	pidiera o pidiese	pida
nosotros/as	pedimos	pedíamos	pedimos	pediremos	pediríamos	pidamos	pidiéramos o pidiésemos	pidamos
vosotros/as	pedís	pedíais	pedisteis	pediréis	pediríais	pidáis	pidierais o pidieseis	pedid
Uds., ellos/as	piden	pedían	pidieron	pedirán	pedirían	pidan	pidieran o pidiesen	pidan

49 · pensar (e:ie) — Gerundio: pensando · Participio: pensado

Pronombres personales	INDICATIVO Presente	Pretérito imperfecto	Pretérito perfecto simple	Futuro simple	Condicional simple	SUBJUNTIVO Presente	Pretérito imperfecto	IMPERATIVO
yo	pienso	pensaba	pensé	pensaré	pensaría	piense	pensara o pensase	
tú/vos	piensas/pensás	pensabas	pensaste	pensarás	pensarías	pienses	pensaras o pensases	piensa/pensá
Ud., él, ella	piensa	pensaba	pensó	pensará	pensaría	piense	pensara o pensase	piense
nosotros/as	pensamos	pensábamos	pensamos	pensaremos	pensaríamos	pensemos	pensáramos o pensásemos	pensemos
vosotros/as	pensáis	pensabais	pensasteis	pensaréis	pensaríais	penséis	pensarais o pensaseis	pensad
Uds., ellos/as	piensan	pensaban	pensaron	pensarán	pensarían	piensen	pensaran o pensasen	piensen

50 · poder (o:ue) — Gerundio: **pudiendo** · Participio: podido

Pronombres personales	INDICATIVO Presente	Pretérito imperfecto	Pretérito perfecto simple	Futuro simple	Condicional simple	SUBJUNTIVO Presente	Pretérito imperfecto	IMPERATIVO
yo	puedo	podía	pude	podré	podría	pueda	pudiera o pudiese	
tú/vos	puedes/podés	podías	pudiste	podrás	podrías	puedas	pudieras o pudieses	puede/podé
Ud., él, ella	puede	podía	pudo	podrá	podría	pueda	pudiera o pudiese	pueda
nosotros/as	podemos	podíamos	pudimos	podremos	podríamos	podamos	pudiéramos o pudiésemos	podamos
vosotros/as	podéis	podíais	pudisteis	podréis	podríais	podáis	pudierais o pudieseis	poded
Uds., ellos/as	pueden	podían	pudieron	podrán	podrían	puedan	pudieran o pudiesen	puedan

51 · poner (4) — Gerundio: poniendo · Participio: **puesto**

Pronombres personales	INDICATIVO Presente	Pretérito imperfecto	Pretérito perfecto simple	Futuro simple	Condicional simple	SUBJUNTIVO Presente	Pretérito imperfecto	IMPERATIVO
yo	pongo	ponía	puse	pondré	pondría	ponga	pusiera o pusiese	
tú/vos	pones/ponés	ponías	pusiste	pondrás	pondrías	pongas	pusieras o pusieses	pon/poné
Ud., él, ella	pone	ponía	puso	pondrá	pondría	ponga	pusiera o pusiese	ponga
nosotros/as	ponemos	poníamos	pusimos	pondremos	pondríamos	pongamos	pusiéramos o pusiésemos	pongamos
vosotros/as	ponéis	poníais	pusisteis	pondréis	pondríais	pongáis	pusierais o pusieseis	poned
Uds., ellos/as	ponen	ponían	pusieron	pondrán	pondrían	pongan	pusieran o pusiesen	pongan

52 · predecir (1, 4) (e:i) — Gerundio: **prediciendo** · Participio: **predicho**

Pronombres personales	INDICATIVO Presente	Pretérito imperfecto	Pretérito perfecto simple	Futuro simple	Condicional simple	SUBJUNTIVO Presente	Pretérito imperfecto	IMPERATIVO
yo	predigo	predecía	predije	predeciré o prediré	predeciría o prediría	prediga	predijera o predijese	
tú/vos	predices/predecís	predecías	predijiste	predecirás o predirás	predecirías o predirías	predigas	predijeras o predijeses	predice/predecí
Ud., él, ella	predice	predecía	predijo	predecirá o predirá	prediciría o prediría	prediga	predijera o predijese	prediga
nosotros/as	predecimos	predecíamos	predijimos	prediciremos o prediremos	prediciríamos o prediríamos	predigamos	predijéramos o predijésemos	predigamos
vosotros/as	predecís	predecíais	predijisteis	prediciréis o prediréis	prediciríais o prediríais	predigáis	predijerais o predijeseis	predecid
Uds., ellos/as	predicen	predecían	predijeron	predecirán o predirán	predecirían o predirían	predigan	predijeran o predijesen	predigan

53 · prohibir (3) (i:í) — Gerundio: prohibiendo · Participio: prohibido

Pronombres personales	INDICATIVO Presente	Pretérito imperfecto	Pretérito perfecto simple	Futuro simple	Condicional simple	SUBJUNTIVO Presente	Pretérito imperfecto	IMPERATIVO
yo	prohíbo	prohibía	prohibí	prohibiré	prohibiría	prohíba	prohibiera o prohibiese	
tú/vos	prohíbes/prohibís	prohibías	prohibiste	prohibirás	prohibirías	prohíbas	prohibieras o prohibieses	prohíbe/prohibí
Ud., él, ella	prohíbe	prohibía	prohibió	prohibirá	prohibiría	prohíba	prohibiera o prohibiese	prohíba
nosotros/as	prohibimos	prohibíamos	prohibimos	prohibiremos	prohibiríamos	prohibamos	prohibiéramos o prohibiésemos	prohibamos
vosotros/as	prohibís	prohibíais	prohibisteis	prohibiréis	prohibiríais	prohibáis	prohibierais o prohibieseis	prohibid
Uds., ellos/as	prohíben	prohibían	prohibieron	prohibirán	prohibirían	prohíban	prohibieran o prohibiesen	prohíban

Infinitivo / Gerundio Participio	Pronombres personales	INDICATIVO Presente	Pretérito imperfecto	Pretérito perfecto simple	Futuro simple	Condicional simple	SUBJUNTIVO Presente	Pretérito imperfecto	IMPERATIVO
54 proteger (2) (g:j) protegiendo protegido	yo	**protejo**	protegía	protegí	protegeré	protegería	**proteja**	protegiera o protegiese	
	tú/vos	proteges/protegés	protegías	protegiste	protegerás	protegerías	**protejas**	protegieras o protegieses	protege/protegé
	Ud., él, ella	protege	protegía	protegió	protegerá	protegería	**proteja**	protegiera o protegiese	**proteja**
	nosotros/as	protegemos	protegíamos	protegimos	protegeremos	protegeríamos	**protejamos**	protegiéramos o protegiésemos	**protejamos**
	vosotros/as	protegéis	protegíais	protegisteis	protegeréis	protegeríais	**protejáis**	protegierais o protegieseis	proteged
	Uds., ellos/as	protegen	protegían	protegieron	protegerán	protegerían	**protejan**	protegieran o protegiesen	**protejan**
55 pudrir/podrir (4) pudriendo podrido	yo	pudro	pudría o podría	pudrí o podrí	pudriré o podriré	pudriría o podriría	pudra	pudriera o pudriese	
	tú/vos	pudres/pudrís	pudrías o podrías	pudriste o podriste	pudrirás o podrirás	pudrirías o podrirías	pudras	pudrieras o pudrieses	pudre/pudrí o podrí
	Ud., él, ella	pudre	pudría o podría	pudrió o podrió	pudrirá o podrirá	pudriría o podriría	pudra	pudriera o pudriese	pudra
	nosotros/as	pudrimos o podrimos	pudríamos o podríamos	pudrimos o podrimos	pudriremos o podriremos	pudriríamos o podriríamos	pudramos	pudriéramos o pudriésemos	pudramos
	vosotros/as	pudrís o podrís	pudríais o podríais	pudristeis o podristeis	pudriréis o podriréis	pudriríais o podriríais	pudráis	pudrierais o pudrieseis	pudrid o podrid
	Uds., ellos/as	pudren	pudrían o podrían	pudrieron o podrieron	pudrirán o podrirán	pudrirían o podrirían	pudran	pudrieran o pudriesen	pudran
56 querer (1, 4) (e:ie) queriendo querido	yo	**quiero**	quería	**quise**	**querré**	**querría**	**quiera**	**quisiera** o **quisiese**	
	tú/vos	quieres/querés	querías	**quisiste**	**querrás**	**querrías**	**quieras**	**quisieras** o **quisieses**	quiere/queré
	Ud., él, ella	**quiere**	quería	**quiso**	**querrá**	**querría**	**quiera**	**quisiera** o **quisiese**	**quiera**
	nosotros/as	queremos	queríamos	**quisimos**	**querremos**	**querríamos**	queramos	**quisiéramos** o **quisiésemos**	queramos
	vosotros/as	queréis	queríais	**quisisteis**	**querréis**	**querríais**	queráis	**quisierais** o **quisieseis**	quered
	Uds., ellos/as	**quieren**	querían	**quisieron**	**querrán**	**querrían**	**quieran**	**quisieran** o **quisiesen**	**quieran**
57 rehusar (3) (u:ú) rehusando rehusado	yo	**rehúso**	rehusaba	rehusé	rehusaré	rehusaría	**rehúse**	rehusara o rehusase	
	tú/vos	**rehúsas**/rehusás	rehusabas	rehusaste	rehusarás	rehusarías	**rehúses**	rehusaras o rehusases	**rehúsa**/rehusá
	Ud., él, ella	**rehúsa**	rehusaba	rehusó	rehusará	rehusaría	**rehúse**	rehusara o rehusase	**rehúse**
	nosotros/as	rehusamos	rehusábamos	rehusamos	rehusaremos	rehusaríamos	rehusemos	rehusáramos o rehusásemos	rehusemos
	vosotros/as	rehusáis	rehusabais	rehusasteis	rehusaréis	rehusaríais	rehuséis	rehusarais o rehusaseis	rehusad
	Uds., ellos/as	**rehúsan**	rehusaban	rehusaron	rehusarán	rehusarían	**rehúsen**	rehusaran o rehusasen	**rehúsen**
58 reír (1) (e:í) riendo reído	yo	**río**	reía	reí	reiré	reiría	**ría**	**riera** o **riese**	
	tú/vos	**ríes**/reís	reías	**reíste**	reirás	reirías	**rías**	**rieras** o **rieses**	**ríe**/reí
	Ud., él, ella	**ríe**	reía	**rio**	reirá	reiría	**ría**	**riera** o **riese**	**ría**
	nosotros/as	**reímos**	reíamos	**reímos**	reiremos	reiríamos	**riamos**	**riéramos** o **riésemos**	**riamos**
	vosotros/as	reís	reíais	**reísteis**	reiréis	reiríais	**riáis**	**rierais** o **rieseis**	reíd
	Uds., ellos/as	**ríen**	reían	**rieron**	reirán	reirían	**rían**	**rieran** o **riesen**	**rían**

59 reunir (3) (u:ú) — reuniendo / reunido

Pronombres personales	INDICATIVO Presente	Pretérito imperfecto	Pretérito perfecto simple	Futuro simple	Condicional simple	SUBJUNTIVO Presente	Pretérito imperfecto	IMPERATIVO
yo	**reúno**	reunía	reuní	reuniré	reuniría	**reúna**	reuniera o reuniese	
tú/vos	**reúnes/reunís**	reunías	reuniste	reunirás	reunirías	**reúnas**	reunieras o reunieses	**reúne/reuní**
Ud., él, ella	**reúne**	reunía	reunió	reunirá	reuniría	**reúna**	reuniera o reuniese	**reúna**
nosotros/as	reunimos	reuníamos	reunimos	reuniremos	reuniríamos	reunamos	reuniéramos o reuniésemos	reunamos
vosotros/as	reunís	reuníais	reunisteis	reuniréis	reuniríais	reunáis	reunierais o reunieseis	reunid
Uds., ellos/as	**reúnen**	reunían	reunieron	reunirán	reunirían	**reúnan**	reunieran o reuniesen	**reúnan**

60 roer (3, 4) (y) — royendo / roído

Pronombres personales	INDICATIVO Presente	Pretérito imperfecto	Pretérito perfecto simple	Futuro simple	Condicional simple	SUBJUNTIVO Presente	Pretérito imperfecto	IMPERATIVO
yo	roo o roigo o royo	roía	roí	roeré	roería	roa o roiga o roya	**royera o royese**	
tú/vos	roes/roés	roías	**roíste**	roerás	roerías	roas o **roigas o royas**	**royeras o royeses**	roe/roé
Ud., él, ella	roe	roía	**royó**	roerá	roería	roa o **roiga o roya**	**royera o royese**	roa o **roiga o roya**
nosotros/as	roemos	roíamos	**roímos**	roeremos	roeríamos	roamos o **roigamos o royamos**	**royéramos o royésemos**	roamos o **roigamos o royamos**
vosotros/as	roéis	roíais	**roísteis**	roeréis	roeríais	roáis o **roigáis o royáis**	**royerais o royeseis**	roed
Uds., ellos/as	roen	roían	**royeron**	roerán	roerían	roan o **roigan o royan**	**royeran o royesen**	roan o **roigan o royan**

61 rogar (1, 2) (o:ue) (g:gu) — rogando / rogado

Pronombres personales	INDICATIVO Presente	Pretérito imperfecto	Pretérito perfecto simple	Futuro simple	Condicional simple	SUBJUNTIVO Presente	Pretérito imperfecto	IMPERATIVO
yo	**ruego**	rogaba	**rogué**	rogaré	rogaría	**ruegue**	rogara o rogase	
tú/vos	**ruegas/rogás**	rogabas	rogaste	rogarás	rogarías	**ruegues**	rogaras o rogases	**ruega/rogá**
Ud., él, ella	**ruega**	rogaba	rogó	rogará	rogaría	**ruegue**	rogara o rogase	**ruegue**
nosotros/as	rogamos	rogábamos	rogamos	rogaremos	rogaríamos	**roguemos**	rogáramos o rogásemos	**roguemos**
vosotros/as	rogáis	rogabais	rogasteis	rogaréis	rogaríais	**roguéis**	rogarais o rogaseis	rogad
Uds., ellos/as	**ruegan**	rogaban	rogaron	rogarán	rogarían	**rueguen**	rogaran o rogasen	**rueguen**

62 saber (4) — sabiendo / sabido

Pronombres personales	INDICATIVO Presente	Pretérito imperfecto	Pretérito perfecto simple	Futuro simple	Condicional simple	SUBJUNTIVO Presente	Pretérito imperfecto	IMPERATIVO
yo	**sé**	sabía	**supe**	**sabré**	**sabría**	**sepa**	**supiera o supiese**	
tú/vos	sabes/sabés	sabías	**supiste**	**sabrás**	**sabrías**	**sepas**	**supieras o supieses**	sabe/sabé
Ud., él, ella	sabe	sabía	**supo**	**sabrá**	**sabría**	**sepa**	**supiera o supiese**	**sepa**
nosotros/as	sabemos	sabíamos	**supimos**	**sabremos**	**sabríamos**	**sepamos**	**supiéramos o supiésemos**	**sepamos**
vosotros/as	sabéis	sabíais	**supisteis**	**sabréis**	**sabríais**	**sepáis**	**supierais o supieseis**	sabed
Uds., ellos/as	saben	sabían	**supieron**	**sabrán**	**sabrían**	**sepan**	**supieran o supiesen**	**sepan**

63 salir (4) — saliendo / salido

Pronombres personales	INDICATIVO Presente	Pretérito imperfecto	Pretérito perfecto simple	Futuro simple	Condicional simple	SUBJUNTIVO Presente	Pretérito imperfecto	IMPERATIVO
yo	**salgo**	salía	salí	**saldré**	**saldría**	**salga**	saliera o saliese	
tú/vos	sales/salís	salías	saliste	**saldrás**	**saldrías**	**salgas**	salieras o salieses	**sal/salí**
Ud., él, ella	sale	salía	salió	**saldrá**	**saldría**	**salga**	saliera o saliese	**salga**
nosotros/as	salimos	salíamos	salimos	**saldremos**	**saldríamos**	**salgamos**	saliéramos o saliésemos	**salgamos**
vosotros/as	salís	salíais	salisteis	**saldréis**	**saldríais**	**salgáis**	salierais o salieseis	salid
Uds., ellos/as	salen	salían	salieron	**saldrán**	**saldrían**	**salgan**	salieran o saliesen	**salgan**

Infinitivo / Gerundio / Participio	Pronombres personales	INDICATIVO					SUBJUNTIVO		IMPERATIVO
		Presente	Pretérito imperfecto	Pretérito perfecto simple	Futuro simple	Condicional simple	Presente	Pretérito imperfecto	
64 seguir (1, 2) (e:i) (gu:g) **siguiendo** seguido	yo	**sigo**	seguía	seguí	seguiré	seguiría	**siga**	siguiera _o_ siguiese	
	tú/vos	**sigues**/seguís	seguías	seguiste	seguirás	seguirías	**sigas**	siguieras _o_ siguieses	**sigue**/seguí
	Ud., él, ella	**sigue**	seguía	**siguió**	seguirá	seguiría	**siga**	siguiera _o_ siguiese	**siga**
	nosotros/as	seguimos	seguíamos	seguimos	seguiremos	seguiríamos	**sigamos**	siguiéramos _o_ siguiésemos	**sigamos**
	vosotros/as	seguís	seguíais	seguisteis	seguiréis	seguiríais	**sigáis**	siguierais _o_ siguieseis	seguid
	Uds., ellos/as	**siguen**	seguían	**siguieron**	seguirán	seguirían	**sigan**	siguieran _o_ siguiesen	**sigan**
65 sentir (1, 4) (e:ie) **sintiendo** sentido	yo	**siento**	sentía	sentí	sentiré	sentiría	**sienta**	sintiera _o_ sintiese	
	tú/vos	**sientes**/sentís	sentías	sentiste	sentirás	sentirías	**sientas**	sintieras _o_ sintieses	**siente**/sentí
	Ud., él, ella	**siente**	sentía	**sintió**	sentirá	sentiría	**sienta**	sintiera _o_ sintiese	**sienta**
	nosotros/as	sentimos	sentíamos	sentimos	sentiremos	sentiríamos	**sintamos**	sintiéramos _o_ sintiésemos	**sintamos**
	vosotros/as	sentís	sentíais	sentisteis	sentiréis	sentiríais	**sintáis**	sintierais _o_ sintieseis	sentid
	Uds., ellos/as	**sienten**	sentían	**sintieron**	sentirán	sentirían	**sientan**	sintieran _o_ sintiesen	**sientan**
66 ser (4) siendo sido	yo	**soy**	**era**	**fui**	seré	sería	**sea**	fuera _o_ fuese	
	tú/vos	**eres/sos**	**eras**	**fuiste**	serás	serías	**seas**	fueras _o_ fueses	**sé**
	Ud., él, ella	**es**	**era**	**fue**	será	sería	**sea**	fuera _o_ fuese	**sea**
	nosotros/as	**somos**	**éramos**	**fuimos**	seremos	seríamos	**seamos**	fuéramos _o_ fuésemos	**seamos**
	vosotros/as	**sois**	**erais**	**fuisteis**	seréis	seríais	**seáis**	fuerais _o_ fueseis	sed
	Uds., ellos/as	**son**	**eran**	**fueron**	serán	serían	**sean**	fueran _o_ fuesen	**sean**
67 soler (1) (o:ue) soliendo solido	yo	**suelo**	solía	*soler is a defective verb (it does not exist in certain tenses)			**suela**		
	tú/vos	**sueles**/solés	solías				**suelas**		
	Ud., él, ella	**suele**	solía				**suela**		
	nosotros/as	solemos	solíamos				solamos		
	vosotros/as	soléis	solíais				soláis		
	Uds., ellos/as	**suelen**	solían				**suelan**		
68 tañer (4) **tañendo** tañido	yo	taño	tañía	tañí	tañeré	tañería	taña	tañera _o_ tañese	
	tú/vos	tañes/tañés	tañías	tañiste	tañerás	tañerías	tañas	tañeras _o_ tañeses	tañe/tañé
	Ud., él, ella	tañe	tañía	**tañó**	tañerá	tañería	taña	tañera _o_ tañese	taña
	nosotros/as	tañemos	tañíamos	tañimos	tañeremos	tañeríamos	tañamos	tañéramos _o_ tañésemos	tañamos
	vosotros/as	tañéis	tañíais	tañisteis	tañeréis	tañeríais	tañáis	tañerais _o_ tañeseis	tañed
	Uds., ellos/as	tañen	tañían	**tañeron**	tañerán	tañerían	tañan	tañeran _o_ tañesen	tañan
69 tener (1, 4) (e:ie) teniendo tenido	yo	**tengo**	tenía	**tuve**	**tendré**	**tendría**	**tenga**	tuviera _o_ tuviese	
	tú/vos	**tienes**/tenés	tenías	**tuviste**	**tendrás**	**tendrías**	**tengas**	tuvieras _o_ tuvieses	**ten**/tené
	Ud., él, ella	**tiene**	tenía	**tuvo**	**tendrá**	**tendría**	**tenga**	tuviera _o_ tuviese	**tenga**
	nosotros/as	tenemos	teníamos	**tuvimos**	**tendremos**	**tendríamos**	**tengamos**	tuviéramos _o_ tuviésemos	**tengamos**
	vosotros/as	tenéis	teníais	**tuvisteis**	**tendréis**	**tendríais**	**tengáis**	tuvierais _o_ tuvieseis	tened
	Uds., ellos/as	**tienen**	tenían	**tuvieron**	**tendrán**	**tendrían**	**tengan**	tuvieran _o_ tuviesen	**tengan**

70 teñir (1) (e:i) — Gerundio: **tiñendo** — Participio: teñido

Pronombres personales	INDICATIVO Presente	Pretérito imperfecto	Pretérito perfecto simple	Futuro simple	Condicional simple	SUBJUNTIVO Presente	Pretérito imperfecto	IMPERATIVO
yo	tiño	teñía	teñí	teñiré	teñiría	tiña	tiñera o tiñese	
tú/vos	tiñes/teñís	teñías	teñiste	teñirás	teñirías	tiñas	tiñeras o tiñeses	tiñe/teñí
Ud., él, ella	tiñe	teñía	tiñó	teñirá	teñiría	tiña	tiñera o tiñese	tiña
nosotros/as	teñimos	teñíamos	teñimos	teñiremos	teñiríamos	tiñamos	tiñéramos o tiñésemos	tiñamos
vosotros/as	teñís	teñíais	teñisteis	teñiréis	teñiríais	tiñáis	tiñerais o tiñeseis	teñid
Uds., ellos/as	tiñen	teñían	tiñeron	teñirán	teñirían	tiñan	tiñeran o tiñesen	tiñan

71 tocar (2) (c:qu) — Gerundio: tocando — Participio: tocado

Pronombres personales	INDICATIVO Presente	Pretérito imperfecto	Pretérito perfecto simple	Futuro simple	Condicional simple	SUBJUNTIVO Presente	Pretérito imperfecto	IMPERATIVO
yo	toco	tocaba	toqué	tocaré	tocaría	toque	tocara o tocase	
tú/vos	tocas/tocás	tocabas	tocaste	tocarás	tocarías	toques	tocaras o tocases	toca/tocá
Ud., él, ella	toca	tocaba	tocó	tocará	tocaría	toque	tocara o tocase	toque
nosotros/as	tocamos	tocábamos	tocamos	tocaremos	tocaríamos	toquemos	tocáramos o tocásemos	toquemos
vosotros/as	tocáis	tocabais	tocasteis	tocaréis	tocaríais	toquéis	tocarais o tocaseis	tocad
Uds., ellos/as	tocan	tocaban	tocaron	tocarán	tocarían	toquen	tocaran o tocasen	toquen

72 torcer (1, 2) (o:ue) (c:z) — Gerundio: torciendo — Participio: torcido o **tuerto**

Pronombres personales	INDICATIVO Presente	Pretérito imperfecto	Pretérito perfecto simple	Futuro simple	Condicional simple	SUBJUNTIVO Presente	Pretérito imperfecto	IMPERATIVO
yo	tuerzo	torcía	torcí	torceré	torcería	tuerza	torciera o torciese	
tú/vos	tuerces/torcés	torcías	torciste	torcerás	torcerías	tuerzas	torcieras o torcieses	tuerce/torcé
Ud., él, ella	tuerce	torcía	torció	torcerá	torcería	tuerza	torciera o torciese	tuerza
nosotros/as	torcemos	torcíamos	torcimos	torceremos	torceríamos	torzamos	torciéramos o torciésemos	torzamos
vosotros/as	torcéis	torcíais	torcisteis	torceréis	torceríais	torzáis	torcierais o torcieseis	torced
Uds., ellos/as	tuercen	torcían	torcieron	torcerán	torcerían	tuerzan	torcieran o torciesen	tuerzan

73 traer (4) — Gerundio: **trayendo** — Participio: **traído**

Pronombres personales	INDICATIVO Presente	Pretérito imperfecto	Pretérito perfecto simple	Futuro simple	Condicional simple	SUBJUNTIVO Presente	Pretérito imperfecto	IMPERATIVO
yo	traigo	traía	traje	traeré	traería	traiga	trajera o trajese	
tú/vos	traes/traés	traías	trajiste	traerás	traerías	traigas	trajeras o trajeses	trae/traé
Ud., él, ella	trae	traía	trajo	traerá	traería	traiga	trajera o trajese	traiga
nosotros/as	traemos	traíamos	trajimos	traeremos	traeríamos	traigamos	trajéramos o trajésemos	traigamos
vosotros/as	traéis	traíais	trajisteis	traeréis	traeríais	traigáis	trajerais o trajeseis	traed
Uds., ellos/as	traen	traían	trajeron	traerán	traerían	traigan	trajeran o trajesen	traigan

74 valer (4) — Gerundio: valiendo — Participio: valido

Pronombres personales	INDICATIVO Presente	Pretérito imperfecto	Pretérito perfecto simple	Futuro simple	Condicional simple	SUBJUNTIVO Presente	Pretérito imperfecto	IMPERATIVO
yo	valgo	valía	valí	valdré	valdría	valga	valiera o valiese	
tú/vos	vales/valés	valías	valiste	valdrás	valdrías	valgas	valieras o valieses	vale/valé
Ud., él, ella	vale	valía	valió	valdrá	valdría	valga	valiera o valiese	valga
nosotros/as	valemos	valíamos	valimos	valdremos	valdríamos	valgamos	valiéramos o valiésemos	valgamos
vosotros/as	valéis	valíais	valisteis	valdréis	valdríais	valgáis	valierais o valieseis	valed
Uds., ellos/as	valen	valían	valieron	valdrán	valdrían	valgan	valieran o valiesen	valgan

75 vencer (2) (c:z) — Gerundio: venciendo — Participio: vencido

Pronombres personales	INDICATIVO Presente	Pretérito imperfecto	Pretérito perfecto simple	Futuro simple	Condicional simple	SUBJUNTIVO Presente	Pretérito imperfecto	IMPERATIVO
yo	venzo	vencía	vencí	venceré	vencería	venza	venciera o venciese	
tú/vos	vences/vencés	vencías	venciste	vencerás	vencerías	venzas	vencieras o vencieses	vence/vencé
Ud., él, ella	vence	vencía	venció	vencerá	vencería	venza	venciera o venciese	venza
nosotros/as	vencemos	vencíamos	vencimos	venceremos	venceríamos	venzamos	venciéramos o venciésemos	venzamos
vosotros/as	vencéis	vencíais	vencisteis	venceréis	venceríais	venzáis	vencierais o vencieseis	venced
Uds., ellos/as	vencen	vencían	vencieron	vencerán	vencerían	venzan	vencieran o venciesen	venzan

Infinitivo / Gerundio / Participio	Pronombres personales	INDICATIVO Presente	Pretérito imperfecto	Pretérito perfecto simple	Futuro simple	Condicional simple	SUBJUNTIVO Presente	Pretérito imperfecto	IMPERATIVO
76 venir (1, 4) (e:ie) **viniendo** venido	yo	**vengo**	venía	**vine**	**vendré**	**vendría**	**venga**	**viniera** o **viniese**	
	tú/vos	**vienes**/venís	venías	**viniste**	**vendrás**	**vendrías**	**vengas**	**vinieras** o **vinieses**	**ven**/vení
	Ud., él, ella	**viene**	venía	**vino**	**vendrá**	**vendría**	**venga**	**viniera** o **viniese**	**venga Ud.**
	nosotros/as	venimos	veníamos	**vinimos**	**vendremos**	**vendríamos**	vengamos	**viniéramos** o **viniésemos**	vengamos
	vosotros/as	venís	veníais	**vinisteis**	**vendréis**	**vendríais**	vengáis	**vinierais** o **vinieseis**	venid (no vengáis)
	Uds., ellos/as	**vienen**	venían	**vinieron**	**vendrán**	**vendrían**	**vengan**	**vinieran** o **viniesen**	vengan Uds.
77 ver (4) viendo **visto**	yo	**veo**	**veía**	**vi**	veré	vería	**vea**	viera o viese	
	tú/vos	ves	**veías**	viste	verás	verías	**veas**	vieras o vieses	ve
	Ud., él, ella	ve	**veía**	**vio**	verá	vería	**vea**	viera o viese	**vea**
	nosotros/as	vemos	**veíamos**	vimos	veremos	veríamos	**veamos**	viéramos o viésemos	**veamos**
	vosotros/as	**veis**	**veíais**	visteis	veréis	veríais	**veáis**	vierais o vieseis	ved
	Uds., ellos/as	ven	**veían**	vieron	verán	verían	**vean**	vieran o viesen	**vean**
78 volcar (1, 2) (o:ue) (c:qu) volcando volcado	yo	**vuelco**	volcaba	**volqué**	volcaré	volcaría	**vuelque**	volcara o volcase	
	tú/vos	**vuelcas**/volcás	volcabas	volcaste	volcarás	volcarías	**vuelques**	volcaras o volcases	**vuelca**/volcá
	Ud., él, ella	**vuelca**	volcaba	volcó	volcará	volcaría	**vuelque**	volcara o volcase	**vuelque**
	nosotros/as	volcamos	volcábamos	volcamos	volcaremos	volcaríamos	**volquemos**	volcáramos o volcásemos	**volquemos**
	vosotros/as	volcáis	volcabais	volcasteis	volcaréis	volcaríais	**volquéis**	volcarais o volcaseis	volcad
	Uds., ellos/as	**vuelcan**	volcaban	volcaron	volcarán	volcarían	**vuelquen**	volcaran o volcasen	**vuelquen**
79 yacer (4) yaciendo yacido	yo	**yazco** o **yazgo** o **yago**	yacía	yací	yaceré	yacería	**yazca** o **yazga** o **yaga**	yaciera o yaciese	
	tú/vos	yaces/yacés	yacías	yaciste	yacerás	yacerías	**yazcas** o **yazgas** o **yagas**	yacieras o yacieses	**yace** o **yaz**/yacé
	Ud., él, ella	yace	yacía	yació	yacerá	yacería	**yazca** o **yazga** o **yaga**	yaciera o yaciese	**yazca** o **yazga** o **yaga**
	nosotros/as	yacemos	yacíamos	yacimos	yaceremos	yaceríamos	**yazcamos** o **yazgamos** o **yagamos**	yaciéramos o yaciésemos	**yazcamos** o **yazgamos** o **yagamos**
	vosotros/as	yacéis	yacíais	yacisteis	yaceréis	yaceríais	**yazcáis** o **yazgáis** o **yagáis**	yacierais o yacieseis	yaced
	Uds., ellos/as	yacen	yacían	yacieron	yacerán	yacerían	**yazcan** o **yazgan** o **yagan**	yacieran o yaciesen	**yazcan** o **yazgan** o **yagan**
80 zambullir (4) **zambullendo** zambullido	yo	zambullo	zambullía	zambullí	zambulliré	zambulliría	zambulla	**zambullera** o **zambullese**	
	tú/vos	zambulles/ zambullís	zambullías	zambulliste	zambullirás	zambullirías	zambullas	**zambulleras** o **zambulleses**	zambulle/zambullí
	Ud., él, ella	zambulle	zambullía	**zambulló**	zambullirá	zambulliría	zambulla	**zambullera** o **zambullese**	zambulla
	nosotros/as	zambullimos	zambullíamos	zambullimos	zambulliremos	zambulliríamos	zambullamos	**zambulléramos** o **zambullésemos**	zambullamos
	vosotros/as	zambullís	zambullíais	zambullisteis	zambulliréis	zambulliríais	zambulláis	**zambullerais** o **zambulleseis**	zambullid
	Uds., ellos/as	zambullen	zambullían	**zambulleron**	zambullirán	zambullirían	zambullan	**zambulleran** o **zambullesen**	zambullan

Glossary

Este glosario contiene el vocabulario principal de *Taller de escritores,* incluyendo las palabras y expresiones de mayor dificultad que aparecen en las lecturas. Los números indican la lección en las que aparecen.

Abreviaturas

adj.	adjetivo	*f.*	sustantivo femenino	*pron.*	pronombre
adv.	adverbio	*m.*	sustantivo masculino	sb.	*somebody*
art. def.	artículo definido	*pl.*	plural	sth.	*something*
conj.	conjunción	*prep.*	preposición	*v.*	verbo

A

a *prep.* to, at, into **1**
abajo *adv.* down **1**
abarrotar *v.* to cram full **4**
abnegado/a *adj.* selfless **4**
abogado/a *m., f.* lawyer **5**
acariciar *v.* to caress **1**
acechar *v.* to lie in wait for; to threaten **1, 3**
aceitoso/a *adj.* oily **1**
acerca de *prep.* about **1**
acercar *v.* to bring closer **2**
  acercarse to get closer **2**
acero *m.* steel **6**
acicatear *v.* to spur on **3**
ácido/a *adj.* acid, sour **1**
acontecer *v.* to happen **2**
acorde *adj.* in keeping with **4**
acortar *v.* to shorten **4**
acosar *v.* to harass **1**
acostumbrar *v.* to be in the habit of doing sth. **1**
actualmente *adv.* currently **5**
acudir *v.* to go **6**
acuoso/a *adj.* watery **1**
adecuación *f.* suitability **6**
además *adv.* moreover
  además de as well as **1**
aderezar *v.* to dress (salad) **1**
adornar *adj.* to decorate, to adorn **1**
adquirir *v.* to obtain, to acquire **3**
adulto/a *m.,f., adj.* adult **1**
advertir *v.* to warn **5**
afirmar *v.* to state **3**
afrontar *v.* to face **6**
agigantar *v.* to become huge **6**
agradable *adj.* nice **1**
agridulce *adj.* bittersweet, sweet-and-sour **1**
aguafiestas *m.* spoilsport **5**
agujero *m.* hole **4**
ahínco *m.* eagerness, intensity **3**

ahora *adv.* now **2**
  ahora mismo right now **1**
  de ahora en más from now on **4**
ahumar *v.* to smoke out **3**
alabar *v.* to praise **2, 3**
alarde *m.* display **6**
alargado/a *adj.* long **1**
albero *m.* type of bullfighting ring **2**
alboroto *m.* convulsion **6**
alegre *adj.* happy **1**
alejar *v.* to move sth. away **2**
  alejarse to move away **2**
alforja *f.* saddlebag **1**
aliado/a *m., f., adj.* ally; allied **3**
alicantino/a *m., f., adj.* of/from Alicante, Spain **3**
allanar *v.* to ease, to resolve **5**
almohadilla *f.* pad (of an animal) **1**
alojar *v.* to house, to put sb. up **2**
  alojarse to stay **2**
alrededor *adv.* around **1**
  en los alrededores de around, surrounding **1**
altibajo *m.* up-and-down **5**
alto/a *adj.* tall **1**
amargo/a *adj.* bitter **1**
amargor *m.* bitterness **1**
amedrentarse *v.* to become frightened, to shy away **1**
amo *m.* master **2**
anciano/a *adj.* elderly **1**
anhelo *m.* yearning **1**
animar a *v.* to encourage to **5**
anoche *adv.* last night **2**
ante *prep.* in front of, before, facing **1**
antes *adv.* before **1, 2**
  antes (de) que before **2**
antipático/a *adj.* unpleasant **1**
añadir *v.* to add **6**
año *m.* year **1**
  todos los años every year **1, 2**

apacible *adj.* mild, gentle **1**
apaciguar *v.* to calm down **6**
apático/a *adj.* apathetic **3**
apenas *adv.* as soon as **2**
apestar *v.* to stink **1**
aplastante *adj.* crushing **2**
aplastar *v.* to crush **3**
apreciación *f.* interpretation; opinion **3**
apresurar *v.* to speed up; to hasten
  apresurarse to hurry up **4**
aprisionar *v.* to trap **3**
apropiar *v.* to appropriate
  apropiarse (de) to make sth. its own **3**
aprovechar *v.* to take advantage of; to make the most of **3, 6**
apuntar *v.* to point at, to aim; to note down; to point out **3**
archivista *m., f.* archivist, filing clerk **3**
arcilla *f.* clay **4**
arena *f.* sand; bullring; arena
  aportar su granito de arena to do one's bit **4**
arrasar *v.* to sweep; to triumph **4**
arrepentirse de *v.* to regret **5**
arrestar *v.* to stop; to arrest **3**
arriba *adv.* up **1**
arriesgarse a *v.* to risk doing sth. **5**
arrugado/a *adj.* wrinkled **1**
arrullador(a) *adj.* flatterer, cajoler **1**
artimaña *f.* trick **6**
asado *m.* barbecue **6**
asar *v.* to roast **6**
ascua *f.* ember **6**
asediar *v.* to besiege **3**
aseverar *v.* to assert **3**
así *adj., adv., conj.* like this; so (*in such a way*)
  así que so **3**
asiduamente *adv.* often **2**
asistir *v.* to attend **5**

asombrar *v.* to amaze, to astonish **3**
asombro *m.* amazement **3**
aspecto *m.* aspect **1**
aspereza *f.* roughness **1**
áspero/a *adj.* rough **1**
ataúd *m.* coffin **2**
atender *v.* to assist **5**
aterciopelado/a *adj.* velvety **1**
aterido/a *adj.* numb with cold **1**
atlético/a *adj.* athletic **1**
atractivo/a *adj.* attractive **1**
atreverse a *v.* to dare to do sth. **5**
audaz *adj.* brave, daring, bold **3**
augurio *m.* omen **3**
aullar *v.* to howl **1**
aun *adv.* even **2**
aún *adv.* still **2**
aunque *conj.* although, though;
even if **3**
avanzar *v.* to move forward **2**
avergonzado/a *adj.* embarrassed **5**
avinagrado/a *adj.* sour **1**
aviso *m.* ad; notice; warning **4, 5**
avistar *v.* to sight **1**
ayer *adv.* yesterday **2**
azabache *m.* jet, jet-black **1**
azar *m.* chance, fate
azares vicissitudes, chance
events **3**

B

bajo *prep.* beneath, under **1**
bajo/a *adj.* short **1**
bajonazo *m.* low thrust **2**
balar *v.* to bleat **6**
balbucear *v.* to babble **1**
baldosa *f.* paving stone **2**
barcelonés, barcelonesa *m., f.,
adj.* of/from Barcelona, Spain **3**
baremo *m.* guidelines **4**
barrabasada *f.* a mischievous
thing to do **6**
becario/a *m., f.* intern; grant/
scholarship holder **4**
belleza *f.* beauty **1**
berlinés, berlinesa *m., f., adj.*
Berliner **3**
bermejo/a *adj.* crimson **2**
bicho *m.* bug **6**
bienhechor(a) *m., f., adj.*
benefactor, benefactress;
beneficent **3**
bilbaíno/a *m., f., adj.* of/from
Bilbao, Spain **3**

billar *m.* billiards **2**
salón de billar billiard room **2**
bitácora *f.* binnacle, blog **6**
bocacalle *f.* entrance, side street **5**
boliviano/a *m., f., adj.* Bolivian **3**
brasero *m.* brazier **6**
brasileño/a *m., f., adj.* Brazilian **3**
brillante *adj.* bright **1**
brillo *m.* brilliance, shining **1**
brumoso/a *adj.* misty, foggy **1**
bruto/a *adj.* gross **4**
buhardilla *f.* attic **6**
búho *m.* owl **3**
burlarse de *v.* to mock **5**

C

caballero *m.* gentleman **6**
cabezadita *f.* nap **6**
cacatúa *f.* cockatoo **3**
cachivache *m.* knick-knack **2**
callado/a *adj.* quiet **1**
canadiense *adj.* Canadian **3**
cantamañanas *f., pl.* unreliable
person **5**
canto *m.* singing **1**
caprichoso/a *adj.* whimsical,
fanciful **4**
caradura *m., f.* a person who has
a lot of nerve **5, 6**
carcajada *f.* loud laughter **1**
caricia *f.* caress **1**
carioca *m., f., adj.* of/from Rio de
Janeiro, Brazil **3**
carnicería *f.* slaughter **2**
cartón *m.* cardboard, carton **1**
de cartón made out of
cardboard **1**
casa *f.* house **2**
casa cural parish house **2**
cascabeleo *m.* jingling **1**
casi *adv.* almost **2**
caso *m.* case
en caso de que if **3**
casucha *f.* miserable hut **1**
catar *v.* to taste **1**
caudillo *m.* leader **6**
causa *f.* cause, reason
a causa de because of **3**
causar *v.* to cause **2**
cebar *v.* to fatten up (an animal);
to bait
cebarse con to be merciless to **4**
cejijunto/a *adj.* with bushy
eyebrows **5**

centro *m.* center **1**
en el centro in the center **1**
cerca *adv.* close **1**
cercanía *f.* nearness, closeness **1**
en las cercanías de on the
outskirts of **1**
cerradura *f.* lock **2**
cerrajero *m.* locksmith **2**
cesta *f.* basket **3**
champiñón *m.* mushroom **5**
chantaje *m.* blackmail **6**
charla *f.* talk **6**
chulería *f.* presumption **2**
chusma *f.* mob **2**
cima *f.* peak **2**
claro/a *adj.* light **1**
coágulo *m.* clot, coagulum **3**
codazo *m.* nudge, jab **1**
códice *m.* codex **3, 4**
colegio *m.* school **5**
colina *f.* hill **2**
colombiano/a *m., f., adj.*
Colombian **3**
color *m.* color **1**
de colores colorful **1**
colorido *m.* colorfulness **1**
columpiar *v.* to swing **6**
como *conj.* as soon as; if **3**
complacer *v.* to please **3**
complutense *m., f., adj.* of/from
Alcalá de Henares, Spain **3**
comprensivo/a *adj.*
understanding **5**
comprometerse a *v.* to commit
(to do sth.) **5**
conceder *v.* to give, to award; to
acknowledge **3**
condenar a *v.* to sentence to **5**
condimentar *v.* to season **1**
conductor(a) *m., f.* driver **5**
confiado/a *adj.* confident,
trusting **1**
conformarse *v.* to resign oneself **4**
conforme *conj.* as **3**
congregar *v.* to gather **6**
conque *conj.* so **3**
consigna *f.* slogan **6**
consistir en *v.* to consist of **2**
constantemente *adv.* constantly **2**
consuelo *m.* consolation,
comfort **4**
consumar *v.* to finish, to
accomplish **3**
Consumos *m.* municipal taxes
and duties **1**

contemplar *v.* to contemplate 1
contestar *v.* to answer 5
contumaz *adj.* obstinate 6
convenir en *v.* to agree on 5
copar *v.* to monopolize 4
cordobés, cordobesa *m., f., adj.* of/from Cordoba, in Spain or Argentina 3
corpulento/a *adj.* corpulent 1
correr *v.* to run; to race
  de corrido nonstop, continuously 3
corro *m.* ring, circle that children form to play 1
corte *m.* cut 3
cortijo *m.* country estate 2
cosquilleo *m.* tickling sensation 5
costarricense *m., f., adj.* Costa Rican 3
creciente *adj.* crescent (phase of heavenly body) 3
crepúsculo *m.* twilight 1
criollo/a *m., f., adj.* a person of European descent born in colonial Latin America; Creole 3
cuadrado/a *adj.* square 1
cuadro *m.* square 1
  de cuadros plaid 1
cuajarón *m.* clot (*of blood*) 5
cuando *adv.* when 1, 2
cuanto *adj., pron.* some or a few, as much as
  en cuanto as soon as 2
cuarteado/a *adj.* cracked 2
cubrir *v.* to cover 1
cuenca *f.* basin 3
cuerno *m.* horn, antler 4, 6
culpar *v.* to blame 5
cuñado/a *m., f., adj.* brother/ sister in law 1
cura *m.* priest 2
cursilería *f.* vulgarity, tackiness 6
cutis *m.* complexion, skin 2

D

danés, danesa *m., f., adj.* Danish
de *prep.* of, from 2
dé *v.* (1st and 3rd person sg. pres. subj. of "dar") 2
deambular *v.* to wander 4
debajo *adv.* below 1
  debajo de below, under, underneath 1
débil *adj.* weak 1

decena *f.* set of ten 4
deglutir *v.* to swallow 5
degustación *f.* tasting 1
degustar *v.* to taste 1
deje *m.* accent 6
delante *adv.* in front 1
dentadura *f.* (set of) teeth 6
  dentadura postiza fake teeth, dentures 6
dentro *adv.* inside 1
deportivo *m.* sports car 3
deprisa *adv.* quickly 4
derecha *f.* right 1
  a la derecha to the right (of) 1
derribar *v.* overthrow 6
derrotar *v.* to defeat, to beat 3, 6
derrumbar *v.* to demolish; to destroy; to knock 3
desabrido/a *adj.* unpleasant 5
desagradable *adj.* unpleasant 1
desagraviar *v.* to make amends, to undo grievances 6
desanimar *v.* to discourage 4
  desanimarse *v.* to become discouraged 4
descomunal *adj.* tremendous, enormous 1
desconchado/a *adj.* chipped 2
descortés *adj.* impolite, rude 4
descubrir *v.* to discover 1
desgracia *f.* misfortune 5
deslumbrante *adj.* dazzling 1
desmedido/a *adj.* excessive 6
desmedro *m.* decay, detriment 5
desmigajar *v.* to crumble 6
despacioso/a *adj.* slow 1
desperezar *v.* to stretch 6
desplegar *v.* to spread 6
despreciar *v.* to despise, to look down on 3
desprecio *m.* contempt 6
después *adv.* after 1, 2
  después (de) que after 2
destreza *f.* skill 6
detenidamente *adv.* carefully, thoroughly 3
detrás *adv.* behind 1
día *m.* day 1
  todos los días every day 1, 2
dictamen *m.* opinion; report 4
difundir *v.* to spread, to disseminate 4
digno/a *adj.* honorable; decent
  digno de worthy of 3, 6

dirigir *v.* to run, to manage; to direct 2
  dirigirse *v.* to head for/towards; to speak/write to 2
disparate *m.* nonsense 6
dispuesto/a *adj.* willing 5
disuelto/a *adj.* melted 6
diurno/a *adj.* day (*before a noun*) 3
diversión *f.* entertainment 5
divisar *v.* to spy, to make out, to distinguish 1
docena *f.* set of twelve 4
doquier *adv.* wherever
  por doquier everywhere 6
dorado/a *adj.* golden 1
duro/a *adj.* hard 1

E

e *conj.* (*used instead of* **y** *before words beginning with* **i** *and* **hi**) and 3
echar *v.* to throw
  echar de menos to miss 4
ecuatoriano/a *m., f., adj.* Ecuadorian 3
el *art. def.* the 2
él *pron.* he 2
elaborar *v.* to produce, to make 2
elogiar *v.* to praise 3
embarazada *f., adj.* pregnant (woman) 5
embauco *m.* deception 6
embeleco *m.* fraud, delusion 6
emboscada *f.* trap, ambush 2
emboscar *v.* to conceal 6
emisario/a *m., f.* emissary, messenger 3
empacharse *v.* to get indigestion 6
empeñarse en *v.* to insist on 5
emprender *v.* to embark on, to undertake 2
  emprender el rumbo (a/hacia) to set off (for) 2
  emprender la marcha to set out 2
en *prep.* in, on, at, into 1
  en pos de in pursuit of 5
encaminar *v.* to direct, to channel 2
  encaminarse (a) to set off (for) 2
encandilar *v.* to dazzle 6
encarcelar *v.* to imprison 3
encarecer *v.* to recommend earnestly 6

encargar *v.* to commission **6**
  encargarse de *v.* to be in charge of **5**
encarnar *v.* to embody **3**
encima *adv.* above **1**
  encima de above, on top of, over **1**
encontrar *v.* to find **2**
  encontrarse *v.* to find oneself, to be located **2, 4**
enfurecerse *v.* to infuriate, to madden **6**
engañoso/a *adj.* deceitful **3**
enorme *adj.* enormous **1**
enriquecer *v.* to make rich; to enrich **3**
  enriquecerse to be enriched; to become rich **3**
enseguida *adv.* at once, immediately
  enseguida que after **3**
ensordecedor(a) *adj.* deafening **1**
enterarse (de) *v.* to find out (about), to hear (about) **4**
enterrar *v.* to bury **2**
entierro *m.* burial **2**
entonces *adv.* then **2**
  en aquel entonces back then **2**
entramado *m.* structure, framework **4**
entretanto *adv.* meanwhile **2**
entrometer *v.* to interfere **6**
enturbiar *v.* to muddle **6**
equipaje *m.* luggage **5**
equivocadamente *adv.* mistakenly **5**
errar *v.* to wander **6**
esbelto/a *adj.* slender, slim **1**
escabechar *v.* to marinate (cooking) **1**
escalofrío *m.* shiver **6**
escama *f.* scale; flake **4**
escaño *m.* bench, seat **2**
escarabajo *m.* beetle **1**
escatimar *v.* to skimp on, to stint on **3**
esclavizar *v.* to enslave **5**
escrutar *v.* to inspect, to scrutinize **2**
escueto/a *adj.* bare, unadorned **2**
escupir *v.* to spit **5**
escupitajo *m.* spit **5**
espantapájaros *m., pl.* scarecrow **5**

esponjoso/a *adj.* fluffy **1**
estampa *f.* print **6**
estar *v.* to be **2**
  estar hecho/a(s) de to be made of **2**
estorbar *v.* to obstruct, to be on the way **5**
estridente *adj.* strident, loud **1**
estropearse *v.* to break down; to go wrong; to go bad **4**
estruendo *m.* din, roar, crash **1**
estruendoso/a *adj.* noisy, clamorous **1**
estupefacto/a *adj.* astonished **4**
estupor *m.* amazement **2**
eventualmente *adv.* possibly, probably **5**
evitar *v.* to prevent from **5**
execrar *v.* to execrate, to condemn **3**
exhalar *v.* to exhale **1**
éxito *m.* success **5**
explosión *m.* explosion **1**
extremeño/a *m., f., adj.* of/from the region of Extremadura, Spain **3**

F

fábrica *f.* factory **5**
fallido/a *adj.* failed, vain, unsuccessful **3**
farándula *f.* show business **6**
fastidioso/a *adj.* annoying, fussy **5**
fasto *m.* luxury **2**
feo/a *adj.* ugly **1**
fin *m.* end **3**
  a fin de que so that **3**
finalmente *adv.* finally **2**
fingir(se) *v.* to pretend to be **1**
finlandés, finlandesa *m., f., adj.* Finnish **3**
fino/a *adj.* thin **1**
florentino/a *m., f., adj.* Florentine **3**
folleto *m.* flier; brochure **3**
fortuna *f.* luck, chance, fortune **3**
frecuencia *f.* frequency **2**
  con frecuencia frequently **2**
frecuentemente *adv.* frequently **2**
frenesí *m.* frenzy **6**
frondoso/a *adj.* leafy, dense **1**
fuera *adv.* outside **1**
fuerte *adj.* strong **1**

G

ganado *m.* cattle **6**
gesta *f.* exploit, great deed **3**
gigante *adj.* giant **1**
golpe *m.* blow **1**
golpear *v.* to hit **1**
gota *f.* drop **3**
grabar *v.* to engrave, to record **4, 5**
granadino/a *m., f., adj.* of/from Granada, Spain **3**
grande *adj.* big **1**
gratuito/a *adj.* free (of charge) **5**
grito *m.* scream **1**
grosería *f.* vulgarity **5**
grueso/a *adj.* thick **1**
gruñir *v.* to grumble **3**
gualdo/a *adj.* yellow **1**
guapo/a *adj.* handsome **1**
guionista *m., f.* scriptwriter **6**

H

hablador(a) *adj.* talkative **1**
hacer *v.* to do, to make **2**
  hacerse *v.* to take place **2**
hallar *v.* to find **2**
  hallarse to find oneself, to be located **2**
hartarse de *v.* to be fed up with sth. **5**
harto/a *adj.* full; fed up **3**
  estar harto/a (de) to be sick/tired of, to be fed up with **3**
hasta *prep* as far as, up to, until **2**
  hasta que until **2**
hazaña *f.* achievement **6**
hazmerreír *m., f.* laughing stock **5**
hechizo *m.* bewitchment **6**
hediondo/a *adj.* stinking **1**
hedor *m.* stink, stench **1**
herir *v.* to wound, to hurt **3**
hidropesía *f.* edema **6**
hondo/a *adj.* deep **5**
hondureño/a *m., f., adj.* Honduran **3**
horizonte *m.* horizon **1**
horquilla *f.* range
  en un extremo de la horquilla at one end of the range **4**
hoy *adv.* today **2**
huella *f.* trace, footprint **3**
hueso *m.* bone **4**
hule *m.* rubber **2**
hundir *v.* to sink; to bury **3**

I

igual *adj., adv.* equal; the same 3
  igual que (just) like 3
impudor *m.* shamelessness 6
indultar *v.* to pardon 2
ínfimo/a *adj.* extremely low 1
infundado/a *adj.* unfounded, groundless 4
inicialmente *adv.* initially 2
inmediatamente *adv.* immediately 2
inmenso/a *adj.* immense 1
inquietante *adj.* disturbing 6
inquilino/a *m., f.* tenant 5
insensatez *f.* foolishness 6
insipidez *f.* insipidity, tasteless 1
insípido/a *adj.* insipid, tasteless 1
insustituible *adj.* irreplaceable 6
intempestivo/a *adj.* harsh, wild 2
intentona *f.* attempt 3
inútil *adj.* useless 1
italiano/a *m., f., adj.* Italian 3
izquierda *f.* left 1
  a la izquierda to the left (of) 1

J

jamás *adv.* never 2
joven *m., f. adj.* young 1
jugo *m.* substance, marrow 6

L

ladrar *v.* to bark 1
laguna *f.* lagoon 1
lana *f.* wool 1
  de lana woolen 1
lanza *f.* spear 6
laúd *m.* lute 3
lectura *f.* reading 5
lejos *adv.* far 1
  a lo lejos in the distance 1
lema *f.* slogan 6
librería *f.* bookstore 5
liso/a *adj.* smooth, flat 1
llamativo/a *adj.* striking 3
llevar *v.* to take, to carry; to wear 2
  llevar(se) a cabo to carry/be carried out 1, 2
llovizna *f.* drizzle 2
lomo *m.* back (of an animal) 2
londinense *m., f., adj.* Londoner 3
lucense *m., f., adj.* of/from Lugo, Spain 3

lucir *v.* to look 2
luego *adv.* after 2
luminosidad *f.* brightness 1
luminoso/a *adj.* bright 1
luto *m.* mourning 2
  guardar luto to be in mourning dress 2

M

madera *f.* wood 1
  de madera wooden 1
madrugada *f.* dawn 6
maltrecho/a *adj.* battered, mangled 2
malva *adj.* mauve 1
manejar *v.* to handle, to operate 1
mantener *v.* to keep; to maintain (assert) 2, 3
  mantenerse to keep oneself 2
mañana *adv.* tomorrow 2
mar *m., f.* sea 3
  en alta mar on the high seas 3
marchamo *m.* stamp 4
marfil *m.* ivory 4
margarita *f.* daisy 1
mas *conj.* but 2
más *adv.* more 2
  más tarde later 1
  a más de + *distance* more than + *distance* 1
mascar *v.* to chew 1
máscara *f.* mask 3
mata *f.* headlong 6
matiz *m.* shade, hue, nuance 2, 6
maullar *v.* to meow 3
mediante *prep.* by means of 1
medida *f.* measure 2
  a medida que as 2
medio/a *adj.* half 1
  en medio de in the middle of 1
mego/a *adj.* meek, mild, gentle 6
menguante *adj.* waning (phase of a heavenly body) 3
menos *adv.* less 3
  a menos que unless 3
  a menos de + *distance* less than + *distance* 1
mentiroso/a *m., f., adj.* liar, lying 1
mestizo/a *m., f., adj.* a person of mixed Spanish and Indian parentage; of mixed race 3
metal *m.* metal 1
  de metal made of metal 1
mexicano/a *m., f., adj.* Mexican 3

mi *adj.* my 2
mí *pron.* me 2
miau *m.* meow 3
mientras *adv.* while 1, 2
mies *f.* cornfield 6
milagro *m.* miracle 3
  de milagro by a miracle, it's a wonder/miracle that… 3
minúsculo/a *adj.* tiny, minute 1
mirar *v.* to look 1
mismo/a *adj.* same 3
  de la misma forma in the same way 3
moho *m.* mold 1
molestar *v.* to bother 5
momento *m.* moment 2
  en el momento que at the moment when 2
montés *adj.* wild 2
moreno/a *adj* dark-haired, tan 1
morirse por *v.* to be crazy about sth. or sb. 5
mostrar *v.* to show 1
muchedumbre *f.* crowd 6
multitud *f.* crowd
  multitud de numerous; dozens of 3
murciélago *m.* bat 6
murmullo *m.* murmur 1, 2
murmurar *v.* to mutter 1

N

nave *f.* ship, craft 3
navío *m.* vessel, ship 3
neblina *f.* mist 6
neoyorquino/a *m., f., adj.* New Yorker 3
ni *conj.* nor 3
nicaragüense *m., f., adj.* Nicaraguan 3
nomenclatura *f.* a list of names or words, nomenclature 3
nublado/a *adj.* cloudy 1
nudo *m.* climax (of a story) 3
nunca *adv.* never 1, 2

O

o *conj.* or 3
  o bien… or; either… or… 3
oaxaqueño/a *m., f., adj.* of/from Oaxaca, Mexico 3
observar *v.* to observe 1
ocasionalmente *adv.* occasionally 2

ocaso *m.* decline **3**
olisquear *v.* to sniff (at) **1**
opaco/a *adj.* opaque **1**
opinar *v.* to think; to express an opinion **3**
oscuro/a *adj.* dark **1**
ovalado/a *adj.* oval **1**
oveja *f.* sheep **6**
oxidarse *v.* to get rusty **6**

P

paladar *m.* palate **1**
palco *m.* box (or theater) **1**
palidez *f.* paleness **1**
pálido/a *adj.* pale **1**
palo *m.* stick **3**
palpar *v.* to feel, to touch **1**
panameño/a *m., f., adj.* Panamanian **3**
panceta *f.* bacon **6**
panorama *f.* panorama **1**
papel *m.* paper **1**
  de papel made out of paper **1**
para *prep.* for; in order to; by; used for; considering **3**
  para que so that **3**
pararrayos *m., pl.* lighting-rod **5**
parecer *v.* to seem; to look **1, 2**
pariente *m., f.* relative **5**
parisiense *m., f., adj.* Parisian **3**
paro *m.* unemployment
parrilla *f.* grill **6**
párvulo/a *m., f., adj.* infant **5**
pasado *m., adj.* past, last, off, bad **1, 2**
  el verano/mes/año pasado last summer/month/year **2**
pasajero/a *adj.* fleeting, temporary **3**
pasto *m.* grass **5**
pecar *v.* to sin; to be ungrateful **5**
pegajoso/a *adj.* sticky **1**
pegar *v.* to hit **1**
pelirrojo/a *adj.* red-haired **1**
pequeño/a *adj.* small **1**
perezoso/a *adj.* lazy **1**
pergamino *m.* parchment **4**
permanecer *v.* to remain **1, 2**
pero *conj.* but **3**
perplejo/a *adj.* bewildered, puzzled **3**
persiana *f.* window blind **2**
perspectiva *f.* perspective **1**
perturbar *v.* to disturb **2**

pesar *m.* sorrow; regret, remorse
  a pesar de que in spite of, despite **3**
pesquisa *f.* investigation **6**
peste *f.* plague **4**
picante *adj.* spicy **1**
piltrafa *f.* wreck **6**
pimienta *f.* pepper **1**
pincho *m.* pitchfork **1**
pitón *m.* tip of a bull´s horn **2**
plagio *m.* plagiarism **3**
planteamiento *m.* approach **4**
plaza *f.* spot **4**
plegar *v.* to fold up **4**
plenamente *adv.* full, completely **3**
plomo *m.* lead **3**
plumero *m.* duster **2**
podar *v.* to prune **4**
podrido/a *adj.* rotten **1**
polvo *m.* dust; powder **4**
por *prep.* in exchange for; for; by; in; through; around; along; during; because of; on account of; on behalf of; in search of; by way of; by means of **3**
  por consiguiente therefore, consequently **3**
  por (lo) tanto therefore **3**
  por más que… no matter how… **3**
porque *conj.* because **3**
porrazo *m.* blow, whack **1, 2**
portador(a) *m., f.* carrier, bearer **3**
porvenir *m.* future **4**
posarse *v.* to settle, to lay down, to pose, to land **1**
poseer *v.* to own, to have; to hold; to possess **3**
posteriormente *adv.* later **2**
postrado/a *adj.* prostrate; beaten-down **2**
práctico/a *adj.* practical, useful **1**
pregón *m.* proclamation **2**
presenciar *v.* to be present at, to witness **1**
presumir *v.* to suppose; to show off **3**
presumir de *v.* to boast about **3**
presupuesto *m.* budget; assumption **4**
prever *v.* to foresee, to anticipate; to plan **4**
primeramente *adv.* first **2**
primero *m., adv.* first **2**
principio *m.* beginning; principle

por principio de cuentas to begin with **3**
producir *v.* to produce; to cause **2**
  producirse *v.* to take place, to happen **2**
pronto *adv.* soon **2**
  tan pronto (como) as soon as **2**
prontuario *m.* file, criminal record **6**
proveer *v.* to cater for **5**
provenir de *v.* to come from **2**
provocar *v.* to cause, to provoke **2**
prudente *adj.* careful, cautious **1**
púa *f.* spike, barb **3**
pues *conj.* as, since; then **3**
pulido/a *adj.* polished **3**
pulsar *v.* to press **1**
puntapié *m.* kick **5**
puñado *m.* handful **6**

Q

que *conj.* that; than **3**
quedar *v.* to have left; to be located **2**
quejarse (de) *v.* to complain (about); to moan **4, 5**
quemado/a *adj.* burnt **1**
quincena *f.* fifteen days **4**
quitar *v.* to take off **5**

R

radicar *v.* to lie (in), to stem (from) **2**
  radicarse *v.* to settle **2**
rajatabla *adv.*
  a rajatabla strictly, to the letter, by all means **3**
rancio/a *adj.* rancid, stale **1**
rascacielos *m., pl.* skyscraper **5**
raya *f.* stripe **1**
  de rayas striped **1**
realizar *v.* to make, to carry out **2, 5**
  realizarse *v.* to take place **2**
rebasar *v.* to overflow **5**
rebuscado/a *adj.* over-elaborate **3**
rechazar *v.* to reject; to turn down **4**
recientemente *adv.* recently **2**
recomendar *v.* to recommend **1**
  Se recomienda(n)… It is/They are recommended… **1**
recordar *v.* to remember **5**

rectangular *adj.* rectangular **1**
redimir *v.* to redeem **3**
redondo/a *adj.* round **1**
refugio *m.* shelter **6**
regañadientes *adv.*
   a regañadientes reluctantly,
   unwillingly **3**
regresar *v.* to return **2**
rehén *m., f.* hostage **3**
reincidir *v.* to repeat, to relapse
   back into **6**
reiterar *v.* to repeat, to reiterate **3**
relámpago *m.* flash of lightning **6**
rematar *v.* to round off,
   to finish off **3**
repente *m.* impulse **2**
   de repente suddenly **2**
repentinamente *adv.* all of a
   sudden **2**
repleto/a *adj.* very full, packed **1, 4**
resonante *adj.* resounding **1**
resquicio *m.* gap, opportunity **6**
resto *m.* remain, remainder **5**
resultar *v.* to work (out) **2**
   resultar + *adj.* to turn out
   (to be) + *adj.* **2**
retrasar *v.* to delay **4**
   retrasarse *v.* to be late **4**
retratar *v.* to portrait,
   to describe **6**
risa *f.* laughter **1**
risueño/a *adj.* smiling **1**
roce *m.* rubbing, friction **1**
rompecabezas *m., pl.* jigsaw puzzle,
   puzzle, riddle **5**
rondar *v.* to be about **4**
ronquido *m.* snore **1**
rozar *v.* to rub **1**
rubio/a *adj.* blond **1**
ruborizarse *v.* to blush, to flush
   with embarrassment **6**
ruedo *m.* bullring **2**
rugido *m.* roar **6**
rugosidad *f.* roughness **1**
rugoso/a *adj.* rough, bumpy **3**
ruido *m.* noise **1**
rumbo *m.* course **6**

S

saborear *v.* to savor **1**
sabueso *m.* bloodhound, sleuth **6**
saca *f.* sack **1**
sacacorchos *m., pl.* corkscrew
salado/a *adj.* salty **1, 5**

salmantino/a *m., f., adj.* of/from
   Salamanca, Spain **3**
salpicar *v.* to splash; to sprinkle;
   to implicate **3**
salvadoreño/a *m., f., adj.*
   Salvadorian **3**
salvapantallas *m, pl.*
   screensaver **5**
salvo *prep.* except
   a salvo in a safe place **6**
santiagueño/a *m., f., adj.* of/from
   Santiago del Estero, Argentina **3**
santiaguero/a *m., f., adj.* of/from
   Santiago de Cuba **3**
santiagués, santiaguesa *m.,*
   f., adj. of/from Santiago de
   Compostela, Spain **3**
santiaguino/a *m., f., adj.* of/from
   Santiago de Chile **3**
sazonado/a *adj.* seasoned **1**
sazonar *v.* to season **1**
se *pron.* himself, herself,
   themselves, etc. **2**
sé *v.* 1st person sg. of "saber"
   and imperative of "ser" **2**
seda *f.* silk **1, 4**
   de seda silken **1**
según *conj.* as **3**
semblante *m.* countenance **6**
sensible *adj.* sensitive **5**
sensiblero/a *adj.* corny, maudlin **6**
sentado/a *adj.* sitting; set; wise
   (person)
   dar por sentado to assume
   sth. **3**
sentencia *f.* verdict **5**
sentir *v.* to feel **1, 2**
   sentirse to be feeling, to feel **2**
sepultado/a *adj.* buried **6**
séquito *m.* entourage **6**
ser *v.* to be **1**
   Es/Son para… It is/They are
   used for… **1**
sereno/a *adj.* calm **1**
serio/a *adj. serious* **1**
seroncillo *m.* little basket **1**
servir *v.* to serve **1**
   Sirve(n) para… It is/They are
   good for…; It is/They are
   used for… **1**
sevillano/a *m., f., adj.* Sevillian **3**
si *conj.* if **2, 3**
sí *adv., pron.* yes; himself,
   herself, etc. **2**

siempre *adv.* always **1, 2**
   siempre que every time;
   as long as **2**
   siempre y cuando provided
   (that) **3**
sigiloso/a *adj.* secretive **1**
silbido *m.* whistle **1**
simpático/a *adj.* nice **1, 5**
sincero/a *adj.* sincere **1**
sino *conj.* but (rather) **3**
   sino que but rather, but instead **3**
soberanamente *adv.*
   preeminently, fully **3**
sobornar *v.* to bribe **6**
sobradamente *adv.* full well **3**
sobrecogedor(a) *adj.*
   overwhelming **1**
sofocante *adj.* stiffing **2**
soler *v.* to be used to **1**
sombra *f.* shadow **1**
sombreado/a *m., f.* shading **4**
sopor *m.* lethargy, drowsiness **2**
sortear *v.* to deal with;
   to weather **4**
sostener *v.* to defend, to support
   (a statement) **3**
sotana *f.* cassock **2**
suave *adj.* soft **1**
suavidad *f.* softness **1**
súbito/a *adj.* sudden **2**
suceder *v.* to happen **2**
suceso *m.* event **5**
sudor *m.* sweat **6**
suplicar *v.* to beg for **5**
suprimir *v.* to delete **6**
surgir *v.* to arise, to come up **2**
susto *m.* fright **2**
susurrante *adj.* whispering **1**
susurrar *v.* to whisper **1**
susurro *m.* whisper, murmur **1**

T

tachar *v.* to cross out **4**
tal *adj.* such
   con tal de que as long as,
   provided **3**
taladro *m.* drill **2**
tantear *v.* to feel one's way, to try **1**
tapa *f.* cover **4**
tarde *adv.* late **2**
   más tarde later **1**
tartamudear *v.* to stammer,
   to stutter **1**
tasa *f.* rate **4**

taurino/a *adj.* bullfighting **2**

te *pron.* (to) you, yourself **2**

té *m.* tea **2**

teclear *v.* to type **1**

telaraña *f.* spider's web **5**

temprano *adv.* early **2**

tener *v.* to have **1, 2**

   tener lugar to take place **2**

teñido/a *adj.* dyed, tinged **5**

testigo *m., f.* witness **3**

   testigo ocular eyewitness **3**

texano/a *m., f., adj. (also tejano/a)* Texan **3**

tiniebla *f.* darkness **6**

tocino *m.* bacon **6**

todavía *adv.* still **2**

todo/a *adj., adv.* all, every **2**

   todos los días/meses/años every day/month/year **1, 2**

   y toda la cosa with all the trimmings **3**

toque *m.* knock **1**

trabajador(a) *m., f., adj.* worker, hard-working **1**

trabilla *f.* clasp, buckle **2**

traicionar *v.* to betray **3, 6**

traje *m.* outfit **2**

   traje de luces bullfighter's outfit **2**

tranquilo(a) *adj.* quiet, peaceful **1**

transeúnte *m., f.* passer-by **3**

trato *m.* deal; treatment **3**

trenzado/a *adj.* plaited, braided **6**

trepidante *adj.* trembling, shaking **2**

tripa *m.* gut, intestine

   hacer de tripas corazón to pluck up courage **3**

tu *adj.* your **2**

tú *pron.* you **2**

tumba *f.* grave **2**

U

u *conj. (used instead of **o** before words beginning with **o** and **ho**)* or **3**

últimamente *adv.* lately **5**

usar *v. to use* **1**

   Se usa(n) para… It is/They are used for… **1**

útil *adj. useful* **1**

utilizar *v. to use* **1**

   Se utiliza(n) para… It is/They are used for… **1**

V

vacilar *v.* to hesitate **6**

vahído *m.* blackout **6**

vaivén *m.* swaying, rocking **5**

valija *f.* suitcase **3**

veleidad *f.* folly, caprice **3**

veneciano/a *m., f., adj.* Venetian **3**

venerar *v.* to revere, to worship **3**

ver *v.* to see **1**

verdugo *m.* executioner **6**

vestir *v.* to dress **1**

vez *f.* time **2**

   a veces sometimes **1, 2**

   muchas veces often **2**

   una vez once, one time **2**

vidriera *f.* glazed door; (shop) window **4**

viejo/a *m., f., adj.* old **1**

viento *m.* wind

   (ir) viento en popa full speed; to go extremely well, splendidly **4**

vinculado/a *adj.* connected **6**

vivaz *adj.* alert, sharp **1**

vivificar *v.* to revitalize; to give life to **3**

vocablo *m.* word, term **3**

volver *v.* to come back, to return **2**

   volverse *v.* to turn around; to become **3**

voz *f.* voice **1**

X

xalapeño/a *m., f., adj. (also jalapeño/a)* of/from Xalapa, Mexico **3**

Y

y *conj.* and **3**

ya *adv.* already **2**

yacer *v.* to lie; to be lying **2**

yerba *f.* herb, grass **5**

Z

zambullir *v.* to dip **6**

zumbar *v.* to resound **6**

Index

About the Authors

Guillermo Bleichmar teaches at St. John's College in Santa Fe, New Mexico. He holds a PhD in Comparative Literature from Harvard University and a B.A. in English Literature from Columbia University.

Paula Cañón studied Literature at the Universidad del Salvador in Buenos Aires, Argentina. She was an instructor of Spanish as a foreign language at the University of Buenos Aires, and has extensive experience as a writer and editor of educational materials for students of Spanish.

Text Credits

34–39 Gabriel García Márquez. "La siesta del martes", LOS FUNERALES DE LA MAMA GRANDE © Gabriel García Márquez, 1962

65–66 © Arturo Pérez-Reverte; XLSemanal, 04.05.2008; www.perezreverte.com

72–74 Carlos Fuentes. "Hernán Cortés" © Carlos Fuentes

104–108 © Antonio Jiménez Barca / El País S.L

142–143 "Mariposas de Koch" en Cuentos completos de Antonio Di Benedetto, Buenos Aires, 2009 (3ª ed.) © Luz Di Benedetto, © Adriana Hidalgo editora

173–176 Reprinted by permission of the author, Mario Vargas Llosa

Image Credits

All images © Vista Higher Learning unless otherwise noted.

Cover: © Roberto castillo/Shutterstock.

Lesson One: 2 (full pg) Katie Wade; **4** © Herederos de Juan Ramón Jiménez; **24** © Martin Krause/Dreamstime; **31** (t) © Andraž Cerar/Shutterstock; (b) © Lobke Peers/Shutterstock.

Lesson Two: 32 (full pg) © Ashley Whitworth/Shutterstock; **34** © Piero Pomponi/Liaison/Getty Images; **36** © Esteban Corbo; **65** © Motmot/Shutterstock.

Lesson Three: 70 (full pg) RIVERA, Diego: 1886–1957: Mexican. Location: National Palace Mexico City. Description: Brother Juan de Zumarraga burning all Aztec manuscripts in 1527 by order of the pope; above, Hernando Cortes, 1485–1547 Spanish conquistador, fresco. © The Art Archive/National Palace Mexico City/Gianni Dagli Orti.; **72** © Vittoriano Rastelli/Corbis; **75** Rivera, Diego (1886–1957) © ARS, NY. Disembarkation of the Spanish at Veracruz (with Portrait of Cortes as a hunchback), 1951. Mural, 4.92 x 5.27 m. Patio Corridor, Location: National Palace, Mexico City, D.F., Mexico. Photo Credit: Schalkwijk/Art Resource, NY.; **84** Ruben Varela.

Lesson Four: 102 (full pg) © Randolph Images/Alamy; **104** © El País; **120** Paula Díez.

Lesson Five: 140 (full pg) © Blend Images/Alamy; **142** (t) © Luz Di Benedetto, © Adriana Hidalgo editora; (b) © hektoR/Shutterstock; **143** (foreground) © silvano audisio/Shutterstock; (background) © hektoR/Shutterstock; **154** (bl) Martín Bernetti; (br) © Noam/Fotolia.

Lesson Six: 170 (full pg) © Dagmar Sizer/Alamy; **172** (t) © Jaime Travezán, 2009; (b) © Jose Huesca/epa/Corbis; **175** María Eugenia Corbo.